好父母的说话之道

说什么，如何说，何时该聆听

[美] 温迪 · 莫戈尔 博士 (Wendy Mogel, Ph.D.) —— 著
庞岚晶 —— 译

Voice Lessons for Parents

What to Say, How to Say It, and When to Listen

上海社会科学院出版社
SHANGHAI ACADEMY OF SOCIAL SCIENCES PRESS

献给安·莫戈尔（Ann Mogel）和莱纳德·莫戈尔（Leonard Mogel）

她仿佛上了一条船，又被一阵巨浪卷进了大海。可她还是不懂得这些话的含义，甚至好多名字也念不出来，但是没有人打断她，纠正她的错误，她只好继续读下去，渐渐地，语句里的重音让她找到了节奏，她越读越流畅，从一个铿锵有力、圆润浑厚的韵脚读到下一个，她读得越来越流畅。

——多萝茜·坎菲尔德·费舍（Dorothy Canfield Fisher），

摘自《理解贝西》（*Understood Betsy*），1916

目录

VOICE LESSONS FOR PARENTS

作者的话 / I

引 言 / V

第1章

宝宝在聆听你

从婴儿期到幼儿期 / 1

第2章

童年的圣地

学习儿童世界里的语言 / 27

第3章

最大的、最强的、最快的

与小男孩沟通 / 59

第4章

敏感、多疑且善变的女孩

与小女孩对话 / 95

第5章

令人头痛的话题

如何和小孩子谈性、死亡和金钱 / 137

VOICE LESSONS FOR PARENTS

第 6 章

伪装起来的灵魂导师

青春期的孩子 / 175

第 7 章

从哈萨克斯坦来的交换生

青春期的男孩 / 207

第 8 章

远道而来的侄女

青春期的女孩 / 227

第 9 章

意见人士们

和你的伴侣、前任、祖父母和外祖父母们，

及“奥莉薇亚的妈妈”组队 / 247

第 10 章

受托人理事会

从保姆、老师、教练和孩子生活中其他

大人身上获得对孩子最好的东西 / 277

后 记 / 309

致 谢 / 311

附 录 / 313

注 释 / 316

作者的话

在 20 世纪 70 年代时，我还在念心理学，当时人们对很多可怕的传言信以为真，其中包括：精神分裂的人一定有着“精神分裂”的母亲（对自己的孩子过分保护却又情感隔离）；有自闭症的人一定有着冷冰冰、硬邦邦的母亲；男同性恋的父亲一定性格软弱，无法控制自己的霸道妻子。那个年代，妇女运动致力于消除人们心目中“生理决定命运”的概念。女孩和男孩来到这个世界都是平等的，是他们后天的养育环境造就了他们的差异。让女孩从小玩乐高积木，让男孩玩芭比娃娃，那他们之间的性别差异就会消失。尽管出发点是好的，但这些养育理念在维护儿童权益方面作用微小，没能给儿童提供不受限制的发展空间和成长机遇，而且也经不起科学的考证。

另一方面，70 年代也产生了一些流传至今的真知灼见。其中包括社会心理学家桑德拉・本（Sandra Bem）的“心理双生性”理论。她出色的研究揭示了，那些表现出一些传统上认为属于“男性化”特质的女孩，以及那些表现出一些“女性化”特质的男孩，相比于那些无论从心态上或行为上都完全符合他们所属性别特质的孩子们，情绪其实更加健康。本发现人们把性别角色定义得狭隘且限制诸多，这样对个人或社会都产生了负面的影响。

本发起了一项运动，旨在把人们心中对于性别定义的固定表达，转变成如今对复杂变化的人类身份和性别认知的微妙理解。在 20 世纪 80 年代末期，我的一次经历帮助我加深了对这个问题的理解。一对家长带着他们四岁半大的儿子阿什来找我咨询，因为他们发现阿什有些令人不解的行为。“每天至少一次，他都会这个样子：突然伸长脖子，仰望天空，并且一脸担忧的模样。然后举起双臂，弯曲双肘，握紧拳头，踮起脚在房间来回走动。我问他为什么这样做，他一副确有其事的模样向我解释说，‘妈妈，当灰姑娘听到午夜12点的钟声，她必须马上提起晚礼服的裙摆，这样她才能以最快的速度飞上南瓜车呀。’莫戈尔医生，我们很担心他是不是有性别认同障碍。”

那时候，“性别认同障碍”被看作一种精神病，经常见报。为了给阿什确诊病症以及对症治疗，我咨询了两位资深的精神病学专家，他们的专长就是处理这些年轻男孩的“毛病”。一位医生秉承了和那些扭转同性恋倾向的治疗师一样的死板理念：“跟那男孩的父母说，让他们立刻把男孩房间里的洋娃娃和女孩服装通通清理掉，别让他跟任何女孩玩耍，还要让他的爸爸每天和他做运动。他们应该把孩子送进至少一支少年体育队。”

另一位医生则说：“告诉男孩的父母，随他去吧。要称赞他想象力丰富，甚至还要参与他的想象。妈妈可以问他，‘那南瓜车上的座椅有没有垫子呢？还是比较像长木凳？’”

我去见了阿什的父母，告诉他们不用为孩子现在的行为担心，也不要预判他的未来。“当前，我们知道的所有情况，就是有时候他是灰姑娘，还有，我们爱他。你们对他的创造力和自我表达的尊重，对于他的成长至关重要。”

到了20世纪90年代，先进的技术工具为神经科学研究提供了关于两性差异的海量数据，包括对于两性在认知、情感以及生理上发展的差异；感知能力的差异，如听觉和视觉；人体构造和大脑结构的差异；荷尔蒙对于情绪的影响；以及其他的在与儿童和青少年沟通时出现的细微但重要的差异。虽然至今我们还没有完成足够多的研究，来判定究竟跨性别人群的脑部结构，相对于“分配给他们的性别”（就是出生证明上打钩的性别栏），是否与他们“体验到的性别”更相似。但这方面的研究已经开始了[1]。

时至今日，许多心理健康方面的专业人士（以及年轻人）都明白了，性别属于一个范围，而并非严格地按照两极划分。每个人对于自身性别的感受，喜欢穿什么样的衣服，希望别人如何称呼自己的名字，以及想与谁成为伴侣、谈恋爱、发生性关系，都无须由谁来决定或者归类到某个固定的类别之下。

正如对待日益发达的科技和社交媒体一样，父母必须成为终身学习者，才能为孩子制定并实施合理的、能保护孩子的规矩。理解性别表达也一样。如果在旅行中你希望得到孩子的信任，那你必须做好旅行攻略。据我所知，genderspectrum.org 是能帮助你学习的优质网站。它为教育者、父母和青少年提供了全面的资源，而且没有艰涩的术语，没有挑衅的争论，立场清醒而理智。

当你在阅读本书《好父母的说话之道》，读到有关男孩和女孩，以及有关母亲和父亲的态度和行为的论述时，请对提及性别差异的地方，在心中加注，提醒自己留意。即使你是一位单亲家长，一对同性恋人，或者任何一种新型家庭组合方式——如今这些方式已经与传统的核心家庭共存于我们的社会——你都可以这样做。

对于性别的生理差异的敏锐理解，启发了我们如何去帮助女孩们成为 21 世纪所需的科学家、工程师和数学家，同时保护她们免于承受人生方方面面都追求完美的压力。这也使得我们可以找到最好的方法，来鼓励男孩们有信心和有能力适应快速变化的社会，也让他们在课堂上爱“捣蛋”和旺盛的精力不再被视作某种病症的表现。男孩们需要成年良师益友的引导，把他们培养成情感丰富、与他人有很深的联系、关心他人并能够控制自己强烈冲动的人。

写这本书的主要目的，是教会读者如何在女儿和儿子的每个成长阶段与他们对话。其中有一些说话之道是依据神经科学和生物学研究的新发现，有一些是依据我多年来与各种类型的家庭沟通得来的临床经验，还有一些是依据最近正在发展的文化洞见。这些说话之道没有一种会把人归类到刻板印象之下，或者笼统地概括所有人。像我一贯所说的，在此基础上，我相信父母们能根据他们自己的价值观，以及他们孩子独一无二的精神发展、个性和需求做出调整。

★为了保障隐私，本书中所提及的个人及团体的名字、可辨认的特征以及事件的地点，都已经作了改动。

引 言

本书为那些想找到父母说话之道的家长们而写。

你们中的一些人是新手妈妈或新手爸爸，刚刚开始这场将持续一生的对话，这场对话将重新定义你的人生，也将塑造那个由你带到这个世界的小生命。

你们中的一些人已经为人父母好几年，甚至好些年了。你也许已经因为重复同样的话语而声嘶力竭，然而你的那些提醒、请求甚至咆哮，孩子们依然听不进去：他们还是忘记冲厕所，说自己的妹妹是笨蛋，说自己总是睡不着觉，早上起床却永远拖拖拉拉。无论你每晚如何恳求或威吓，你的女儿依然是一边做功课一边刷朋友圈，对你说话粗鲁无礼，以致你的妈妈都开始怪罪你没管教好女儿。你说的话毫无分量，但是你还没放弃：你只是对自己越来越失望，感觉孩子越来越没希望了。

你们中的一些人已经选择了沉默。你已经放弃了。对于和孩子沟通这件事，你已经没了办法，没了信心，也没了精力。当你和 14 岁的孩子自拍时，你已经能熟练掌握完美的角度，只是照片上的你们看起来毫无共通之处。因此你逃避唠叨孩子的学习，宁愿躲进肥皂剧的世界或投入工作中去。

无论你是哪种家长，不懈努力的或选择放弃的，新手或老手，你们都想知道这世上是否有一种神奇的魔法，能把一切变得简单，变得更好。根本没有魔法。你拥有的，只有你的话语。但是，只要你知道如何善用你的话语，它就是你所需要的一切。

《好父母的说话之道》是关于如何与你处在孩童期以及青春期的孩子

好好说话，以及教会他们如何用说话来表达自己的一本书。本书教导你在说话时如何选字用词，如何控制语调，如何掌握说话节奏和时机，如何铺垫，用什么态度，来加深你和孩子之间的关系。它不是一本魔法书，而是一本练习册。

人类天生就善于沟通。婴儿盯着你的眼睛看，在那一瞬间，镜像神经元向你飞速地传递视像信息，她在发出咿咿呀呀的声音。你本能地重复着她的声音、姿势和表情。很快你们就会用单词来交流，然后就是句子。尽管交流是最自然的技能，但是与孩子说话这件事情，需要大人的投入、深思熟虑和耐心。你一言我一语的往来之中，需要自律和良好的聆听技巧，不管是轻松愉快，滑稽捧腹，惹人生厌，严肃深刻，令人心碎，感同身受，令人难堪但有价值，还是发人深省的谈话，都要保持欢迎的态度。这些交流丰富了家庭的生活，因为它们加深了家人之间爱与信任的联结，使孩子更充分认识自己的情感和志趣，并帮助他们把父母和其他大人看作是完整的人。

我从事亲子关系有关工作已经超过30个年头。我最关注的是引导父母理解孩子的发展，家庭关系，以及他们那些不现实的文化期望。这些理解帮助父母与孩子相处时更加敏感，也更有权威。但在几年前，我开始转变我的工作方式。

我总是鼓励父母向我重现他们与孩子之间的争论或矛盾。随着我和父母们不断深入演练这些过程，我不但关注他们对孩子说了什么，更留意他们是怎样对孩子说话的。与我对话的父母们在平时都非常善于沟通。当他们与其他成人交谈时，他们的语气有力，清晰而直接。但当他们玩角色扮演与孩子争吵时，我观察到一个戏剧性的转变。他们退缩了，像是被冻住了。他们的声音听起来无力、受伤、生气、恼怒。有些人的声音变得像婴儿，有些人低声下气。所有人的音调都变高了，像是被捏着喉咙说话。他们会耸肩，爱用手指指指点点。

这种时候，我会问："然后你开始吼孩子了吗？"家长们都会低下头，点着头。我说："你吼孩子的声音有多大？现在示范一下。"他们会试一下。我就笑了，"哇，这个回合是她赢了，对吧？"我们都笑了。我让家长们与我分享他们的沮丧和羞愧时刻有着双重目的：一是卸下他们心中的重担，二是帮助他们看清，即使他们说的话正中孩子们的心，但他们的说话方式却还是让孩子听不进去。

我决定改变我和几个客户的惯常流程，从教他们发声技巧来开始我们的合作。我会介绍一些概念，比如用较低的音域和更温和的语调说话，放慢语速，表现出放松但自信的身体语言。然后我们开始练习，我还会鼓励他们当天晚上回家就与孩子们练习这些新的说话技巧。

孩子们的转变快得惊人。家长们报告说，哪怕他们只是稍稍改变了语调和态度，亲子之间的互动氛围就完全转变了。当父母们训练自己认真倾听，并用适合孩子的态度与年幼的儿女进行对话时，孩子们也更愿意与父母合作，而且更加乐于助人，也更健谈了。同样的事情也发生在父母学会寻找机会与青少年进行有礼貌、无议程的对话之时。

与子女对话的艺术不仅在于谈话的内容，更在于随着孩子的成长不断变化。只要大人的风格和形式，与作为聆听者的子女的认知发展、兴趣和性格相匹配，几乎没有什么话题是不能沟通的。这些因素，加上孩子学习方式上典型的性别差异，都影响着男孩或女孩听到了什么，理解了什么。你要是期望你七岁的儿子像他姐姐在同样年纪时那样聆听和回应你，他注定达不到你的要求。但要是你找到了他的频道，你们的沟通也就没什么问题了。

本书所讲授的方法旨在改善家庭氛围，拉近亲子关系，并对我们让人紧张而容易分心的文化进行平衡。但想要让这些方法的效果达到最大，还有一种声音需要你去调整。那就是在你脑海中低语的那个声音，它对你说："这还不够。"没有足够的资源、好学校、老师的关心、机会、正好提供我所需帮助的朋友。时间不够，金钱不够，没时间让世界变得更好，也没机会重来一遍。这种“总是不够的”的恐惧心理，存在于大多数家长的心里，而且愈演愈烈。正是这种心理使得家长们的声音变得尖细和恐慌。我们与孩子的对话之所以被敷衍、唠叨、责骂和乞求所破坏，都是这种恐慌导致的。

自我在家庭心理辅导领域从业以来，父母们一直都在担心这个不够，那个不够。如今，科技把我们拉进既激动人心又不可预测的未来之中，父母们感到更加害怕。孩子们必须掌握 21 世纪的技能啊！但什么是 21 世纪的技能呢？编程还是焊接？机器人还是放牧？说一口流利的外语，还是同时拥有领导者和团队合作者所需要的社交技能和情商呢？还是这些全部都要学？一片好心的父母，不是狂热地为孩子安排过多的计划，就是麻木得放弃一切准备。同时，他们的孩子也饱受种种折磨，包括焦虑、抑郁、噩梦、饮食障碍，对生活失去动力。

世界的步伐只会越来越快。尽管这使人害怕，好像连父母最基本的任务——保护孩子——都快要做不到了。但这同时也是一种解放。即使你担心并且尽可能地做计划，你还是无法预测未来哪种技能是最有用的，读哪个专业会带来最理想的工作，哪些工作又会是最赚钱的，或者在 20 年后哪些城市才是最安全、最适合孩子居住的。保护你的孩子的方法，并不是妄想过度控制未来，而是专注于那些不变的东西，为孩子提供他们一直所需的东西：稳定、坚持、温情与接纳。

驱除心中的恐惧，你会打开一扇魔法之门。为人父母，最大的喜悦之一就是能再次体验成长，在另一个时代，由一个与你有着完全不同心性体验的小人儿带领着。孩子们的崭新视角，玩乐的天性，纯真的心，学习的热情，都为你的生命增添色彩。当你认识到，为人父母是一次和儿子或者女儿共同探索世界奇妙奥秘的机会，其实你的压力就会减少而并非增加。即使我们的生存环境面临着各种危机，我们的星球依然是一片青翠之地，水土丰美，充满着美景奇趣，而孩子们也充满着好奇心。只要他们对你信任，只要你对他们有耐心，只要你愿意跟随，他们会带领你展开一段不可思议的旅程。

第 1 章

宝宝在聆听你

从婴儿期到幼儿期

VOICE
LESSONS
FOR
PARENTS

父母语，

是婴儿学习语言沟通的桥梁，

它的意义大于单纯的语言教育。

它有助于婴儿思考能力的形成与发展。

VOICE
LESSONS
FOR
PARENTS

妈妈对新生婴儿说的第一句话，常常是温柔又动听，甜美又兴奋的。社会科学家称之为父母的本能语言。过去人们认为这是特指妈妈的语言，直到研究者发现，当对着婴儿说话时，爸爸们也会通过强调关键词、简化句式、降低语速来配合婴儿的注意力和理解能力。三岁的婴孩已经能自然地学着用“父母语”来和其他更小的婴孩说话。

父母语有什么特征呢？就是用抑扬起伏的音调和语音变化来吸引婴儿的注意力。声调稍稍提高，温柔而不刺耳。元音响亮清晰，辅音稍显夸张。用词方面简单但巧妙有趣，带有押韵或重复：“好大的水泡泡！宝宝准备睡觉咯。”虽然婴儿不明白每个词的单独意义，但他们已经能够察觉到你的各种表达方式：你的音量和节奏，强调和重复，还有眼神接触、面部表情和肢体语言。

也许父母和婴孩之间的即时反应才是最重要的。婴孩笑着或哭着并用手指指点点的时候，父母就会描述婴孩看见的东西：“好大的狗狗！路上有一只好大的狗狗！”婴孩学习词语时，家长们会温柔地鼓励孩子，帮助他们纠正发音，并在词语的基础上延展话题：

“咔嚓！”

“对了，那是一辆黄色的卡车。”

早在1977年，哈佛大学的心理学家和语言学家凯瑟琳·E. 雪诺（Catherine E. Snow）就写道：“语言习得是母亲和幼儿互动的结果，这个过程早从婴儿期就开始了，婴儿在其中有着和母亲一样重要的贡献。这一习得过程也对婴儿的认知、情感发展和语言学习至关重要。”她的观点十分超前：因为在接下来的 20 年里，没有实验能有力支持她的观点。但如今，科技的进步表明，大脑的发展的确与社交互动有所关联[2]。父母语，是婴儿学习语言沟通的桥梁，它的意义大于单纯的语言教育。它有助于婴儿思考能力的形成与发展。

对着宝宝该说些什么

宝宝自降生以来，就已经开始学习语音语调，说话的节奏，以及句子是如何构成的了。这个育儿阶段过得飞快，家长们应该好好珍惜，尽情享受可以在孩子面前无忧无虑并自言自语的时光，说一些在成人听来也许是无聊的、无礼的甚至惹人讨厌的话。很快，孩子就能够一字不漏地重复你的话，虽然那些话你从来不会对其他大人说。孩子会给你发号施令：“不许说话！不许唱歌！”睡觉前，你那小霸王一般的四岁孩子会命令你：“不要！不要那个故事！我要听那个我掉到一个魔法地洞的故事，还有那里有两个公主叫作玛丽艾拉和玛丽艾塔，还有一天晚上她们去城堡旁边的河里游泳，然后她们碰见一条会说法语的鱼。我要听和这个一模一样的故事！但这次不要鱼，也不要说法语。行吗？”这样的烦恼会到来的，但现在，你的宝宝会包容你漫无目的的谈话，想到什么就说什么吧。

除了对着宝宝聊你的想法、感觉和计划，还可以聊宝宝的日常。要是你毫无预兆地给宝宝脱衣服，她可能会感到吃惊；给她擦敏感的屁股时，她也许会觉得痒痒；把水浇到她头上，她也许会感到惊慌。做出这些动作前，你要预先做出提示，帮助宝宝学习信任他人，使她适应她所处的世界。和宝宝说话时把收音机或电视关掉，以便她能听清楚你说的话。使用生动易懂的词，但要说得清楚明白：

“现在我准备用这块滑溜溜的肥皂给你洗澡咯。看到这些泡泡了吗？你可以碰碰看哦！”

“这把梳子上这些细细尖尖的东西叫作齿，就像你嘴里的牙齿一样，只是它们都排成了一排哦。”

别害怕对宝宝说一些陌生的词。宝宝就是这样扩展词汇的，新词的发音、崭新的音节组合，会和你生动的表达一样抓住他们的兴趣。要尽量使用那些能唤起感官愉悦的词语：

“手儿拍拍，水花儿**泼开**了！”

“这个桃子熟透了！一咬下去就有甜甜的果汁**喷**出来呢！”

“我听见小猫咪在**喵喵**叫。宝宝你听到了吗？”

在宝宝体验新事物前，要预先告诉她，让她有所准备：

“这是我们的新地毯。来坐坐感受一下，摸一下，**软绵绵的，毛茸茸的**，好舒服哦！”

“这是你的新款红色毛衣，穿上试试看哦，好**暖和**的哦！”

还要引导她适应新的环境：

“听听。宝宝，你能听到轰隆轰隆轰隆的声音吗？好像有一架**直升机**在我们家上面的**天空**中飞呢。我们去看看好不好？”

“好，我们准备出门咯，要下楼梯咯。一，二，三！看，我们的车子在门口等着你哦。”

有很多时候，充满爱的声音也未必能给孩子带来安慰。当孩子累了或发脾气了，拒绝或忽视了你温柔的话语时，别太放在心上。也许，有时候她最需要的，就是大哭一场。

用歌声赶走宝宝的坏心情

在任何文化中，母亲唱的摇篮曲，都有安抚孩子和妈妈自身的作用。摇篮曲有着统一的模式，它的律动模拟了胎儿在母体时的状态。它旋律简单，通常由五个音符谱成。它节奏稳定，带有催眠的效果。这些特点都和新生婴儿有限的声音理解力与动作感知力相合。当妈妈唱歌时，婴儿感受到了来自妈妈声带的振动，呼吸的节奏，还有她轻轻摇摆的身体所带来的律动，因此婴儿会感到舒缓。

除了能让躁动不安的婴孩安静下来，摇篮曲还有着更深层次的作用。全世界的摇篮曲都有着类似的旋律结构，它们的歌词也同样让人吃惊。有些唱的是哀怨的、咒语般的“嘘！睡觉吧”，但通常，摇篮曲的歌词都描写了更黑暗的世界，那里充满着未知、恐惧和孤独。

> “十二个月已辛苦熬过，
> 你的爸爸，自你出生那天，
> 抛下你和我，去到远方，
> 不知是否已经战死沙场。
> 巴鲁，我的儿，静静地安睡吧，
> 你的哭闹让妈妈倍加煎熬。”
>
> ——《安妮·博斯维夫人的挽歌》，苏格兰

> “安静，小孩儿，别哭闹。
> 妈妈终会下阴曹。”
>
> ——《我全部的审判》，巴哈马群岛

疲惫的父母们借摇篮曲唱出了关于人世间的赤裸真相。当黑暗的情绪被写进了音乐，父母们一整天积累下来的沮丧、恐惧和厌恶等情绪都被放飞了。这些负面情绪不再凝结成心头的苦闷，反而被蒸发了，使你眼前熟睡的宝宝看起来更加可爱。

科学已经证明了摇篮曲具有治愈的特质。研究发现，听摇篮曲能够帮助重症监护室里的婴孩稳定心率和呼吸，帮助他们更好地进食和睡眠，并

减轻他们在做身体检查时的痛感[3]。当宝宝听你唱摇篮曲时，她也在学习着该如何去交流。她听着你唱的歌词，看着你的表情，并朝你咕咕叫。她看着你的嘴唇，并模仿着你嘴唇的形状。宝宝在用所有的感官来感受你唱的歌。

像修剪花草一样整理信息：语言与婴儿的大脑

科技使我们能窥见人的大脑活动，让我们看到在孩子出生前，我们说的话能够给他们带来什么样的影响。我们来想象一台恒温箱，里面有一位小小居民，是一位提前了8到15周出生的早产儿。在恒温箱里放一个小小的播放器，播放妈妈的声音和心跳声。实际上，我们给40台恒温箱安装了播放器。其中20位早产儿每天会收听额外3个小时的妈妈广播。一个月后，研究人员用神经成像技术测量早产儿们脑部的听觉皮层，即大脑的听觉中枢。那些每天多听了3个小时广播的婴儿们，大脑颞叶中的听觉皮层明显生长得更大[4]。这表明，妈妈的声音和心跳声确实能够让婴儿的脑部发育得更快。

一些关于新生儿的研究也证明，妈妈的声音和婴孩大脑发展之间的联系，从胎儿期开始就已经存在了。出生后第一天，新生儿为了听到妈妈的声音，会把奶嘴吸得更加勤快。新生儿能够分辨父母和其他陌生人的语言，也会对在胎儿期念给他们听的同一本书表现出偏爱。

婴儿们为什么这么快就能学到那么多？因为他们一出生就做好了生理上的准备。正如女婴们一出生就已经拥有成年后生儿育女所需要的卵子一样，新生儿的脑部已经具备了一千亿个神经元，他们生来就具备了学习任何语言的发音和语调的能力。在子宫内，胎儿的听觉神经已经高度发达，因此，出生后，宝宝们的听觉神经网络已经发育良好了。

婴儿出生后，各种陌生的声音一下子涌进了大脑，再加上影像、气

婴儿出生后，各种陌生的声音一下子涌进了大脑，再加上影像、气味、味道和触感，婴儿靠接收这些杂乱的感官信息来慢慢构建对世界的认知。

味、味道和触感，婴儿靠接收这些杂乱的感官信息来慢慢构建对世界的认知。为了生存，孩子需要各种各样的能力：要学会辨识雨云、自行车响铃，或者熟悉家养马的味道；还有葡萄牙语的弹舌音，游牧民族的马蹄声，以及汉语所需的五种声调。大脑会说，放马过来吧！它还会创造数以万亿计的突触，等到孩子三岁的时候，大脑中突触的数量已经是成人的两倍了。

科学家把这段时期称为突触爆发期，在这个时期内，年幼孩童的大脑对于新信息的输入极度敏感。例如，大脑中有了更多的突触，幼童可以轻易地吸收一种以上的语言。当幼童开始学习时，一些突触会被清除，或者叫“修剪”。哪些会被修剪掉呢？那些没用过的。如果不是生活在纳米比亚，那些用来认知“科伊科伊游牧民族”的突触就会被淘汰掉；如果不是生活在靠观星出行的航海之家，那些用来辨识天上星星亮度的突触也会被淘汰掉；如果一个孩子听到的母语单词太少，一些没用过的突触——比如那些用来认知语法和发音的突触——就会萎缩。这并不意味着孩子就永远失去了掌握这些技能的机会，而是意味着他以后可能要花更大的力气去学。在理想情况下，孩子应该在五岁以前获得大量语法正确、发音无误和词汇丰富的口语输入[5]。

当孩子在一个连贯的语境中获得词汇和语音输入后，他们的大脑将会刻印下丰富的神经通路图，而当他开始模仿并说出他听到的话时，这些通路就能给他留下更深刻的印记。大量研究都记录了“词汇差距”效应——就是曾经听到过大量不同类别词汇的孩子，与那些没有听到过的孩子相较[6]，两者在社交和语言学习能力之间存在差异。对于两岁以下的婴儿而言，看电视或者玩“语言强化”类的手机软件并不能给他们的语言学习带来多少实质性帮助。正如身体需要吸收营养来发育，宝宝和幼童的大脑需要一个有着丰富语言交流的环境才能茁壮成长。

为什么与爸爸说话能令宝宝们更加聪明

周日早晨，我看到一个刚学走路的小男孩，他和他的爸爸正在我家附近的大街上漫步。忽然，小男孩看到了一些他想要的东西。他咧开嘴笑着，松开了爸爸的手，并跑向了一家书店，用他的小拳头敲着书店的玻璃门。

爸爸："是啊，杰布，这是一家书店。它今天关门了。"

杰布收起了笑脸，开始大力地拍打大门。

爸爸："我知道你觉得这里好玩。我们晚上读的故事书就是在这里买的。我们往里面瞧瞧，看到了吗？今天里面没有人，不过我们可以等它明天开门的时候再来。"

妈妈和爸爸所处的场景、抱有的态度、说话的节奏、拥有的社会期望以及使用的语言，都能教会我们不同但同样有用的技能。妈妈的语言风格，促进了社交能力的发展；而爸爸的语言风格，则是用更加成熟的语气、不同的词汇以及用更开放的对话，为孩子架起通往外部世界的桥梁。研究表明，相对于妈妈而言，当爸爸把宝宝抱在大腿上，或者用多功能背带把宝宝背在胸前时，他们更多地会把孩子的脸朝向外面而不是朝着自己。这个做法恰好表达了这个事实：与爸爸的相处时间，可以拓展和丰富孩子的生活体验。

回到我家门前：有位爸爸，蹲在婴儿车旁，与他两岁的孩子视线相平，他们看着建筑工人正在用电钻钻开对街的一条车道。灰尘和结块的水泥四处飞扬。父子俩都着迷地看着这吵闹的、尘土飞扬的场景。

父亲的角色，给育儿过程注入了一种冒险意识和精神，这与母亲保护孩子和未雨绸缪的本能相反。爸爸们会带着孩子坐公交车或者火车，他们不仅是为了到达目的地，也是为了和更多人分享乘坐大型交通工具去旅行的乐趣。他们跟随本能的冲动去探索和寻找，讲究行动起来，活在当下，不去担心有没有准备好额外的奶嘴、围巾或零食。当他们遇上挑战时，孩子会通过观察爸爸来学习如何应对突发状况。

林恩·维农–费根斯（Lynne Vernon–Feagans）是北卡罗来纳大学语言能力心理和早期语言发展的研究员。她的研究发现，要是爸爸们用更多元化的词汇与幼儿进行交流，幼儿到了 15 个月的时候，就会有更好的沟通能力；到了 36 个月的时候，他们的语言表达能力会发育得更好[7]。即使妈妈和爸爸的词汇水平相当，但要是爸爸常常和他们互动的话，孩子学习单词的过程就会更加容易。

研究者认为，这也许是因为妈妈与孩子相处的时间本来就比爸爸要多。妈妈可以在宝宝睡觉前给她念《企鹅们忙坏了》(*Busy Penguins*)，而她的解读可能只是生硬照搬故事书上的文本。妈妈也同样会预测宝宝想要什么，她可能在无意之中就打断了与宝宝的对话。要是哭一声，妈妈就会把午饭送到口，那何必要用一句话来表达呢？从习惯上来说，妈妈也会使用宝宝已经知道的词语。而爸爸可能不太知道这些，他自然而然地使用新的词汇，这样就扩展了孩子的词汇量。与妈妈在一起久了，和爸爸在一起的新鲜感也会让宝宝更加集中注意力。这并不是说爸爸更适合陪伴宝宝，而是说爸爸的角色有别于妈妈。

来，笑一个!

即使你的摇篮曲唱得再跑调，宝宝也会喜欢，正如你合时宜的笑话会给他们带来无限欢乐一样。“合时宜”意味着懂得宝宝能接受什么程度的感官刺激。我们的第一招就是使用身体感受和声音。两个月大的宝宝会朝你笑，还会学你一样把舌头伸出来。但是，就像所有对宝宝的刺激一样，害怕和兴奋的界限只差一点点。要是你用力过猛——包括给宝宝挠痒痒——也有可能引起宝宝的反抗或哭闹；让宝宝连续咯咯笑，温柔一点慢慢来还好，但要是超过了界限，则会有呼吸受阻的危险。

把一颗葡萄弹到四五个月大宝宝的肚皮上，会把他逗乐，他会用眼睛、面部表情、小脚踢着蹬着来热情地回应你：再来一个！再来吧，再来哟！等到宝宝蹒跚学步的时候，有趣的肢体语言或言辞都能把他逗乐。大人们可以试着在地上爬一爬，学小狗汪汪地叫，嗅嗅空气里是否有奇怪的味道，或者像小狗一样蜷起身子；或者就是简单地从门后伸出头来跟宝宝玩躲猫猫："抓到你啦！"好玩吧！等到宝宝开始尝试他的新玩意儿时，妈妈可以问："宝宝的鼻子呢？"宝宝也许会指着自己的脚丫子，咧开嘴大笑不停。要是他把台历当作帽子戴到头顶上，妈妈会被逗笑吗？要是他把他的牛奶从高凳上推翻在地呢？哎呀，妈妈看起来不高兴了。也许她看到装着麦片的碗飞起来时才会笑一个吧？唉，大人们真是不好应付。

有些孩子天生就爱搞怪。我朋友一岁半的儿子，有次在换尿片时，手指上不小心沾上了屁屁。他高兴地伸出手指对着妈妈说："尝一尝！"

还有个两岁的孩子，每当她念错发音时就会大笑不已：她把哥哥"杰克"叫成"马克"，把"爸爸"叫成"琶琶"。妈妈还听说她拿其他孩子的名字搞怪："艾米·罗素，不会数数！"随着他们长大，孩子们变得越来越会逗你玩。两岁的弗洛拉对爸爸说：

"哈啰，有人吗？"

爸爸："是谁啊？"

弗洛拉："挠痒痒。"

爸爸："给谁挠痒痒？"

弗洛拉："给克洛艾（她姐姐的名字）挠痒痒！"

宝宝还小的时候，他们就很感激那些肯花时间陪在他们身边扮鬼扮马的大人们，他们假装摔倒或者撞到什么东西上，模仿卡通人物的声音或者走路的滑稽样子，甚至沉溺于过度而夸张的反应，例如见到布偶熊掉到地毯上时会装哭，“哎哟！不要啊！”身为观众的宝宝可太容易讨好了！你尽管在舞台上大展拳脚，哪怕抖出你最冷场的段子，或者使出你的浑身解数直到能把不听话的宝宝哄得乖乖去吃饭。

固体食物与语言能力发展之间的联系

我问过一个有着几十年学龄前儿童教育经验的老师，问她是否觉得现在和以前相比，有更多的孩子开口说话的年龄比以前推迟了，她深表同感地回应说：“是的！”[8] 她觉得人们大多都在责怪电子设备使孩子分心，但没有意识到，软包装流体食品的流行（装在塑料软包里可以吸的水果和蔬菜蓉）所带来的问题。“孩子们在学校里吃的早饭，是可吸食的软包装食品；而他们的午饭也是软包装的酸梅汁和麦片糊。宝宝专心吃饭的时候只能发呆，因为嘴巴已经忙不过来与其他人说话了。”

宝宝的语言能力与认知能力的同步发展，是需要身体机能同步配合的。自然天性保证了这一切都能同步进行：宝宝吃固体食物时下巴、舌头、面颊、嘴巴和嘴唇的运动，和促进他们说话的运动是相同的。我们用来说话的肌肉会通过咀嚼与吞咽的动作变得更加强壮。宝宝刚出生时吮吸奶头，进而到更有力的吮吸奶瓶上的奶嘴，再到四到六个月的时候吃第一碗米糊，都是在为说出第一个单词做准备。

宝宝语言能力的发展与宝宝饮食习惯的发展紧密相关。例如，能从一个开口的杯子里直接啜水（并非有奶嘴可以吸的杯子或瓶子），与之相关联的语言发展期，是宝宝掌握了高级的、需要嘴唇发出的音节，例如

“w”；当她有能力在口中咀嚼食物时，就能保证她可以准确地发音。不管软包装食品有多便利，偶尔拿来当作零食是没有问题的。针对日托中心的孩子的研究证实了我同事的观察：过度食用软包装食物会影响孩子的语言能力发展。

相比于世上的美食，软包装食物是不得已而为之的替代品。一般认为，一岁以上的宝宝是有能力坐到婴儿椅上，和家人吃一样的食物的，只需要为宝宝作出最低限度的改动就好了。一家人吃饭的时间是锻炼谈话技巧的最好时机。你可以教宝宝认识食物的味道、质感和颜色；形容哪些好吃，哪些不好吃；还可以用一碗新鲜的草莓或南瓜汤，让宝宝品尝到季节的味道。

看看是谁不说话

父母的语言自带音乐性，每位家长都信手拈来，但父母与宝宝说话的时间长短因人而异。许多父母可能认为唱歌、讲故事或为孩子描述各种情境，不如让宝宝穿暖、吃饱和睡够更重要。有时候，这不是哪件事情优先与否的问题，而是性情问题。也许妈妈天性比较文静，或者爸爸对着只会咯咯笑的宝宝大声说话时会感到害羞。还有些家长，看到宝宝对表情变化比较敏感，或是对轻柔的肢体动作感到兴奋，就会觉得这些互动已经足够丰富了。

又或者是，家长被另一种更容易让他们感到愉悦或者说迫切需要他们注意的陪伴分心了，那就是他们的手机。手机传来的信息提示声总让人忍不住去回应，让家长们忽略了宝宝们细微的互动请求。其实，手机上的内容再精彩，也比不上亲子之间亲密而又短暂的体验——短暂的意思是说，今天你的小宝贝还爱听你的歌声和笑话，但等她 14 岁的时候也许就不会再爱了。

陪伴宝宝时，要把手机的使用率降到最低，这才是健康的习惯，因为宝宝是通过与大人交谈，以及听别人谈话来学习语言的。要想对宝宝有帮助的话，宝宝需要听到对话双方的交谈。当宝宝只听到电话这边的你在说时，她是无法拼凑出完整的对话体系的——她还需要了解语境、意义、一言一语的节奏，以及聆听时的停顿等。同时，宝宝也想努力参与到沟通中，她嚷嚷，挥手踢脚，然而这些动作全都被注意力转到手机上的父母忽略了。

我曾在旧金山的一家星巴克咖啡店看到这样的场景：一位爸爸，抱着他的小宝宝走向柜台。我偶然听到他的说话声："你能帮我个忙吗？"他问问题的语气礼貌、温柔而且有点酷。看来这位男士非常有信心他的小宝宝可以助他一臂之力。然而，接下来我听到："在我桌上的文件里找一下，找出那份还没签的合同。把它扫描了现在发出去。"

什么？我犯糊涂了。原来他正在用蓝牙和办公室进行电话沟通。

他继续对着手机说："稍等我一会，好吗？"他转头对着咖啡店员工说了会话，然后又回到他的电话交谈中。他的女儿，看见了窗外的一些东西而变得兴奋起来。她不断用手指着窗外，勉强发出了几个"噢，噢"的声音。我朝窗外一看，原来是一辆缆车！里面坐满了人，悬在缆绳上，正经过我们这边呢！然而爸爸还是在讲电话。小女孩被冷落了，逐渐安静下来。看到这一幕，我为小女孩感到难过，但随即报复一般地幻想着，等她长大后，她的爸爸就得掏钱给女儿报口语考试补习班了。

我希望这一幕是个例外而不是普遍情况。每次当我在户外时，我都会碰到孩子努力想引起家长注意的情形，但要是家长在看手机或打电话，孩子大多都会放弃努力。更可悲的情况是，孩子看了一眼聚精会神对着手机的大人后，连尝试引起他们注意的力气都省了下来。有一项研究发现，要是吃饭时餐桌上摆了手机或者平板设备，大人对待孩子的行为将会发生改变："孩子的看护者一旦被移动设备吸引，通常都会忽略孩子的行为，过了一会回过头来看孩子，就会用责骂的语气责怪孩子，或者给孩子下重复的指令，有点像指挥机器人一样……而无视孩子表达出来的需求，甚至仅仅用肢体触碰去回应（例如，一位女士踢了桌子底下孩子的脚；另一名女性监护人直接把小男孩的手推开，因为他不断地尝试把她的脸从平板电脑前拨过来。）”[9]

这些研究提醒我们，家长以及所有的儿童看护者，必须学会在孩子面前理智地使用移动设备。与你的保姆或月嫂聊聊，告诉她们要是在照顾孩子时只顾着讲电话或玩手机，宝宝的情感和语言能力发展都会滞后。要向她们强调，她们就是宝宝的老师和交谈对象，是个非常重要的角色。

孩子面对使用手机的家长或看护人时的反应，让我想起了发展心理学家艾德·卓尼克（Ed Tronick）1975 年做过的一个著名实验，叫作“表情静止实验”。你可以在网络上找到实验的视频，这是我看过的最震撼却又最令人感到不安的视频之一。实验一开始，就是一名母亲与她的幼儿在说话和玩耍。然后在实验人员的指示下，妈妈迅速地把头转向一边，然后换上一脸漠然的表情再转回头看孩子。镜头一直捕捉着幼儿的表情，起初，幼儿察觉到气氛有一点点不妥，然后疑惑着问“说真的，妈妈，你究竟怎么了？”，再到孩子越来越强烈地表现出想要妈妈理会的意愿，再到最后在压力下崩溃。视频看得我很难受，在最后妈妈终于得到指令可以正常地安抚孩子了，我才松了一口气。

在星巴克里的那个小宝宝，从开始想引起爸爸的注意到最后放弃的那一幕，令我想起了卓尼克的这个实验。但那个小宝宝并不像实验中的幼儿那样变得躁动不安或惊恐，而是直接放弃努力——这真是个惨痛的教训。

透明的喜悦，为什么纸质印刷品比电子屏幕更好

照顾襁褓中的婴儿会让人觉得沉闷或沮丧，而照顾蹒跚学步的幼童则

常常令人生气和疲惫不堪。有位母亲，她的孩子三个月大，曾经向我致电询问："好，我已经和她躺在地板上 20 分钟了，接下来该干吗？"另一位母亲也感到疑惑："生第三胎真的是个天大错误。我恨死他了。他一整天都不睡觉，长得又丑，就像个秃顶的小老头。他还能哭个不停！"

"有哪位家长不想哭个不停呢，"我回答说，"我们只是学会了控制自己而已。"

"怎么没有人告诉我事情会变成这样！养女儿容易多了。"

无论这是你的头一胎还是第五胎，到了某个时间，你总会因缺少睡眠或是无聊至极而感到无比烦躁。那，为什么不偷偷瞄一眼手机呢？难道你准备一直盯着宝宝，直到你们俩都哭起来或者睡着？

不是这样的。你可以考虑转移一下注意力，但不是去看手机，你可以读读书或者翻翻杂志。阅读的时候，你的注意点变得更加开放，更加容易接近。而手机或平板电脑则要求你做到另一种精神集中。它们牢牢地抓住你的情感和认知，你的注意力变得更加私密，你的视野被限定在屏幕这个狭小的空间里。你开始忽略周边的环境。要是你在手机上聊天，那是需要互动的；要是你在手机上浏览网页或是看视频，它们的内容是不断移动变换的。而印刷品则是静止的。即使你从书页上抬起头来，纸上的内容也不会改变，这意味着你的注意力可以更加自由地游走在周围环境里。在公园这样开阔的场景里，在读书的家长，相比于玩手机的家长而言[10]，会更容易留意到孩子的哭声。

你该选择纸质印刷品而不是电子设备，还有一个更微妙的原因。当孩子看到一本书的封面、厚度和质感，还有你翻页时的样子，她能够收集到有用的信息：你正在探索你的和她的世界。宝宝可以轻松地看着你，对你说她喜不喜欢书的封面或者里面的插图，还可以问你对这本书的评价。这本书讲的是什么？为什么你会读它？阅读会成为交流的触发器。相反，正如苏珊·多米努斯（Susan Dominus）在一篇名为《妈妈们，关机吧》

你该选择纸质印刷品而不是电子设备，还有一个更微妙的原因。当孩子看到一本书的封面、厚度和质感，还有你翻页时的样子，她能够收集到有用的信息：你正在探索你的和她的世界。

（*Motherhood, Screened Off.*）的伤感论文中指出的那样：手机是不透明的。她在文中写道，无论何时，当她拿起手机，她的孩子就会知道妈妈“打开了另一扇门，就像哆啦 A 梦的任意门一样，可以通向另一个世界，甚至好多好多个世界……问题是妈妈会去多久呢？孩子们会担心，妈妈多久后才会回来呢？”[11]

你在手机上进行的活动，不仅是无形且封闭的，你还可以通过滑屏、关闭页面等动作进一步把孩子拒绝在你的世界之外。的确，有很多成人感兴趣的内容还不宜与孩子分享。这是成人世界诱惑和神秘的一部分。但发信息不是神秘事情，而是私密事情，就像爸爸妈妈商量约会的地点一样。私密意味着排外，意味着你在你们之间建立了壁垒。

你的宝宝——渐渐长大为蹒跚学步的幼儿、小学生、青少年——可以通过你读的书和杂志、你喜欢听的音乐、你支持的足球队来慢慢认识你。当你和孩子在一起的时候，你会戴着耳机听音乐或者玩游戏吗？这样会把孩子与你的兴趣活动隔离开来。同样地，与她分享你在看的内容等于邀请她走进你的世界。考虑一下，你希望她在未来的日子里向你透露多少她的内心生活？这样看来，现在分享你自己的经历似乎是一件值得做的事情。

电子设备被当作照看孩子的工具

一位年轻的妈妈坐在餐厅里，腿上坐着她的卷发小儿子，她正在一勺一勺地给他喂着米饭和蔬菜。小男孩突然尖叫起来，妈妈就在他耳边说了一些话。然后我看到他为什么会尖叫了：他正在用立在桌上的手机看动画片。你也许会想，这没问题吧？母子俩看起来都很开心。只不过是看个动画片来娱乐一下！尽管放轻松。

我特意选择这一幕来引入把平板设备或手机当作照看孩子的工具这个

话题，正是因为这是一个充满爱和纯真的场景。然而问题是，这种情况很可能不是一周发生一次，而很可能是一天之内你的宝宝要看好几次这些设备。针对儿童使用移动设备的研究正在进行中，其中关于语言能力发展的研究，结果都不太乐观。

成年人承认他们“沉迷”于各种移动设备，“沉迷”这个说法是有科学根据的。智能手机刺激了大脑中几个可以引发强迫行为的部位。从进化的角度而言，本能驱使着我们去“寻找”。神经递质多巴胺驱动着我们寻找各种信息、新的体验，以及基本生理需求，比如食物与性。过去人们认为多巴胺控制着大脑的快感系统，但新的研究揭示了一个更为复杂的过程：当我们去寻找，并且找到的时候，我们便感受到了愉悦。“找到了”这种行为结果激发出吸食鸦片一般的愉悦反应。从神经学角度来讲，我们渴望追求某些事物，也渴望最终能找到。我们的手机则给我们提供了可以无限追寻信息的快感。

如果你不知道你要找的是什么，或者你什么时候会找到，这种“追求与获得”的快感便会得到加强[12]。心理学家称这种现象为“变量增强”。发短信、发微博、发邮件，收获评论或回复的时间都不可预测，或者说属于“变量”，这就又促使我们不断去查看新的回复信息。而收到信息或邮件的提示音又触发了强迫行为列表里的条件反射定律。

这一切都不是偶然的。正如在科技行业多年担任管理职位的比尔·达维多夫（Bill Davidow）在2012年曾发表报告说：“许多互联网公司正在学习烟草行业早就熟知的经验：使顾客上瘾对你的生意有好处。毫无疑问，如果把现今的神经科学研发技术应用到互联网行业中，我们将能够创造一个前所未有、能使人沉迷的虚拟世界。”[13]所以父母说他们也上瘾了是对的。这个领域的研究还在继续，但我们应该保护宝宝和婴儿们海绵一样的大脑远离拥有迷魂力量的各种电子设备。

一些家长也许会为孩子使用电子设备辩解“我们家孩子是用它来学

习的”，或者“我们家孩子喜欢嘛！”科技行业管理者琳达 · 斯通（Linda Stone）并不同意这些说法。她也是一名理论家，创造了“持续局部注意力”这个词。她说：“我们也许以为手机对孩子有一种天然的吸引力。但实际情况是，对于爸爸妈妈入迷的东西，孩子也会跟着着迷。要是爸爸妈妈喜欢在园子里打理花花草草，那么孩子也会觉得花花草草很有吸引力；要是爸爸妈妈对电子设备爱不释手，孩子就会想，就是它了，我也要那个东西！”[14]

美国儿科学会（AAP）长期以来都建议家长禁止两岁以下的幼儿使用智能手机或平板电脑，因为幼儿使用电子设备有可能会导致他们语言能力发展的延迟：“神经科学研究表明，双向的交流最能帮助幼儿学习。看护者与孩子之间的‘聊天时间’对于幼儿语言能力发展至关重要。”[15]2016 年，美国儿科学会调整了他们的立场，指出：“有些媒体对于 18 个月以上幼儿来说，是具有教育价值的，但严格指的是能够提供高质量内容的媒体，例如芝麻街工作坊和 PBS 提供的内容……要是孩子因使用电子设备而减少了身体锻炼、实践探索或者现实生活中面对面的社交互动，那么问题就出现了，这会严重影响孩子的学习。在数码设备上花太多时间也会损害睡眠时间和质量。”[16]

目前，还没有研究将小学生和高中生的语言延迟现象和他们小时候花在电子设备上的时间联系起来。但一项针对英国学生的全国性研究发现，2007 至 2011 年间，“因语言能力发展困难需要向专家求助的学童数量上升了 71%”[17]，而 2007 年 1 月，正是 iPhone 正式面世的时间。

睡眠，噪音，和家里的音乐声

有不少时候，你不需要用任何电子设备或道具来逗乐孩子。宝宝们的确睡得很多，而“哄他们睡觉”很快成了家长们快乐的执迷。因此才有了各种调调的摇篮曲、电子摇篮装置，以及慵懒的夏威夷吉他歌谣，或者别的什么调调，反正能让宝宝安静下来就好。一旦他睡着了，你最好踮起脚尖走路，最大程度保持家里的安静，哪怕说话声音也要压下去，以免吵醒宝宝。

宝宝身边的声场对他的发育至关重要。然而，正如一个过度洁净无菌的环境反而会削弱人体对感染的免疫力，即使宝宝熟睡的时候，也没必要让家里每个人都压低嗓子来构造一个不自然的无声世界。最能使新生宝宝平静下来的就是妈妈的声音，而其他家人的声音也能起到安抚作用，因为宝宝在出生前已经隔着妈妈的肚皮听过这些声音。走廊另一头吸尘器的声音，门铃响时狗狗的叫声，还有姐姐在沙发上有节奏的蹦蹦跳跳声——这些都是宝宝熟悉的声音。把他放在家里的日常声音环境中，会比把他放进完全隔音且与外界隔绝的育儿箱内更能让他感到舒坦。婴儿监视器是用来使你安心的，而不是使他安心的。

此外，大部分一岁以下的婴儿，都能在巨大的噪音下入睡。你应该见过，在生日派对上大家都玩得很嗨的时候，宝宝也能在爸爸的肩膀上打瞌睡。话虽如此，你不应该把宝宝暴露在家以外有过多噪音的环境里。他们的听觉非常敏感，所以你要保护他们远离刺耳尖锐的高分贝声音。要是他在嘈杂的餐厅里睡得像天使，或是户外节日活动中，望着星星就瞌睡起来，那么今晚凌晨两点，你就得对付一个兴奋且毫无睡意的宝宝。

更重要的是，噪音会损害他的听力。扩音器里播放的音乐，发动中的汽车引擎，狂热人群（例如体育比赛中的球迷们）的欢呼声，或者其他的噪音有可能会对宝宝或幼童造成永久性的听力损害。因为他们的头骨比成人的薄，内耳结构比成人的脆弱。为宝宝和儿童设计的消音耳机不贵而且易从网上购得。要是你的宝宝有可能暴露在大音量的噪音环境中，你必须为他准备好这些装备。

安静的管家：何时做宝宝安静的陪伴者

人类总是把静默当作灵魂的润滑剂：冥想室，高山远足，图书馆里的僻静角落。安静对于宝宝的价值也是无可估量的，它不仅仅是表示宝宝要入睡的前兆，更是能够通向自我的一扇门。父母要把自己培养成宝宝们安静的陪伴者，有两个重要原因：第一个是实用且有教育意义的，第二个原因则意义更加深远。

当宝宝尝试着解决新问题时，这正是他们突破自己能力边界的契机，这时候父母最好忍住别太快插手帮忙，包括语言上的指引。这个与前文说的为他们解说日常生活习惯的情况有所不同，它需要父母这一方集中注意力。德波拉·卡丽赛尔·所罗门（Deborah Carlisle Solomon）是一名具有远见卓识并且经验丰富的教育家，她曾告诉我，教育妈妈们做到“不要说，不要指，甚至不要问直接指向答案的问题”，这是婴幼儿亲子教育的核心。

在“妈妈和我”的亲子互动班上，我见过家长们为了做到这条看似简单的指示，而把自己搞得很焦虑。在班里的活动上，家长和宝宝一起坐在绒毛地毯上玩，地毯上散落着许多玩具。八个月大的怀特，想伸手去抓一个软塑料球，它被地毯上卷起的边角卡住了。怀特看见了球，小声地咕哝着。他的妈妈看见了，不由自主地伸出手去提起了卷角，让球滑到离怀特更近的地方，还说出了宝宝的心思：“你想玩球球啊！”

“等一下，”小组辅导员丽莎轻声对这位妈妈说，“我们先看看他会怎么做。”

小怀特依然专注地盯着那边，脸上依然一副坚持的表情，但并没有不开心。他还在继续咕哝着。这个时候，在一旁观看的妈妈显得比宝宝还煎熬。她动手帮一把很容易啊！忽然，小怀特换了个策略。他并没有伸手去抓起小球，而是抓起了毛毯，用力一拉，让小球从卷角里滚了出来，径直滚到了他等待着的手上。宝宝厉害了！妈妈终于松了一口气。

“我明白，让你在一边看着，一开始会很难受，但你看看宝宝现在多厉害，”丽莎说，“一个小球也是一个黄金时机！要是你轻松地让球滚到他面前去，它就仅仅是一个小球。你可以尝试先以静制动，想象自己的嘴巴被封住，等几秒钟再决定是否需要提供帮忙。总之，就是用你能想到的所有方法来阻止自己，别去妨碍小怀特通过解决问题来尝试与自己沟通的机会。”

看见小怀特之后没过多久，有一天早晨，我到沙滩去散步。我在那里认识了珍妮，她有一个两岁的儿子西奥。我们一起在沙滩上看着小西奥玩泥沙，用沙子装满他的小桶，又倒进一个筛子里，然后又重复，一遍又一遍。有时候他给他的动作配音：“小桶桶……小铲铲。”有时候他又温柔地哼着歌儿：“沙儿，喔！沙儿，喔！沙儿，喔！”但大部分动作都需要他极度专注，所以他安静地重复着。珍妮对我说，他已经这样子玩了二十多分钟了。“我一直提醒自己别去打扰他，给他说教什么的，他喜欢怎样就怎样吧。”

珍妮控制了自己，给了西奥与自己相处的机会。这就是父母要学会用静默去管教的第二个原因。在安静的环境中，孩子开始学习与自己说话，这是一个与内心对话的良好习惯。随着他长大，这种与自己对话的能力会成为一种强大的武器，帮助他去对抗不安、担惊受怕和逃避乏味生活的焦躁。

小孩子的独角戏与他在玩电子设备时的状态是截然不同的。心理学家和社会学家雪莉·特蔻（Sherry Turkle）在麻省理工学院教授和研究科技对于人际关系的影响。她提醒说：“学习如何独处为孩子的早期发展打下了坚实的基础。你可不能让你的孩子错过学习与自己独处的机会，哪怕你能用某个电子设备让他们安静下来……他们必须学会开发想象的世界，理清头脑，认识自己是谁。在此基础上，某一天他们会结识其他人，而不会害怕孤独。要是你不教会你的孩子如何独处，他们就只知独处是孤独的。”[18]

耐心，用静默去管教，像其他修行一样，需要自律、坚定的信念以及勇气。我们处在一个躁动不安、充满野心的社会中，你闯入孩子的独处时间，还以为给他的生活增添了色彩。错过了孩子的一举一动，你会以为自己忽略了对孩子的管教。因此每当看到懂得“大人管得越少，孩子能做到越多”这个道理的父母，我内心就深感佩服。

当蹒跚学步的幼童逐渐长大，他们的语言习得能力也突飞猛进，他们的个性也日渐丰富起来。我们进入了儿童时代，这段时光将充斥着曲折离奇的经历，牵强附会的借口，令人火冒三丈的误会，还有日后能成为家族谈资的经典段子。你要继续眼观六路，耳听八方。

第 2 章

童年的圣地

学习儿童世界里的语言

VOICE LESSONS FOR PARENTS

父母对孩子童年的定义，

不仅是给他们提供温暖的家，

还包括守候在它的中心，

随时准备聆听孩子，

并愿意与孩子交流。

VOICE
LESSONS
FOR
PARENTS

童年的各个阶段，都是一模一样的吗？还是说这只是旁观的大人自己下的定义？现代生活的经验告诉我们，生儿育女是让人精神紧绷且焦虑不已的事情。我们只是在忙碌间隙才聆听孩子们说的话，或者只听了一半。匆忙的生活节奏，促使我们把每次亲子互动的效果最大化，例如在睡前故事里加入拼字游戏，或者在开车送孩子去补习班时也强迫他们听我们的教训。在匆忙之中，我们常常做出粗心的揣测，或者感情用事，却忘了花时间去反思自己。

大人之间的谈话总是毫无顾忌又漫无目的，但大部分大人与儿童之间的交流都侧重建议、提醒和警告。和孩子一起坐下来，聆听他们——偶尔表达一些自己的观察或提问，期间完全不看手机——这也许是一种已经被人遗忘的艺术。然而，你总可以尝试着与孩子来一场不受打扰的五分钟谈话，两分钟也行。短短的时间里，你会惊喜地发现，你那独一无二的孩子和昨天不一样了，你会忍不住想跟他多聊会。

哪怕最近几十年间，世界已经发生了翻天覆地的变化，但想拥有一个快乐童年的条件仍旧不变：给孩子提供充足的食物和能够安心的居所，让他们的成长充满安全感，还要给孩子足够的、不受约束的时间，以及家长倾听孩子讲述今天各种历险的意愿。英国文学家弗吉尼亚·伍尔芙（Virginia Woolf）曾经描写过她的母亲："她就在那里，在那个被称为童年圣地的中心。"父母对孩子童年的意义，不仅是给他们提供温暖的家，还包括守候在它的中心，随时准备聆听孩子，并愿意与孩子交流。

关于儿童的三个基本真相

关于儿童，我们总对他们抱着许多美丽的幻想，然而，当你和他们一起生活时，一天之内的各种麻烦事就足以把你打进地狱。面对一个你不喜欢的社交活动，你可以逃开，但是你不能逃离你的孩子。古时候，犹太人总会说起“tzar giddul banim”，这是希伯来语，意为“养育孩子之痛”，指的是无论你多么迫切地想把你的信息传达给眼前那位心不在焉又爱跟你对着干、懵懂无知却狂妄自大的小傻瓜，最后似乎都是徒劳无功。但是，要是明白了下文所说的三个基本真相，你每天遭受的罪总会有一部分能够得到安慰。要是你觉得这些道理是不言自明的，能够轻易糅合到你的内心、世界观和育儿习惯中去，那只能说你还是个新手家长。

1. 男孩和女孩不一样。

他们观察和聆听世界的方式不同，学习方法不同，学习的进度不同，会被不同的环境和声音所吸引，并且会用不同的语言和非语言方式去回应。对两性生硬和过时的刻板印象，会让我们对儿童个体的看法变得狭隘和扭曲，何况男孩和女孩在很多方面都有着相同的特征。但是，家长和其他大人既需要学会欣赏每个孩子的独特个性，同时也要接受既定的性别差异。

2. 你的孩子行为恶劣，不代表你是个坏家长。

你不能把孩子的坏行为都归咎于自己。除了少数例外，孩子们任性狂妄，不听教导，或行为无礼，都不能反映出他们有多爱你，也不能以此来度量你为人父母的能力。他们的生活还受到很多其他因素的影响：每天的争吵，羞辱，实现不了的渴望，生活中的挫折和失望。他们会把生活中所有的压力都打包背回家。要不是他们认为你能够承受，他们是不会把情绪上的垃圾倾倒在你面前的。

3. 今天只是孩子生命中的一瞬，而不代表全部。

孩子每时每刻都在成长。今天的情况不能说明太多——它不能代表明天，也不能代表中学阶段，不代表他们将来的职业生涯，更不代表他们成年后与你的关系如何。在我们不断讲究排名和效率的世界里，抱着观望的态度也许是与文化环境背道而驰的，但其实这是必不可少的。

在我们开始学习谈话之道之前，我还有最后一条建议，那就是当你和孩子聊天时，假装自己是一名神游旅行者，或者文化人类学家。这些孩子的生活方式是怎么样的呢？他们的传统与信仰又是什么？他们崇拜何人，为什么？他们努力生活，又是为了什么？随着你走进他们的世界，让宽容之心、好奇心和勇气来做你的向导吧。

声乐训练，第一课：曲调和歌词一样重要

艺术家、音乐家和作家们总是迫切地“寻找自己的声音”，就是最能够表达自我的声音。在日常生活中，我们的声音不仅能够传递字面信息，同时也能让人窥见我们内在的灵魂。你说话的节奏、语调、态度是温和还是冷漠，是说得上气不接下气还是慢吞吞的，这些表达方式甚至比你说的具体内容更加重要。日后当你的女儿忆起她的童年时，她会记得你迎接她回家时的欢乐语气，也会记得你对她发号施令时的喊叫声，记得你用可爱的昵称反复呼唤她，也记得你有时会咯咯笑个不停，又或是表达异议时的鼻子哼哼声。你的儿子会记得你为他打气时的热情呐喊，你不厌其烦地让他注意安全的提醒，还有你怒火攻心时对他的恐吓，还有你睡前为他唱的温柔儿歌。孩子通过我们的声音来接收和判断我们大部分的情绪，包括欣赏、期望和恐惧。而多数情况下，我们全然不知在他们听来我们的声音到底是什么样的。

我是从一通电话才开始教父母声音课程的，那通电话来自一个心烦意乱的母亲："我们家露比，情况很紧急！她方方面面都很糟糕。日子没法过了！"电话那头的女士，用力压低声音在说。我可以想象到她是躲在浴室里打这通电话的。"我们要尽快和您见面！我们会放下手头上的一切事情。"

"露比，她多大？"

"四岁。"

四岁？从这位母亲的慌张程度来看，我还猜她女儿已经十五岁了。但是，四岁的女孩能够让父母在毫无防备的情况下遭受打击，几周之内，她就能从咧着嘴笑的婴孩变成穿着粉红裙子的暴君。她正处在可爱又迷人的年纪，是爸爸妈妈的小心肝，但突然某一天就跟被邪恶的魔法女巫附身似的令人头痛。父母的信心正被逐渐瓦解。

我与露比的妈妈见了面，向她打听了一下家里的成员状况，露比的身体状况，她的饮食和睡眠习惯，以及她在家里如何闹脾气等情况。然后我请她的妈妈向我仔细描述露比最近几次典型的"胡闹"场景。听了几个例子之后，我笑着打断她的妈妈说："哇！我刚才真应该帮你录影，让你听听自己的语调是如何变化的。你的音调变得很高，你眯起双眼，收紧下巴和肩膀，挥舞着双臂，指指点点的。你觉得你跟露比说话时也是这个样子吗？"

"也许吧。那是因为我很生气啊！她太坏了！"

"她才四岁，她对你'使坏'，是因为她感受到了沮丧、焦虑或者疲劳。露比会对着她最爱和最信任的人发作。那个人就是你。"

"但她在生日派对上也给我使坏，甚至在外公外婆面前也捣蛋！这太令我尴尬了。"

"我们来试试换个方法。与其尝试找出露比捣蛋行为的场合、时间和契机，或者给她什么反应她才会学得乖一些，我们尝试做个简单的改变。我们来做一点声音训练。"

我的声音训练包括声调、语速、语气和身体语言等几个要素。

1. 无论你和哪个年纪的孩子说话，当你开始感到精神紧张时，放松你的面部肌肉和肩膀，把手放在大腿上，别指来指去。

2. 深呼吸。自觉降低音调，放慢说话速度。

3. 别使用高人一等的语气或者模仿孩子的语调。

对于所有新的来访者，我都让他们进行了类似的训练：我让他们详细描述一个与孩子争吵或闹翻的场景。当时他们处在家里什么位置？大概是几点？离吃完饭多久？不出所料，当家长讲述这些情况时，他们会变得越来越恼火，声音也越来越大，和当时的状况几乎一模一样。这样的刺耳的声调和紧绷的声线，传达出的是愤怒、恐惧和失去权威的感觉。这种情况在爸爸和妈妈身上几乎一样普遍。

家长的声音一飙高，他们的角色就变了。现在孩子眼中看到的家长，只不过是一位骂骂咧咧的哥哥或姐姐，甚至是哭哭啼啼的弟弟或妹妹。孩子一旦开始与你对着干，他也就停止了聆听，父母也会感觉越来越沮丧：语言信息变弱，并伴随着能够透露出警戒或认输的非语言暗示（例如肩膀高耸，嘴张大，各种指指点点）。当一个强势的家长退缩或让步，孩子就会抓住机会进击。他根据看到和听到的信号（不是具体的内容，而是音调和语气）知道自己赢了这个回合。孩子并没有感受到胜利的激动。他没有意识到，他感受到的其实是恐惧——自己既害怕，同时又觉得自己很厉害，这是一对不好的组合。家长的行为表达了一个信息：当你表现得像个孩子的时候，我并没有能力管得住你。

在随后的家长咨询环节里，我们剖析了那些由我们紧张的声音、毫无意义的重复，以及惊慌的行为中反映出来的情绪。同时，我们也进行了更多的语音练习。要是你的声音更加平和，你整个人也会感觉更加平和。要是你有意识地降低你的音调，孩子也会看到你有能力控制自己的情绪，那么对峙场面将不再是不受控制甚至不正常的。孩子也会使自己平静下来去回应你，把场面的控制权交还到你手上，这时候他们是心怀感激的（尽管他们没有察觉到这一点）。这样一来，你也可以不用继续努力控制场面，或者为觉得败给了孩子而感到羞耻，因而可以好好回想一下你们之间的冲突是怎么发生的。我们语气的变化，自然而然地引起了我们行为和视角的变化。

你无须真实地感受到平静就可以获得平心静气说话的种种好处，演员、公众演讲家和老师，都是靠着这个本事来谋生的。你也可以学着去做。

关于说话的一些术语

关于声音，我已经说了很多。我从事心理辅导三十五年，参与过五百多场演讲和主题报告。作为一名研究人员，我也正式采访过数百名成人和学生。当我开始认识到，稍微但有针对性地调整声音和肢体语言，能够有效改善亲子关系，我因此找到了新的资源：表演教练与声音老师。这些领域的专业人士知道用哪种方法能抓住听众的注意力，哪种方法不能，哪些方法能让听众投入和变得友好，哪些则会激怒或疏远观众。和所有的学科一样，声音训练有一系列的术语。以下是一些最常用的术语及其解释。

> 音调指的是你声音的高低。高音调对于婴儿和宠物来说是充满愉悦的，但两岁或三岁以上的孩子听来就代表着缺乏权威。低音调则会展示出自我控制能力和权威感。
>
> 音量是常常被滥用的、难以掌握的工具。冲着别人大声吼叫，会给人软弱的印象，也会令听者嫌弃而盖上耳朵，说话音量

适中，代表着尊敬，也能够吸引对方认真聆听。

语速指的是你说话的速度。语速快意味着兴奋或热情，同时也代表着紧张和不安乃至焦虑。慢慢说话能给你一些时间去着重强调某些观点，同时也给孩子时间消化你的信息。

停顿代表着你要说新的要点了，或者是给孩子一些时间去吸收上一个要点信息。对于家长而言，停顿还意味着聆听和保持安静，不急于马上跳到下个观点或者纠正对方。

语气或音质指的是你的声音里的感情色彩。它传达了你的态度，例如唠叨、满意、傲慢、好奇、无聊、紧张或赞赏。

节奏指的是你说话的节奏。婴儿喜欢听像摇篮曲和儿歌一样的节奏，但年纪大一点的孩子会觉得很不耐烦或感到羞辱。排练过的演讲一般有着较为平淡、像讲故事一样的舒缓节奏，但生硬地重复感叹或赞美——“这真是太棒了！”——听起来肤浅且不真诚。

词汇指的是你和孩子说话时使用的词语。你可以根据孩子的水平来主动使用一些稍微复杂一点的词语，以扩展他们的词汇量，记得要在有语境的情况下使用，这样孩子就更容易结合语境理解新词的意思。

面部表情要跟你的声音和用词相配合，孩子们最终都能从你的表情里读到你本来没打算表露的情绪。当你咬紧双唇努力掩饰沮丧情绪时，他们会问你：“你的嘴唇怎么了？”每当我露出“厌恶脸”时，我的女儿们都会向我控诉。我们不可能做到百分之百控制面部表情，但可以训练自己去更加留意自己的嘴唇、口型、下巴和眉毛的活动。要是你感到很紧张但又不想显露出来，你可以试试一些演说家常用的技巧：绷紧你的脚趾头。这样会让你悄悄释放掉一些压力。

说几句关于沉默的话

在亲子沟通中，安静等待孩子说完他的话，和你表达自己的方式一样重要。能促进亲子交流的一些做法：与孩子平起平坐，眼睛和孩子平视，双手交叠放在大腿上，保持眼神接触，控制自己不要去打断孩子说话。保持安静，拒绝干扰，这样能传达出你希望聆听孩子的渴望，因为他说的话是精彩而重要的，值得你认真对待。这样的交流时刻能抚慰孩子的心灵，给予他陪伴，帮他去应对每天的艰难之事。

没有家长能在每次孩子对自己说话时都这样做。但这些习惯值得慢慢培养，因为这样专注且耐心的聆听在我们的沟通交流中越来越少了，但它的成效是显著的：家长们再也不用带着亲子沟通的问题到我办公室来求助了。而且这样做是完全免费的，就像是睡觉一样自然（除了那些忙得几乎忘记睡觉的人）。

谈话的模板

到了四岁的时候，孩子们掌握了谈话的全部本领。他们能说完整的句子，使用复杂的语法，还越来越能用问题缠着你，或者拉着你玩各种各样精心设计的角色扮演游戏。许多小孩都是叽里呱啦的话匣子，这个阶段他们还会用各种方式惹你生气，包括忽略你、做事磨磨蹭蹭，或者跟你抬杠。他们会说一大堆有的没的来拖延时间，沮丧的大人又怕要是管得太严会打击他们的自尊，剥夺他们的乐趣。

面对婴儿，你可以通过说话、抚摸和生动的手势来和他们沟通。至于幼儿，你面对的是一个说话小能手，他会想把一切事情都告诉你！这是真的，即使你上厕所，他们也会跟着你到门口，隔着门也要继续对你说个不停。他们顽固而苛求，充满活力又好奇八卦。那你的任务呢？就是尽量别让自己感到无聊或生气，要增加快乐的可能性。

以尊重的态度对待小孩子，鼓励他们把想法大声地说出来，他们感到迷惑或害怕的问题，你要积极询问，还要学会讲一些荒诞的故事。小孩子说不清楚的地方，可以让他们再作详细说明和解释，但要注意态度，别像法庭审判一样严肃，也别期望他们解释完了，就能提出什么大问题或揭示什么人生道理。多多聆听他们，要记住孩子并不是期望从你那儿得到冷冰冰的信息，而是期望你充当一个温暖包容的谈话对象。

孩子的注意力维持时间有限，你跟他说话时他也许正在发呆，因此要简明扼要地说明你的要求和指示，声音要响亮清晰。有些家长很忙碌，他们总是在已经踏出房门的瞬间匆匆扔下一些指令。要是他们都走远了还没听到孩子的回答，就又会用一种更加焦躁的语气大声地重复一遍指令。而在孩子看来，这就像有一头巨型怪兽在冲他们嚷嚷，但又看不到怪兽的表情。他们会想：这头怪兽听起来蛮疯狂的哎，但是呢，我看不到它的脸，所以我可以假装听不见。

我们来看看聪明的老师在课堂上是如何与小孩们相处的。当老师要对学生说重要的事情时，他会蹲下来，看着学生的眼睛，用比较低的音调，等说完之后会停顿一下，再让学生重复一遍他听到的东西。我称之为“正面倾听”：把你全部的注意力集中在孩子身上，和他目光平视，一只手轻轻地放在他的肩膀上。

小孩子从会说话开始，就能够嗅探出大人们的伪善言辞。在交谈中，他们能听出表达虚假兴奋而拔高的音调：“你一定会爱上这次的科学露营！”他们也能听得出大人们欲言又止的打探：“你……今天上课时，有没有举手啊？”（老师有没有给你足够的关注？你认真听课了吗，还是又发呆去了？）当听到虚假的赞美，虚伪的自信与奉迎时，他们会很生气，因为他们能分辨出哪些是对他们的真挚赞扬，哪些是心不在焉的敷衍：“做得挺好。”因此要真心尊重孩子，因为他们都是知道的。

我曾问过一些孩子，爸爸妈妈对他们说过的什么话，最惹他们讨厌（例如让他们感受到了大人们想控制自己，或是消极地敷衍，包含虚情假意而不切实际的愿望等）。以下这些就是：

“我就是想让你明白……”

“你知道那个……吗？”

“那实在是太好了！”

“你不是这个意思？”

“你知道他不是故意的。”

“能跟你说两句吗？”（孩子们都知道这意味着“难熬的一刻钟”。）

“吃午饭的时候你和谁坐一起了？”

“好吗？”（在句子结尾加上带有试探性的，还有点恳求意味的一句“好吗？”削弱了大人的权威，也激怒了孩子。因为这也意味着听者可以说“不好！这样不行！”，但事实并不是这的，孩子们并不想要这种说不的选项。）

还有这一句，“小心点啊！”

当小孩子骑着三轮车上马路，你紧张地对孩子喊“小心点啊！”（这句毫无惊喜的陈词滥调），其实并没什么作用。这样说才会是有用的话：“玛德琳，稍等。我要跟你说一些马路上的规则（加入了大人们用的词）。

这是能够指导你去骑车探险（大词，有语境）的好方法。你要是看到车道，一定要停下来。停下来后，看看马路前的街区有没有车正要驶过来。要是有车开过来，往车里头瞧一瞧，看看司机有没有意思要减速让你先过去。”

每天说好几遍“小心点啊！”，其实是一种懒惰的重复。孩子会把这句话理解为：“我总是担惊受怕的（因此也别太在意我）”，或者是“我不相信你的判断力（因此你干脆别培养判断力了——有事问我好了）”。

和比较小的孩子说话时，你会常常听到许多滑稽的口头错误。不要条件反射地纠正他们的发音，误用的词语，或者关于话题的错误信息，你要记住这些做法也许会打击孩子的热情，令他以后总是要小心翼翼地表达自己。你可以采取一种“停下来，想一想，再纠正”的做法：有些地方错就错了，就让它过去吧，你把正确的词或话重复说一遍就好，不用刻意指出孩子刚才哪里犯错了。

接下来是一些如何展开对话和发现话题的有用建议。

开展对话有哪些好方法

通过细致的观察向孩子表示你非常关注他，这是展开对话的可靠方法。“我对你画的云朵的形状，还有旁边站的人很感兴趣。我看到你用了马克笔，也用了颜料。这个场景是不是有什么故事呢？”通过细致的观察，你能说出他使用的画具，猜到了这位成长中的小画家的创作意图，这样的开场白很有效果，比起问一些只能回答是与否的问题，或者简单地说“这画好漂亮！画得真好啊！”有用多了。

孩子四岁或五岁的时候，他们已经能够对父母为了得知状况而使用的开放式问题抱有怀疑，例如，家长会问：“你今天干了什么啊？”或者“午饭吃得怎样呢？”通过记住他们已经告诉过你的事情，然后询问更多的信息，这就表明你真的对他们本人感兴趣，而不是他们的成就，或者他们受不受欢迎："你之前在教室里养的那些小蝌蚪长成青蛙了吗？"

开放式问题例如"你今天玩得开心吗？"并不一定意味着家长在担心什么或者想打听什么，孩子们也许会很热情地回答。但如果你不希望得到只有一个字的答案而是想听到更多的信息，要尝试用带有更多细节的问题去提问："迪安他们家后院里是不是还放着蹦床？你到蹦床上玩的时候，他的爸爸是不是像上次一样用水管向你喷水了？"你问得越详细越精确，孩子就越可能以同样的方式来回答你。

还有一种展开话题的方法，就是找到能够让孩子成为你的咨询师的机会。注意：要找对场合向孩子讨要建议，你要真心和严肃对待他们给的意见。

"我们家准备去海边玩，你还想让谁跟我们一起去玩呢？"

"艾迪来我们家吃饭的时候，我们该做什么菜呢？"

"我们想让你的表弟们感受到我们的热情，你有什么主意吗？"

"我们要开车出门了，路上要听什么歌，你来选吧。"

"是把车停在离停车场入口更近的地方，还是离出口更近的地方，你觉得哪个更好呢？"

"你的生日就要到了，你有什么想法吗？"

"我们该教小狗学下一个动作了，你说让它学什么好呢？"

这种通过委任他们一个真实任务的提问方式，能够让孩子感觉到自己被尊重。同样也为家长与小孩日常的询问式对话提供了对比：

"你记得我们把小乌龟带回学校是在哪天吗？"

"大家都系好安全带了吧？"

"沙发上为什么沾了泥巴？"

孩子的好奇心常常就是开启对话所需要的一切。一个朋友告诉我，他非常享受与他七岁的侄子在一起的时光："我们每天下午都去骑自行车。杰克简直是聊天高手。他会问我，'瑞安叔叔，你最喜欢哪个漫威英雄？你觉得谁最搞笑？你有过心碎的感觉吗？'"

扩展对话有哪些方法

有几个不同的策略可以让你和孩子都更加投入到对话之中。最容易的方法，就是重复孩子说过的话，并根据这些信息去问后续的问题，尝试根据孩子告诉你的某个具体情况去展开。你完全可以说："我真不知道那件事！多跟我说一些吧。"你也可以说："我从来不了解古埃及人。他们真的每个人都会剃光头吗？为什么？"重复具体的信息，意味着你真的对这个话题很感兴趣。

寻找共通点是另一个方法。"你说的事情让我想起了我五年级的时候，有一次去博物馆参观，我们班上有两个女孩落下了！她俩没有上回校的大巴，接着就出麻烦事了。你猜她们为什么这么做？"孩子们对这些有点尴尬的往事最感兴趣了。因为这是你的过去，不是他们的人生，他们会毫无顾忌地表达他们关于那两个女生的想象和猜测，她们在想什么呀？她们没有想到什么呀！

重复孩子的话，并请求他们做进一步的解释，也会让你得到有启发的结果。

"我们来看一下。我觉得我明白你的意思。你心里是有点想到贾斯珀家过夜的，但又有点不想去。我说得对吗？"

"你是不是在尝试找出……是这样吗？"

要做一个真挚的旅伴，和孩子一同探索未知的领域。问问他们做了什么样的梦，画了什么画，刚读完的故事书里，主人公经历了哪些悲惨的命运。像上文提到的那样，用静默不语给宝宝一个学习与自己独处的机会，感情的陪伴也是你要实现的目标。

孩子："我做了个梦，有个大怪物在追着我。"

妈妈："哇！多大的？像长颈鹿那么高？还是像一座房子那么大？还是一座山？"

孩子："比这些更大的！妈妈！它的嘴巴就像一座山那么大！"

妈妈："哇，那真是太巨大了。这是我听过的最大的怪物。我明白你为什么那么害怕了。它长得像哪些你见过的动物呢？还有它的颜色，它全身是只有一种颜色，还是有圆点或条纹的花纹呢？"

孩子："它是紫色的，还有绿色的圆点。"（有可能并不是这个样子，但现在不是在做细致的推理调查，这样已经足够了，毕竟这类的对话所追求的并非信息的准确性。）

通过这样轻松和亲密的交流，孩子从被拷问的受害者角色，转变成为有趣的讲故事的人。早晨的亲子时光，诺亚和妈妈，还有那只圆点大怪兽，一起欢笑沐浴在室内温暖的阳光中。下一次诺亚再梦见大怪兽时，这次交流所营造的欢乐感觉，还有和妈妈在一起温馨的家庭记忆会帮助他构造美丽的梦境。

问问你的孩子愿不愿意让你帮他把梦境里的情景和故事记下来，或写在日记本上。即使他已经能够自己独立记录了，你也要把这项工作变得轻松而不是像功课一样的任务。要是他愿意让你当他的记录员的话，你可以接着问："那么你要帮忙画画来解释这些文字吗？"你的好奇心和对孩子的尊重，能帮助他把对噩梦的恐惧转变成创作的灵感，并把梦中可怕的场景替换成关于一位温和而冷静，可以保护自己的家长的记忆。你还可以把故事再讲给他听——孩子们喜欢爸爸妈妈用戏剧化的口吻来讲述他们的创作。

谈话终结者

当你要结束聊天时，有礼貌的说法可以是："我得去打一个有关工作的电话了 / 我要去准备晚餐了 / 我准备换衣服出门了，但跟你聊天很愉快，谢谢！"这样听起来比较正式，却表达了你觉得这次聊天对你来说是有价值的，同时也教会了孩子如何表达感激。

但当谈话不那么愉快时——例如，你和孩子持有相反的观点——要注意别让自己掉进固执地让谈话继续下去直到双方达成共识的陷阱里。一旦孩子或家长的情绪冲破了感情的极限，你们都很难再为对方着想。与其再用道理和逻辑来说服对方，不如想出一些创新的方法让每个人都高兴起来，甚至放弃争论，把导致僵局的问题留到下次再讨论。要使用那些不迁就孩子或浇灭孩子热情、使他感到绝望或危急的措辞，你的这些行为会给孩子做出一个好的榜样，让孩子能够在日后上中学时恰当应对来自同学的压力。

"你的话我听见了，你的意思我也明白。但是我需要一些时间来想想。"

"关于这个事情，我要和你妈妈讨论一下。"

"先等我好好想一下，我们回头再继续讨论这个事情。"

"我还没碰到过这种事情。我还没想清楚该怎么做。"

"我也没有答案，但我会先研究研究，明天我们再谈吧。"

有时候，即使简单地说一句"不行"，也是合适的。要想把"不行"说得更丰富一些，可以记住以下三个原则：

认可孩子的愿望:“我明白你现在还不愿意回家，是因为你和索菲娅还没有把树屋装饰完，索菲娅的妈妈邀请你在她们家过夜。”

提醒事情的前因后果:“但这一次我不同意，是因为你明天九点有比赛，你需要回到自己家睡觉，这样你才能睡得好，明天才能好好发挥。”

表达真诚的同情:“我知道你现在正玩得开心，让你回家真是不容易。不过呢，我们必须得回家了。我们和索菲娅她们说再见吧。”

你才是决定者，无论孩子有多么想留宿，最终她还是会为你做得可靠决定而感到安心的。

为谈话创造空间

每当父母们来访，拿家里的孩子不听话或不开心的问题向我求助时，我会问他们双方发生摩擦的源头在哪里:“在你们和孩子的日常沟通中，你们对孩子的唠叨、提醒甚至责骂占了多少比例？”家长们的答案总是充满懊悔，他们夸张地把责任归咎于自己:“呃……有 90%，甚至 100%？”

这肯定是不真实的。这些家长肯定和孩子有过各种有趣的即兴对话，但他们坦白地告诉我，他们经常处在“小心点啊！”的状态之下。他们不信任自己的孩子可以处理好日常的活动，因此他们没办法不唠叨和责骂孩子。

我接着问他们家孩子会花多少时间玩平板电脑等设备。家长们典型的回答都是:“太多了。”而他们的肢体语言则会是：脸露悲伤，低下头，不断地摇来摇去，双手摊开，一副逆来顺受又无可奈何的样子。

我之所以问关于唠叨和玩电子设备时间的问题，是因为我想让家长们意识到这些根深蒂固的生活习惯的代价。孩子除了上学之外，大部分时间都是在与家长为小事斗嘴，或者沉迷于虚拟的电子世界，这样，亲子之间能够进行亲密而自由的谈话时间就几乎没有了。

每次谈话都在等待着展开的契机：孩子察觉到家长准备好聆听了，并且能专注而积极地回应“是的，还有……”来扩展谈话。丰富生动的亲子对话是自然而然展开的，但其中也蕴含着一些无声的规律。它要求家长做到：

- 信任。你要对孩子言出必行。
- 尊重。你不能流露出假惺惺或鄙视的态度。
- 好奇。你会问孩子问题，热切地表现出你想听到更多。
- 真诚地感兴趣。别生硬地点头，听到不清楚的地方要主动提问。
- 专注。当孩子表现出认真、兴奋或者疑惑时，你可不能因为忙着别的事情而没留意到。此外，你可以自律地主动排除各种干扰，认真地聆听和回应孩子。
- 耐心。通常情况下，你要让对话进行下去，直到它自然结束。

像这样的亲子交流频率该是多少？要做到每一天都有，但也不必在孩子每一次说出一大串词语或摆了一个没有故事背景的表情时就开始谈话。谈话的长度需要维持多久呢？视情况而定，看条件允许。毕竟你还有一大堆家务要做，而且还要有个人的生活。

许多家长喜欢抓住开车、洗澡或睡觉前的时间来展开亲子对话，谈论今天发生了什么有意思的事情。的确，这些每天的常规活动为对谈提供了可靠的时机，但是它们是有限制的。一般到了晚上，大人和小孩都累了，或者大人还有工作要处理，这样就会让谈话变得十分匆忙。因此，家长专注的陪伴需要有灵活性和平易近人。

我曾经和家长谈过，唠叨、责骂和让小孩子玩太多电子设备会制约孩子沟通的欲望，他们更习惯于进行即兴的聊天。家长听到的再也不是孩子们提的要求或编的借口，而是既有趣又深刻的故事，孩子们也会变得越来越有自信，口才也会越来越好。

从早晨就要开始为孩子创造空间。要是你和大部分人一样，早上起来第一个接触到的就是你的手机，它会传来非常可靠且悦耳的闹铃声。但是……要是你顺便看一眼短信或邮件或新闻，你的心思就会进入复杂的优先级排序模式：关于这条指示，或者那条信息，我是要保存，还是要回复，还是忽略它们呢？要是你优先处理了手机上的事情而没有去看孩子的脸，他很可能察觉到你的心思已经被占满了。如果你能抑制查看信息的冲动，你才能有机会考虑今天孩子有什么安排。孩子昨天是怎么过的？他有没有对今天有特别的期待或者担心呢？即使这样简短地思考一下，你也能更有准备地来到他面前，听他讲述他新奇的点子，在他今天出门前给他一点小小的但重要的鼓励。

一天下来，来自电子设备的干扰是我们开展对话最大的障碍。为了和这些障碍划清界限，促进亲子交流，专家认为当家长身处以下场景时，不应该使用手机或其他电子设备：

- 全家一起在家或在外吃饭时；
- 开车时；
- 洗澡时；
- 睡觉前。

除此之外，当你和孩子在一起时，把手机调成静音，或者把手机放在视线以外的地方，比如放在包里，这一定没有错。

孩子会模仿你使用手机的习惯，正如她会模仿你的礼仪和态度一样。但使用电子产品和学习餐桌礼仪还是不同的，因为前者是一种彻底的文化转变，它带来的意想不到的后果会随着时间推移而越来越明显。我们还不清楚二十年后，电子设备会如何影响年轻人的人际交往能力和谈话技巧。但我们知道，这些技巧都是在童年时获得的，并且依赖于家长持续的培养。

七“扒了”九！幽默感比什么都重要

还记得你第一次逗笑宝宝的美好回忆吗？但孩子第一次把你逗乐的回忆却是更加珍贵的：这是对你多年来辛劳培养孩子的奖励，也是他未来人生的一份可靠礼物。

当家长们来找我谈他们的孩子时，除了聊现成的问题，我总会找机会从别的角度来聊聊孩子。我会打听孩子有没有幽默感。他是否曾经故意做什么事情来使身边人笑？他有逗过你笑吗？他的老师？他的朋友？朋友的家长们？认真对待孩子的幽默感，可能意味着在亲子交流中加入许多胡编乱造的故事，奇怪尴尬的绰号，还有老掉牙的笑话还有老掉牙的笑话，例如“爸爸！为什么六会害怕七呢？”“因为七‘扒’了九！”[seven eight(ate) nine]。当你在身边时，孩子会搞笑地模仿同班同学的样子，或者要求你大声地用歌剧般的颤音唱《我们是冠军》（*We Are the Champions*）这首歌。要知道，你生命中没有其他人会像你四五岁的孩子一样来欣赏你的表演了。

你会发现有些东西是你俩都同样觉得好笑的（要是你们家养了宠物，就更容易找到这些共同点了）。你们一同谱写着家庭内部的笑话大全。早餐吃麦片的碗！她那装腔作势的英国腔！他们把那个词念错了，非常搞笑，值得把这个笑话记下来！

开车到店里维修。

四岁的小女孩:“我喜欢‘猪猪’汽车!”

爸爸:“我也喜欢出租汽车呢。”

在餐厅旁边停车。

小女孩:“看呐,看呐,这里有‘化’(代)客停车!”

与孩子一起分享快乐,能把亲子之间的距离拉得更近,也能放松彼此的心情;玩耍时的小打小闹,或是灵活地“不小心”跌倒,都能让我们体验一下对暴力的幻想,又无须承受在现实世界中跌倒后的痛楚。让孩子作为讲述者,去讲述故事和一些惊险刺激的英勇事迹,能够避免让她体验真实的危险和失望,同时也让她能够亲自掌控结局。夸张和英雄主义都是其中的乐趣。

这些特别有效的交流模式在现实中往往被所谓的更重要的事情挤压掉了:学习关于公平竞争的课程,关于网络安全的说明,关于同辈压力危机的讲座。这种情况已经能在很多学前班的课程设置里窥见了,多样的游戏或交际活动被替换为针对提升阅读能力和做好考前准备的严格训练。这就给我们带来了一个矛盾的局面:培养孩子的幽默感好像没有什么实际用途,但其实它的价值是无法衡量的。

孩子一生中会遇到很多人,朋友、伴侣、同事和雇主,他们都会被她深深吸引住,不仅是因为她有着过人的社交或工作能力(很多人也有),还因为他们享受那些和她一起度过的时光。和她一起玩很有趣吗?和她一起工作舒服吗?当她处在人生困境时依然能找到欢笑的能力,会深深地影响她的人生,以及她遇见的人们。从孩童时代开始,我们就要面对各种羞辱、残酷和波折,而笑容会是我们的安慰。良好的幽默感仿佛让我们拥有了游戏人生的超能力:能够帮助我们融入转校后的新朋友圈,或者让我们挣脱学校里恶霸的拳头。幽默感和孩子的身体健康与能力发展同样重要。

大人们觉得幽默感是天生的：你要么天生就是个有幽默感的人，要么就学不来。然而，就像画画和做饭一样，幽默感是可以培养的。什么是育儿？实际上这个过程就像是励志演讲一样。那谁是这个领域的明星呢？那就得看谁能用幽默的方式传递严肃的信息了。把你的家变成寻找乐趣的地方，试着好好完善你的喜剧式表达方法和讲故事的技巧吧。

我们生活在要求无休止奋斗的文化中，而欢笑声就是我们的解压阀，孩子会从你的行为举止中学会如何去使用它。比如，孩子明天要参加压力巨大的拼字比赛或者跆拳道考试了，今晚不如就从紧张的准备中跳脱出来，一起看看笑话书或猜谜放松一下吧。问问她最近看到的最喜欢的视频或表情包是什么，或者睡觉前一起读一个有趣的故事。还有，在你入睡前也记得好好放松一下，你可以刷一下洋葱网 the onion.com 的头条，那上面的文章确实从家长的角度写出了育儿的种种烦恼，读起来会让家长深感共鸣的。我在演讲中也曾引用过一些文章：

- 《家长从三年级小孩的美术作业中找到了创作灵感》（*Parents Seize Creative Control of 3rd Grade Art Project*）；
- 《每天一节单车课：唯一能阻止妈妈载着孩子把车开进大海的方法》（*Daily Spin Class Only Thing Keeping Mom from Driving Car Full of Kids into the Ocean*）；
- 《孩子爱哭闹，家长是草包》（*Parents of Crying Child Must Not Be Any Good*）。

幽默的误用：好心却换来不信任

幽默是一种非常有效的方法，可以帮助孩子渡过生活的难关，并从新的角度看待它。但是，请记住专业喜剧演员的智慧：悲剧在时间的酝酿之下就会变成喜剧。

如何控制酝酿的时间，要结合你孩子的秉性来决定。像是学校演出演砸了，自己的朋友认识了更酷的朋友，露营的时候碰上了下雨天，讲述这些经历会比当时的感受更加深刻而丰富。但如果你的孩子只是期望你尽快平复她的忧愁、伤心或失望（哪怕是看起来很微小的事情），要是你用嬉皮笑脸的态度来回应，她也许会觉得被鄙视或背叛了，甚至会发展出一些后设情绪，忧愁变成羞耻感，气恼变成罪恶感。而下次当她被生活伤得更深，需要找一位贴心而富有同情心的聆听者时，她也许就不会找你了。

对于家长们讲的笑话，孩子们常常会有双重标准。妈妈的一句玩笑，也许不能讨好孩子甚至会把他们逗哭，但同样的笑料要是由爸爸来说的话，孩子也许会报以赞赏和大笑。但孩子们的标准不是百分之百固定的。有时我会提醒爸爸们，哪怕是看起来城府很深的孩子，也会听到什么就相信什么，他们非常在意爸爸的观点，并以爸爸的行为作为自己的榜样。当家长在家里随意地应用大众媒体中露骨的讽刺语言时，可能会对孩子造成意想不到的影响，使得他们学会把自己的细腻情感隐藏起来，做一个表面上冷酷的愤世嫉俗者。

当孩子又开始学婴儿说话

五岁的安东尼娅的妈妈表示非常担心：她的女儿平日伶牙俐齿的，最近却忽然变回了两岁小孩的腔调。“这是因为我怀孕了吗？她是不是觉得自己长大了，有压力了？这个情况真的很困扰我，尤其是她在陌生人面前那样说话，真的很令人尴尬。”

我继续了解了更多关于安东尼娅的情况，原来她过几周就要上幼儿园了，还有奶奶最近卖掉了她温馨的老宅，搬到了更廉价的公寓里。对于小女孩来说，这些都是非常大的变化。“我觉得，学婴儿说话对于安东尼娅来说，是她应对变化的一种健康的反应：即将来临的小宝宝和幼儿园都让她觉得既兴奋又恐惧，而这个时候她又失去了熟悉的、能给她提供安全感的奶奶的家。”

小人儿们会经常思考关于人生的大问题，但大人们没必要和孩子们深究细节，除非孩子们向他们提问。面对变化带来的焦虑，安东尼娅采用了一种温和且安全的策略，让自己回归到婴儿般无忧无虑的状态，这比尿床、吮吸大拇指、咬或打同学，或在公众场合发脾气等好多了。那怎么处理这种情况呢？我给了妈妈这些建议：

1. 把她的婴儿腔看作一种浓重的口音。只有当你真的完全听不懂她说的话时，再告诉安东尼娅，你不明白她在说什么。要是她说：“妈妈，想要嗯……一个……花椰菜。”别对她说“你要像个大姑娘一样说话。”（这样有可能会让她感受到羞辱，导致她使用更夸张的婴儿式的沟通方法：哭闹。）相反，你要面对面看着她（但不要用责备的眼神），慢慢地、用礼貌且恰当的语气表达你的疑惑，让她重复一遍她的话。然后尝试解读她说了什么。但双方没必要来回拉扯过长时间，否则她会以为婴儿腔就是她引起妈妈注意的绝招。
2. 当她不是对着你说话时，就完全忽略她的婴儿腔吧。哪怕她是在你的妈妈或餐厅服务员面前自言自语。
3. 当她用婴儿腔对爸爸说话的时候，别去插手阻止或插话。那是父女之间的交流。
4. 当你和她说话时，保持一种“我是在对着我的宝贝大女儿说话”的心态。你可以问她：“奶奶的生日在下个礼拜。你觉得她会喜欢哪种口味的蛋糕呢？”

婴儿腔是一种低成本的策略，帮助孩子在面对生活的转变时，发泄情绪压力。这种现象只是暂时的，当孩子适应了新的生活节奏和新的环境后便会消失。

童话不会成真，不会发生在你的身上

童话故事没有告诉孩子，我们的世界上有恶龙。孩子们已经知道世界上是有恶龙的。童话故事告诉孩子，恶龙是可以被杀死的。

——G. K. 切斯特顿

无论每天的家庭日程有多么繁忙，你总是要留出睡前故事的时间，因为床边故事是个古老而传统的神圣仪式。表演时间到了，舞台要布置好，故事书就是剧本：把卧室里的灯光调得柔和一些，摆好枕头，盖上被子，床边放上一只泰迪熊或布偶娃娃，爸爸妈妈要专注在孩子身上。这是个亲密阅读和谈话的时间，也是双方增进情感交流的契机。在清醒和沉睡之间温柔且舒缓的时光中，如何才能最好地展开对话呢？

当孩子还小的时候，有节奏感和韵律的故事，还有会说话的小动物，最能让他们着迷。你一边讲故事，一边和他一起轻轻拍着兔子玩偶，轻声地说“晚安，月亮”，然后再开始追寻故事中的小斑点狗。随着孩子的注意力时间变长，对词语和概念的理解力增强，你和他们一起同情忧郁的驴子屹耳，到各个世界探险，那里住满了友好的奇异动物，还有深夜厨房、巨型桃子和巧克力工厂。当你已经把经典的童话故事都说完了，然后呢？许多孩子（尤其是有哥哥姐姐的小孩）要求读更刺激的故事：“我要听《哈利・波特》！”你可别太快同意，因为要是你跳过小熊维尼，直接到邓布利多，你就会错过童话故事里的一些东西。

童话故事！它们其实充满血腥、色情、歧视、不公和残暴。为什么要给孩子讲这些充满遗弃、诱拐甚至吃人（例如格林童话里的《汉斯和格特的奇幻森林历险记》）的情节，涉及奴役儿童和孤儿（《灰姑娘》）的主题，以及残忍地捕杀凶残野兽（《小红帽》）的故事，来终结孩子短暂的纯真童年呢？这是因为，你可以陪着孩子一起在温暖的卧房里勇闯黑森林，实际上你是在培养他一颗强大的心，去承受一整天下来他累积的紧张、混沌的思绪和不安的情绪。

心理学家布鲁诺・贝特尔海姆（Bruno Bettelheim）的经典著作《使用魔法：童话故事的意义和重要性》（*The Uses of Enchantment: The Meaning and Importance of Fairy Tales*），解释了这些奇幻狂野的童话故事，是如何教会年幼的孩子接受和认可自己心中混乱的情绪，而让小孩子们着迷的。当孩子们认识了童话故事里的各种坏人，他们内心的狂暴情绪得以投射到那些角色身上——例如，孩子也会感受到一般人感受到的又爱又恨的情绪，但他不知道如何去向家人或朋友表达。当他听到童话故事里的主人公机灵、坚韧不拔又足智多谋，战胜了一个又一个坏蛋，他便可以学到行动会产生后果，行动会带来希望，也获得了一个英雄主义的榜样。“童话故事是有暗示作用的，”贝特尔海姆在书中写道，“故事中也许暗示了问题的解决方法，但从来不直接说出来。童话故事让孩子去想象，当自己遇到了故事中描述的遭遇和人性时，该如何去面对。”[19]

读童话故事的过程中，家长可以随时停下来，问问孩子，关于主人公面对的困境，她是怎么想的。要是她是主人公的话，她会怎么做？为什么呢？她能猜到接下来会发生什么吗？她认为角色的命运最后应该是怎样的呢？

童话故事的本质是异想天开，它为孩子提供了一个契机去提出她内心

你可以陪着孩子一起在温暖的卧房里勇闯黑森林，实际上你是在培养他一颗强大的心，去承受一整天下来他累积的紧张、混沌的思绪和不安的情绪。

觉得困扰和迷惑的问题。别害怕对孩子直言不讳。你的简洁和坦率能解开孩子苦恼的心结。无论孩子想热切地探索哪条道路，你都要为她举起照亮前路的明灯。有一位七岁的小男孩，对故事中主人公的年龄感到纠结："像汉斯和格特这样的小孩，在现实生活中是永远不能打败一个巫婆的。她会把他们吃掉的。"他的父母感受到了儿子的忧虑，于是给孩子看了一系列现实中的孩子是如何面对困境的真实故事，包括《泰坦尼克号沉没了，但我活过来了》（*I Survived the Sinking of the Titanic*），还有《我是飓风卡特琳娜的幸存者》（*I Survived Hurricane Katrina*）这类的书。小男孩从整天忧心忡忡的样子，变得特别富有冒险精神，夏天时甚至和爸爸商量对策："我们别去靠近救生站的地方游泳，不然救援人员大概会阻止我们下水。"

善意银行

教孩子成为一个有礼貌、乐于助人和关心别人的人，不受自己当下的情绪或者欲望的控制，这至少要花上二三十年。但是，其实是有方法可以帮你更快地完成这个目标的。心理学家和作家鲍勃·迪特（Bob Ditter）曾经提出过一个很好的概念："善意银行"。家长与孩子之间的互相尊重，依赖于家长在善意银行中的存款。家长在孩子身上积累的一点一滴的信任和忍耐，聚沙成塔，汇流成河——让孩子把拼起来的乐高积木放在家里展示一个礼拜，其中的教育意义，也许比去一次迪士尼乐园更有价值。

在教养子女的过程中，常常就像是你要挑选你的战场一样。其中需要的智慧可大了，但实质上你大部分的行动都是在践行防守策略。而善意银行，则是你采取的积极主动的策略。与其等待战争酝酿起来，再去决定是否值得开战，你可以主动寻找方法让孩子感受到独立和被欣赏。当你持续地在善意银行中存储善意，孩子就越能忍受各种严格的规矩，甚至那些他们觉得不合理或不公平的规矩。

在善意上投资，如何能保证高回报呢？当孩子向你倾诉他的故事，他隐藏的深奥信息（对你来说隐秘而深奥，但他不觉得），哪怕是他上气不接下气地讲着让人难以明白的、不断重复着“然后呢、然后呢、然后呢”之类的事情，你都要表现出极大的热情，摆出被迷住的样子。你要不断地问他更多的细节，什么龙卷风啊，无人机啊，或者是体育比赛的赛程之类的。在女儿挑选衣服时，要表达出善意的宽容，无论衣服有多浮夸多奇葩，只要不违背学校的着装规定就好。注意要忍住不去强调你们俩仔细地为她挑衣服有多么不容易。记住，只有尊重才能换来尊重。

妈妈：“那条裤子你都每天都穿去上学，现在都一个礼拜了耶。”

女儿：“妈妈，我喜欢，它穿着软绵绵的。”

妈妈：“嗯，是啊，软绵绵的裤子穿着舒服。”

要是你的儿子希望他不在家的时候，妹妹不要去他的房间，你要尊重这一点，这样他就会在你忙碌的时候，更乐意去帮助辅导妹妹的功课。要是你的女儿不愿意跟人打招呼，或者在告别时亲吻家里的客人，你要尊重这一点，这样她就更有可能笑着去回答客人笨拙但善意的问题：“没有呢，杰夫叔叔，我没有男朋友，因为我才念三年级呀。”

微小的宠爱却能留下深刻的印象。有个女孩说：“去超市买东西结账的时候，我妈妈有时会让我在结账柜台旁的货架上选一些闪闪的、彩色包装的瑞士莲巧克力。她让我挑选我最喜欢的零食。”我一听就明白了，妈妈愿意多排几秒钟的队，让女儿去选择自己喜欢的东西，这是善意银行里的一种高价值货币。

我曾采访过全国各地的学生，有一个问题永远都能立刻得到热情的回答：“你喜欢和父母做什么事情？”孩子们的热情回答，反映了他们有多么喜欢父母陪在身边，也揭示了父母的许多做法都是在积攒善意，只是他们可能并没有察觉到自己是在这样做。以下是一些简单的例子：

“爸爸是我的好哥儿们。我们一起去骑单车，一起打牌。”

“我妈妈和爸爸会放他们的珍藏唱片，我们一家人会一起跳起舞来。”

“我和妈妈一起做菜。她教会我如何在烤汉堡时往里面放芝士！”

“我妈妈和我一起追《全英烘焙真人赛》，我们整天都在聊这个节目。实在太好玩了。”

“我喜欢和妈妈一起祷告。”

“我们每个周末都一起骑越野车。”

“爸爸和我一起从河边悬崖跳进河里。妈妈吓得不敢看呢！”

“我的父母在印度出生。我们一起看宝莱坞的电影。”

“每当我坐上车时，妈妈就会看着我，拍拍我的手臂，‘嗨，宝贝’，然后才开车。我太喜欢这样了。”

善意银行，不仅仅是一种鼓励孩子养成良好行为的策略，这更是一种思维，可以让你的家庭在孩子生活其中的这些年里保持轻松的氛围。在不同年龄阶段，孩子会给你们带来你能想象到的最糟糕的问题，也会给你们制造意想不到的惊喜。当你越来越懂得怎样才能讨孩子的欢心，你就能收获越来越多的惊喜时刻。

“

第3章

最大的、最强的、最快的

与小男孩沟通

VOICE
LESSONS
FOR
PARENTS

我喜欢小孩子，男孩子除外。

——刘易斯·卡罗尔

VOICE
LESSONS
FOR
PARENTS

妈妈，妈妈，你知道吗，鲨鱼有450多种！最大的鲨鱼就是大白鲨。它有18米那么长呢！但每年被鲨鱼咬死的人只有一个，而每年被狗咬死的人有200个呢！你知道世界上哪个国家的Wi-Fi速度最快吗？韩国。我们实在太慢了！我们的网速，连立陶宛、拉脱维亚和葡萄牙都比不上。你知道吗，“无人机”的名字，和大黄蜂的幼虫是同一个词！你见过这个词吧，“drone”！没骗你。你去查字典看。

与小男孩聊天，你尤其要小心谨慎。你既想给他们留下深刻印象，又要显示自己的权威和实力，而男孩们却总在大声喊叫，偶尔还会对你不屑地哼哼，或放声大笑，还会一直重复地说让大人厌烦的各种事实。男孩们连珠炮似的自言自语，完全不顾面前的大人们已经越来越不想理睬他们了，只是条件反射般不耐烦地回应着“行了，行了，我知道了”或“够了，赶紧上车吧”。小男孩却继续说呀说个不停，你不经思考就得出一个令人不安的结论：这孩子是不是有毛病？然而，如果你依然能够控制住自己，没有要他闭嘴并催促他做别的事情，你就会得到一个奖励：一首独白的诗歌，里面包含了诸如大白鲨、立陶宛和大黄蜂的幼虫这些词语。你在别的地方绝对不会碰到这三个词同时出现在一段文字里吧？

阅读本章，你将学会为什么男孩子会用一种在女孩子和女性看来是奇葩甚至冒犯的方式来表达自己。脑科学令人欣喜的新发现揭示了年幼男性选择性聆听、叫喊和粗鲁行为等的适应性功能，以及文化变迁如何戏剧性地影响了男孩子的成长。用这些信息作为地图，带领你重新看待男孩的话语和行动，并把它作为一种礼物。和他姐姐精心包装的礼物不同，这是由男孩机灵的脑袋和澎湃的心灵联结而成的。当你再次呼唤他，“嘿，孩子”，他会聆听。无论你想向他说什么——同情的，欣赏的，还是硬邦邦的行为准则——他都会听进去。

小男孩是由什么东西构成的？

随着学校的校规越来越严，对安全问题的关心不断增加，男孩们肆意莽撞的行为已经被看作是个问题，而不是值得欣赏的天性。这些变化也影响了家长如何看待他们的儿子，以及男孩怎么看待自己。直到大概十年前，大部分来访的男孩的家长，都是听了学校的建议来找我咨询的。学校说这个学生在阅读和写作方面有些落后，在学校里不停地打闹，惹麻烦，要不就是莫名其妙的没精打采。如今，家长们都是自觉地来找我。最常见的咨询原因是什么？是关于儿子的各种担心。这些忧愁的家长们说的话都一模一样，我还以为我在面试一群念着同样对白的演员。来听听六岁的斯宾塞的妈妈是怎么说的：

“斯宾塞穿衣服上学时，一定要我或他爸爸在房间里陪着他。他回家时，无论多想找什么东西——一块乐高积木也好，他的拖鞋也好——他都不肯自己一个人上楼去找。做作业时，他问的问题太多了，通常我只能从头到尾坐着陪他。”

“要是他知道我和他爸爸晚上外出吃饭，他就会很难过。即使我们趁他睡着了才出去，他还是哀求保姆给我们打电话。他做了噩梦，就要睡到我们床上；要是我们不肯，他就钻到他妹妹的床上。而且他不肯到别的小朋友家过夜，只接受小朋友来我们家过夜。”

还有一些家长来访，是因为他们的儿子总是很粗鲁、蠢钝或冷漠。八岁的雨果的妈妈向我讲述她每天面对的打击：

“雨果总是以为他说的话很好笑，他说的是：‘嘿，妈妈，你是不是怀孕了，你怎么不告诉其他人呢？’每次他把弟弟叫作‘毛脚丫的大笨鸟’，两人就会打起架来。他当着客人的面说他们的食物恶心，我反复叫他不要这样说了，他就会张着嘴大声咀嚼食物来恶心我们。”

斯宾塞的家长担心他永远得不到满足，而且他的懦弱会让他成为学校里被霸凌的目标。雨果的家长担心儿子对他人毫不关心，将来他会变成一个坏人。等他到了青春期，父母就更没有安宁日子过了。然而，尽管父母觉得儿子在家里的表现令人心碎、可怜或让人讨厌，但学校的老师却认为他们很棒。当我问起家长们上一次家长会得到了什么信息时，他们的回应再一次惊人的一致：“噢，老师们都很喜欢他！他们说他是班里的重要成员。他表现积极，和其他年幼的孩子一起玩时，会很照顾那些低年级的同学。他的幽默总是逗乐大家。”通常这些家长听到老师这些评价时都会互相对望，心里疑问：这是我们的儿子吗？她说的是其他男孩吧。

老师们热情地汇报完男孩的优良表现后，按照惯例，她接着就必须要说“有待提高的方面”了。也许他有那么一点爱吹牛，说话不太谨慎，总是想到什么就说什么。也许他老是爱去医务室，说这里那里不舒服。我对家长说，我总是不能理解为什么一开完家长会，他们就全然忘了儿子的优点，却牢牢记住了“有待提高的方面”，这正好加深了他们对儿子在家的捣蛋或无礼行为的担忧。

过去十年中，我从许多案例中看出了规律，可以用来解释为什么斯宾塞缺乏安全感，至少可以部分解释雨果“不成熟”的行为。许多孩子在学校的一天里都勇敢而努力地做好自己，完成各种课外活动或锻炼。但是，当男孩们回到了温暖的家，从他们把书包扔到门口的那一刻开始，这些硬朗的小伙子们便又退回到缺乏安全感、放肆妄为的孩童状态了。（女孩们从学校回到家里是另一种状态，下一章我们会谈到。）即使男孩们在学校操场上已经和朋友们蹦蹦跳跳好几个小时了，但他们未必就累坏了。相反，他们只是心累了，变得烦躁了。这种焦虑是因为他们的能量、想象力和他们的探险对象从外部世界转向了自己的内心。

父母害怕儿子长大后会成为社会的包袱或无业游民，除非他们能学会如何控制自己，因此家长们就专注教导他们如何控制自己。但是，如果我们对男孩们说的话，大部分都是在责骂他、纠正他，或是警告他，无论我们如何小心措辞，都是在对他们造成伤害。我们说："我不是在生你气，凯莱布，我是为你的行为感到不高兴。"但是这不是真的，凯莱布能感觉到。他本人就是他的行为，而你就是在生他本人的气。他只是不明白，你为什么会这样呢？

奇葩社会的奇葩方式

大卫·兰西（David Lancy）在他的佳作《童年的人类学研究》（*The Anthropology of Childhood*）中，将当下西方的（Western）、受过高等教育的（Educated）、工业化的（Industrialized）、富有的（Rich）、民主的（Democratic）社会（这五个词的英文缩写是 WEIRD，意为"奇葩"）中的家长们的教育规范和期望，与全世界其他文化背景下的父母，以及美国过去几代人的父母做了比较。非"奇葩"社会中的男孩们，要想提升他们的社会地位，就要完成各项赋予他们的任务，这也符合他们好动的本能需求。兰西写道，男孩们渴望探索远方的世界和寻找生活的必需品。要是他们得不到这些机会，麻烦就来了。[20]

父母经常抱怨男孩爱捣乱，坐不住或太吵闹——这是和谁相比较呢？是和女孩相比而言的。纵观人类历史（包括当今的一些文化），粗野并不被看作是个问题，因为生活中有太多场景，需要一些家族成员拥有强壮的身体，富有攻击的脾性，有充沛的活力，还要有吓跑侵略者的洪亮嗓音。男性和女性的角色设定既狭窄又差异明显，但这两种特性——狂野的和温柔的——对于族群的生存都是必不可少的。

但这种情况不再有了。现代社会已经转变成为科技型经济，强悍的价值已经被贬低了，除非是在足球比赛或动作电影中。如今，我们的文化推崇那些能长时间坐下来从事脑力工作的人。这在孩子从学前班就开始接受的教育中都有所反映。尽管人们的意识在日渐增强，探讨什么才是教养男孩的最佳实践方式，但社会和媒体对于与性胁迫有关的恶行，以及男性暴力的渲染，也让人们越来越难放心去欣赏那些男孩引以为傲的特质：包括他们的率真坦白，轻易就能克服情绪上的小波动，拥有源源不绝的活力和亢奋的精神状态。这些特质容易被看作是粗野的表现，并且暗示着麻烦。或者有些做法是漠然忍受男孩们的“古怪行为”，直到他们成长得越来越容易让人接受（像个女孩一样）。对于年轻男孩而言，偶尔和朋友或爸爸一起骑马，能令他们放松，但这些间歇性的男性之间的联谊活动并不能抵消现实的影响，现实就是整个社会对男孩的期望已经转变了。

即使是最有爱心、最支持孩子的父母，也难以忍受男孩子的整个身心和生活环境都被他的各种积木、电子游戏、武器玩具和汽车模型占据。通常最难搞的男孩们都有姐姐，因为父母很难不拿他们来跟兄弟姐妹的行为和能力比较。而许多书和网站给出的关于孩子成长阶段的建议则又加深了这种印象：“许多宝宝很可能已经学会……有些宝宝能够做到……少数宝宝能做到……”家长们也许就会拿这些正常范围的标准去对照自己的宝宝并求得安心，但其实事实上，男孩的大脑从出生前、到童年再到青少年的发育轨迹和女孩是不同的。

要是你懂得关于男孩大脑发育的一些基本知识，你就能学会用你儿子的语言和他沟通：你会知道他能掌握的词语和句子的长度、说话的速度和他最容易听见的音量。你会知道你儿子的行为是他童年的一部分，而不会把他放在狭隘的家庭或学校背景下去评判他。当你熟悉了常见的男性行为方式之后，你可以把它和你已知的儿子的个性相对应，从而加深对他行动背后的心情以及言辞的理解。要是你有一个女孩，认识男孩大脑的发育特点能让你学会欣赏（或更有耐心地去看待）你朋友或亲戚的儿子吵闹和乱跳的行为，以及他们为什么爱好玩具枪或爱显摆。

男孩的大脑

男性和女性的大脑用不同的方式去解读世界。尽管完全解开大脑的奥秘之日依然遥远，不禁让科学界为之焦急，但神经科学的新技术，像大脑功能区成像技术，让我们能更进一步地认识这个复杂的器官。例如，利用功能磁共振成像技术，研究人员能实时观察到神经的活动。他们已经认识到当女孩和男孩说话、拼图或受到视觉干扰时，孩子大脑中的不同区域会被激活。[21] 我们知道男孩和女孩大脑发育的速度和时间节点是不同的，影响语言、空间记忆和运动协调的不同大脑区域的发育顺序也不同。[22] 男孩和女孩脑中的神经化学物质血清素和催产素的含量不同，这影响着他们应对刺激时的反应，也造成了雄性激素、雌性激素和黄体激素的水平不同，从而也影响了男孩和女孩在青春期前的情绪和行为。

这几十年以来，我们已经认识到许多神经具有可塑性：经历能影响大脑功能的各个方面。这些先天的大脑结构，也许能解释为什么男孩在课堂上总是坐不住，只要听到同伴朝他们大吼“冲啊！冲到山上去！”就会立刻照做，而女孩会温柔地哄摇篮里的布偶睡觉。我们同样也认识到，每个孩子都是独一无二的，而且处在不断的进化之中。刻板的归类是十分危险的，它的历史充斥着偏见和错误认识。我们作为大人，有责任去欣赏那些敏感而健谈的男孩子，也要去教导那些没有同情心和表达能力的男孩子。我们也有责任去鼓励女孩子培养大胆外向的性格和对科学技术的热爱。只要我们更留意男女之间典型的性格差异，同时也对每个孩子身上的个性和脾性保持警觉，我们就能做到。

没人能比老师们更有经验。老师上课时希望能满足所有学生的需求，这种愿望推动了关于儿童大脑发育及其对学习和沟通的影响的研究。像在教室这样的环境里，要让男孩子发挥最好的状态还需要用到一些技巧，包括语言表达上的重点强、聆听技巧及如何控制他们的各种冲动。

心理学家、家庭医生、《迷失的男孩》（*Boys Adrift*）和《性别的重要性》（*Why Gender Matters*）的作者莱纳德·萨克斯（Leonard Sax），研究了课堂上的噪音对男孩和女孩的影响。他发现在男女混合的课堂上，那些能够成功抓住男学生注意力的老师，说话声音比其他老师高出六到八分贝。这个实地观察得到了生物学研究的验证，男孩的听觉的确不如女孩敏锐。同时，萨克斯医生还观察到，男学生能忍受更高水平的课堂噪音。“风扇转动时的响声，或者是手指敲桌面的声音，会更让女孩或（女性）老师觉得不耐烦，但对男孩却没什么影响。”[23]

萨克斯论证，安排成绩不好的男学生坐到教室后排，不如让他们坐到前排更加合理，在前排他们能更清楚地听老师讲课。但这里，社会和情感上的性别差异发挥了作用：对于男孩来说，在朋友面前保存面子，比得到老师的赞许或提高成绩更重要。在课堂中，孩子们可以自由选择他们喜欢的座位，粗鲁的男生们一般习惯坐到后排去。要是老师让他们其中一个坐到前面来，“那么，他优先考虑的事情，就是去证明给那些坐在后排的小伙伴们看，他不是老师的宠物，他依然是‘坏孩子的一员’。因此，他上课时会比坐在后排时更加不合作、更加不专心。”[24]

这恰好也是家长们都会遇到的难题，他们想让儿子听话，希望他能够

我们作为大人，有责任去欣赏那些敏感而健谈的男孩子，也要去教导那些没有同情心和表达能力的男孩子。

按步骤去做事，有什么说什么，更加清晰地表达自己的感受，以及在说话前要先想清楚。要是你更多地了解你的儿子使用的是一套什么样的工具，那你和他的交流就会更加容易。要是他给你找麻烦了，你可以在脑中迅速过一遍典型男性特质清单，来找出他现在的问题在哪里。这种将实实在在的生理学差异与沟通障碍联系起来的练习，对于女孩的家长同样有帮助，下一章我们再详细谈。

在下表[25]中，你会看到大脑、神经化学元素和激素等因素是如何影响男孩和女孩的沟通的。（这份清单并没有列出成长发育过程中所有的两性差异，因此没有提到诸如男孩的空间感觉和数学推理能力更强等情况。）本书撰写时，这些影响因素都得到了科学界的广泛认可。本书附录中可以看到表格的详细版。

男孩和女孩大脑发育和功能的相对差异	
男 孩	**女 孩**
语言能力发展得比女孩慢	语言能力发展得比男孩快
到 4 岁半的时候男孩所说的，几乎所有语言都是能被理解的。平均而言，他们每天比女孩说的话都要少，语速也更慢。	到 3 岁的时候，女孩的几乎所有语言都是能被理解的。平均而言，她们每天说的话是男孩的 2 到 3 倍，语速是男孩的两倍。
阅读能力发展得比女孩慢。	阅读能力发展得比男孩早 1 年到 18 个月。
容易凭冲动行事，需要更多运动的释放（身体活动）。	更容易久坐。
相对不容易察觉他人痛苦或忧愁的迹象。	对他人的痛苦或忧愁回应得更快，也更加频繁。

续表

男孩和女孩大脑发育和功能的相对差异	
男 孩	女 孩
要轻松听到别人说话，男孩需要说话人的声音比对女孩说话时高 6 到 8 个分贝。他们更能忍受身边环境中的背景噪音。	女孩能分辨更低分贝的声音，也比男孩更能区分语气中的细微差异。更高频的声音会让她们听得更清楚。容易被身边环境中的背景噪音激怒和干扰。
男孩对于视觉提示的理解与女孩不同；更容易被动态的影像所吸引，在强光下的视觉比女孩更好。	熟悉他人的面部表情和身体语言；在弱光下的视觉比男孩更好。
3 岁前比女孩表现出更多的分离焦虑和更容易哭泣。往后对能带来刺激感和兴奋感的适度的挑战或对抗活动更感兴趣。	在社交活动中理解各种暗示帮助她们适应新的环境。对于高强度的压力，她们的反应是退缩或表现出心理障碍的症状。
雄性激素水平更高；但每个男孩的激素水平也不同。雄性激素促使男孩们通过侵略和试图控制来表达社交能量。	雌性激素和黄体激素的水平更高，后者是“增进感情”的激素。女孩们利用她们的社交能力来和同辈及成人建立感情。

你的儿子：既脆弱又一无所知

在跟三四岁到青春期之间的男孩说话时，脑部发育有两个方面特别需要重视。其一是，男孩和女孩对情绪的理解是不同的。由于拥有更少的词汇和认知工具来解释他们的感受或说出内心的纠结所在，男孩在情感疗伤方面要花更长的时间。家里人为某件事发生争执，女儿从见证事情的发生，到与朋友讨论，也许到了第二天早上就把事情在心里理顺了，而你的儿子则需要更多的时间去消化。要是今天他放学回来闷闷不乐，原因可能与两天前而不是今天下午发生的事情有关。[26]

第二个值得注意的差异是男孩和女孩的大脑分泌的血清素和催产素的量不同。男孩的血清素分泌水平较低，跟女孩相比更易冲动和烦躁，而催产素分泌水平较高令他们对他人的情绪或身体上的痛楚反应较慢[27]。当你担心儿子冷漠无情的行为时，要记住这不一定是他的个性有问题，而很有可能只是男孩的生理特性导致的，随着他长大会有所改善的。（想想要是奶奶摔倒了，他会飞快地跑过去扶起她！）

当然，凡事都有个限度。即使他在学校表现良好，要是你发现他习惯性地故意伤害小动物、其他孩子、大人甚至他自己，蓄意纵火，或者做出一些已经明显超越了孩子之间玩耍打闹界限的行为，那你就要向专家求助了。

把话说得响亮、平静、简单。重复这样做

全天下的父母都在抱怨儿子的聆听技巧时好时坏，听别人说话时爱吵闹，又不够圆滑。其实这些都是男孩子的天性，正因为有这些特质，他们才会对生命有着无拘无束、包容宽广的热忱。你的任务就是要管理好自己面对儿子的行为时该如何反应，并且教导他如何在社交场合里灵活变通。

一切从大人们之间如何交谈开始。在家里听见愤怒的吼叫声是平常事，家长不自觉地就训练了儿子只对辱骂声或尖叫声有反应。于是男孩常常以为问题不是出在他们的行为上，而是在于爸爸妈妈的坏心情或者是那些愚蠢的规矩。要不为什么妈妈或爸爸会为那些看起来微不足道的小事那么生气呢？“你总是不把毛巾挂好！你老是忘记！”他是个男孩。这件事在他的日程上并不重要。他没想过要把毛巾挂好，好让他下次洗澡时有干

毛巾用，是因为他根本不关心他下次洗澡时有没有干毛巾用。

父母对男孩说话时，孩子第一遍没反应，第二遍还是没反应，这都算是正常的。这种情况下，很有可能他是真的没有听见你对他说话，尤其是当他正专注在某个活动上时。他们的大脑就是这样运作的。明白这一点后，你也无须过分生气或觉得他不尊重你。你要做好准备去重复自己的话，并好好学习以下的说话之道。

音量和声调

无论哪个年龄的男孩子，要想得到他们的回应，最好用短句子跟他们讲话，说话时音量要大，但声音别太尖："泰勒，看着我。现在五点半了。到时间去厨房里喂小雪球了。"别一次性下达两个以上的指令。要有心理准备他会忽略你。与其问"我刚刚说了什么？"然后说一些威胁的话，不如重复你对他的指示，用一种响亮但并不是教训他的音量。如果他听见了却无动于衷，那只不过是他在等你放弃，你要平静地重复你的要求，让他知道你不会让步。避免把场面升级到："我说第三次了，那只可怜的小狗饿了，而且据我所知，它不会喂自己吃饭。"

用手拍出简单的节奏（啪、啪、啪——啪、啪、啪），这是老师吸引学生注意力的常用招数。这对男孩来说也是个有用的策略，因为他们会对响亮的声音做出反应，其中还带有一点玩游戏的感觉，这就特别能吸引他们。比你大声嚷嚷好多了。要是情况紧急，就使用正面聆听技巧：蹲下来与男孩眼睛在同一水平线上，把手放到他肩膀上，看着他的眼睛，再让他重复你说的话。

因为男孩处理感官信息和情感比女孩慢，他们可能不仅需要更长时间去回应你，如果你对他们大喊大叫，他们会很容易觉得受伤。而且，爸爸适度地吼一下他们，他们也许能忍受，但要是妈妈也吼他们的话，他们会觉得很难过。

语气

语气中的微小差别，男孩是听不出来的，因此你对着儿子叹气或挖苦都没用。要是他留意到了，他更有可能觉得迷惑或者难过，而不是起到激励作用。悲伤的语气，他也许完全不会注意到，你却以为他忽略了你、不尊重你，其实他只是没抓住你的言外之意。等男孩进入青春期，他就会变得对父母的语气超级敏感，敏感到你要训练自己怎么说话才能听起来更轻松一些，以及如何掩饰你的好恶之情。也许你现在就要开始训练了。

语速

也许你的儿子会喋喋不休，但你要保持你的语速适当。男孩的语言能力发展得比女孩慢，包括聆听技巧和说话技巧。说话时要放松，但注意别用机器人般的刻板节奏来嘲笑他，比如说："请、把、碗、放、进、水、槽、里。"（不过，男孩对语气不敏感，他也许会以为你在逗他玩呢，这也是儿子可爱的地方之一。）

停顿

语言障碍病理学家阿利亚·施密特·珊德林（Ariela Schmidt Shandling）把男孩身上越来越常见的结巴现象，归咎于家长制造的压力，他们要求儿子"赶紧的！说重点！"。当与男孩说话时，要训练自己允许他们说话有停顿，"嗯——"当他们开始学着把心里所想说出来时，他们会犯错误。要注意他们说的话未必总会有一个清晰的点，他们也许只是在告诉你那么一丁点的信息而已。如果让他们重复你刚才对他说的话，要给他足够的时间慢慢说，因为他们需要停顿，努力回忆脑子里的信息。对他们温柔一些。

身体语言

当你对着儿子说话时，记得要面对着他。如果他正在玩耍，你可以坐到地板上。毕竟他不像女孩一样能敏锐地阅读大人的表情，他需要看着你的脸来集中注意力。要是他无视你，给他一个严厉的眼神或者一个微微摇头的否决，但别对他生气。他也许真的是没看出来。放松双肩与双臂——不要摇动手臂，或用手在空中指来指去。

变通方法

你不能强迫一个小男孩去关心毛巾有没有晾起来，去同情被绊倒或跌倒在地上的朋友，或者在他体内正积蓄着巨大能量准备要爆发时——需要到空地上跑跑跳跳才能释放出来——叫他安静地坐在家里。但总有其他的方法能够帮助你的儿子调整自己的行为，好让他不至于去到哪就惹那里的人生气或扫兴。

这些话不要对他说："你的行为是不恰当的。上课时你要专心，别搞破坏。这样你才会取得成功。"像"不恰当""专心""搞破坏""成功"这样抽象的词语，对小男孩来说是难以理解的。再加上你严肃的说教语气，这些词听起来就像史努比动画里的大人们说的"这个呀，那个呀"。

与其寄希望于你能够用道理说服儿子作出改变，还不如假装是他的同伴。装作你是一名文化人类学家，正在向儿子解释其他族群成员古怪但可以预测的行为。你倾诉的语气应该像是要跟他合议一般：

"杰西，你看，那些你觉得难相处的人——女孩子，爷爷奶奶，高年级的哥哥，老师，甚至你的妈妈，还有我——对你做的一些事情（别的小朋友同样会做的），都有同样的反应。尽管你可能不太明白。但是避开麻烦的秘诀就在于学习它的规律。就像密码一样。要是你记住了这些人的反应，你就可以知道是什么事情会让他们生气或不高兴了。你不用再去猜想：‘咦，我这次又做了什么啊？’”

男孩的调皮捣蛋和口无遮拦常常惹大人生气，其实这都是男孩自身的热情、张扬和主动的表现，他们以为这样和别人玩或引起别人注意的方式是合理且受欢迎的。以下我列出了最常见的行为，以及你如何向你的儿子解释的例子。你越读就越会发现，我的儿子其实很棒。他当然懂这些。他只是选择让自己不被规矩束缚。但有一些社交习惯会让男孩觉得不合理或无法理解，因此你要向他们好好说明。然后就让他自己选择：抓自己妹妹的头发令她疼得尖叫，是不是应该被罚站。别去跟他争论这件事的对错或者妹妹是不是好欺负。说重要的事情时也别轻描淡写或加上对他的夸奖来弱化批评：“我知道你喜欢逗班里的同学笑，你是个有趣的人！但上课还是要集中精神的，对吗？”你是在传达重要的秘诀，需要直接明了。

与其硬生生地把规矩一条一条地填塞给你的儿子，不如稍稍等到他选择的行为造成了一点点的麻烦的时候。男孩很少会为自己的过错感到愧疚，因为他们不觉得自己做错了。他反而是觉得生气或不解。当你看到他这个样子，别觉得是他笨或者任性妄为，而是要觉得他只是单纯地没有意识到有问题而已。接着你就要告诉他问题背后的秘密，用一种事实就是如此的语气，就和当年在他还小的时候，你教他别去扯布偶的耳朵一样。在你的指导下，他就能够开始练习自我控制了。

注意：以下举的例子，我会用到例如“对你发火”和“大声凶你”，因为你的儿子马上能明白你的意思。任何类型的责骂，孩子们都会常常用“大声凶我”去描述，哪怕是最温和的责怪。

取笑别人的外表

“要是你拿别人的长相或者他们穿着的衣服来开玩笑，即使他们知道你是喜欢他们的，有时他们可能会反过来嘲笑你。有时他们会觉得很难为情，或者生你的气。这也许会伤害他们的感受。通常情况下，这更多地发生在女生或成人身上，但也有许多男生也是很敏感的。”

要是你的儿子因为取笑或侮辱其他孩子而惹了麻烦，你也可以这样说：“要是你取笑别人的外表，而他们告诉了他们的家长或老师，那么大人可能会教训你、惩罚你，或者打电话向我报告。有些孩子不介意被吐槽一下，但有些孩子会十分介意。要注意看不同的人有什么反应。”

取笑别人的表现

适用于取笑他人外表的规矩也同样适用于取笑别人的表现，还要加上一个额外的警告：如今的家长脸皮很薄，谁要是对自己子女的能力有所怀疑，他们都会不高兴，哪怕质疑是来自别的孩子。因此，试着提醒你的儿子多加注意，当他以为自己是在给别的小朋友建设性的批评时，比如“你的投球太差劲了！”他也许会耸耸肩，说：“我说的是事实，妈妈。每个人都知道的。”即便事实如此，也要学会如何含蓄但有效地批评——并且知道什么时候要闭上嘴——这项社交技能越早掌握越好。

试着跟你的儿子说：“当某人犯了错，他们通常是知道的，而且自我感觉已经很糟糕了。在说任何东西前，先等等看是什么情况。要是有别人提出了批评，观察一下被批评的人有什么反应，大人们会有什么反应。发表批评的评论，哪怕你是对的，有时也会给你带来麻烦，而且也会伤别人的感情。”

或是：“与其挖苦别人的过失，不如去想想你在一旁观察到有哪些可以帮他们改进的地方。例如说，‘我有个主意，你换一个站姿，也许有助于你的发球’。要是他们想知道你的具体意见是什么，他们就会向你请教的。”

脱口而出一些负面的看法

“当你心里想到了什么——比如说你妹妹在看的节目很幼稚，或者老师布置的作业很无聊，或者你的朋友选错了滑板的牌子——先停一停，想一想如果你告诉他们的话，会发生什么。对方可能会生你的气，即使你是对的或者你的看法让大伙都笑了。有些人比一般人更容易发怒。如果你观察到他们不同情形的反应，你就不难猜到他们会怎样做了。如果你是第一次认识那个人，最好千万别去批评他。”

打断别人

“如果别人说话时你插嘴，他们的思绪也许就会被打断，他们或许会以为你并不关心他们正在说的事情。你应该等待，等到他们停顿的时候，你再回应一些他们刚才说的事情，或者用同一个话题来说自己的故事。”

身体上的碰撞、拉扯或推搡

“我相信你已经留意到女生和男生玩耍的方式不同。要是你拉扯女孩的头发或她们的衣服，或打她们，哪怕你是在跟她们开玩笑，许多女孩都会生气、感到受伤或者哭起来，甚至跑去大人那里告状。男生也许不会像女生一样，但有一些男生也会介意的。你和别的小朋友玩耍的时候，一开始最好还是温柔一些，别去触碰别人，除非你们是朋友，而且你知道他们不介意被你碰到。还有，永远别和大人们玩拳脚游戏，除非他们主动叫你这样做，就像你和爸爸玩黑胡子海盗或忍者战士游戏时那样。”

上课时胡闹

“有时老师会被你的笑话逗乐，有时却会惹她生气。等你熟悉她时，你会摸索出她的幽默点在哪里。在你说一个笑话前，要想想你有可能被老师骂，或者被她说你是个捣蛋鬼。回想一下你跟这个老师之前互动的结果，然后问问你自己还值不值得去冒这个险。”

打扰其他同学

“老师上课时要集中全部学生的注意力是很不容易的，尤其是当班上有很多学生，而她又没有助手或助教在旁边帮忙的时候。要是你在同学耳边说话、打手势或传小纸条来干扰别人，那老师的工作就更难开展了。哪怕你是在帮助同学！老师不喜欢这样。 当然在小组讨论或团队活动的时候，跟别的同学说话是没问题的。”

恶心别人

“许多人对恶心的东西的反应和你还有你的朋友不同。虽然你觉得把别人弄得恶心很好玩，但其他小朋友也许会说你是笨蛋或者幼稚，还会跟别的小朋友说你坏话，或者对你大声嚷嚷。大人也许会来惩罚你。”

音量太大：在家时的音量或外出时的音量

对男孩说：“我来告诉你，成年人认为什么是适宜室内的声音，什么是适宜室外的声音。从最弱的耳语说起，例如，‘我喜欢红色的大气球’。好，现在试一下说得大声一点……”继续引导孩子，直到你达到了“室外声音”的音量，暂且称之为第七级吧。然后再大声一些，直到你们都得扯着嗓子大吼并大笑起来。把这时的音量定为第十级。然后说：“在家里你的说话音量要控制在第四或第五级上，坐车时也一样，因为更大声的噪音会打扰到开车的人。在外面，要是你说话声音超过了第七级，即使你在我们家的后院或在操场上，如果附近有成年人，他们会告诉你要安静一些，要不陌生人会以为你有毛病。”

冲动行事：教男孩如何辨别和命名自己的感受

相对于女孩而言，男孩要花更长的时间去辨认内心的想法和肢体语言正在传递的信息：现在心里真的非常难受！究竟是哪一种难受，是什么原因引起的，我要怎样做才能感觉好起来，并且不制造麻烦呢？男孩只是知道，当他从妹妹手中抢了玩具妈妈会骂他，当他上课时踢前排的座椅老师会点他的名字，被爸爸发现自己谎称被其他小孩撞了爸爸会责备，但男孩无法解释为什么他会做这些事情，因为他真心不知道。

大人可以帮助这些年幼的男孩子找出他们的冲动行为与内心感受之间的联系，教男孩应该如何表达一些感受的概念，例如对其他孩子的妒忌（因此会抢对方的东西）；当老师又在解释分数的时候自己还是不懂，就会感到沮丧和灰心（因此就会踢别人的座椅）；跌倒后还把新买的牛仔裤划烂了，弄得膝盖上都是泥巴和石子，就会感到很难为情（因此就会撒谎）。能够把男孩和女孩区分开的一个常见特质，我们下一章会继续讨论，那就是女孩能够意识到她们心里感受到某种情绪了，只是她们还不知道怎么去称呼它而已。她们也许会说"讨厌"某人，其实她们是在妒忌对方。男孩却未必能把事情和感受联系起来。他们不知道自己为什么会抢玩具或者踢凳子，他们只是觉得自己想这样做。

当你的儿子告诉你发生了什么事的时候，你也许能成功引导他认清他当时没意识到的感受，正是那时的感受导致他们做出了那样的反应和选择，从而制造了麻烦。要是儿子能敞开心扉，你可以给他指出哪些具体的身体动作，说明他当时生气了，例如肚子会痛，小伤口也引起很大的反应，心跳加速了，或者全身冒汗。但如果孩子仍然感觉受到伤害、愤愤不平或者觉得被羞辱了，这种方法是不会有用的。如果你把他赶进房间，让他"自己好好想清楚！"，这样只能让你自己平静下来，但从他的角度看来，他能想到的只有这个世界是多么不公平啊，我怎么经常这么倒霉啊，为什么人们常常误解我啊！

有时，帮助年幼的男孩深刻认识到他们的行为和感受的最好的方法，就是间接的引导。对于男孩（还有男人），保存面子是头等大事，所以当你向儿子解释某种情绪时，把这种情绪的概念放进一个与他无关的场景去解释。例如，在睡前故事时间，你可以偶尔停下来问儿子问题。问他觉得故事里的角色有什么感受，而要是他是主人公的话，碰到了故事里的剧情又会有什么感受。然后重复儿子的回答，表达你的认同（“真的是这样呢！真的太可怜了！”），再进一步挖掘这种情绪的深层含义。“要是这件事发生在我身上，我也许会感到一点点兴奋，同时，还有一点点担忧。”这样，你的儿子就不用把伤害、恐惧或愤怒揽到自己身上，而是从家长的口中听到这些感受，他可以去学习认识它们并培养对它们的同情心。这样也强化了孩子大脑中对自己和对他人的同情心的神经回路。

的确，我们每个人，即使经过了多年的感情疗愈，依然在学习如何认清某些事件或想法和由此所引发的内心感受之间的联系。除了打架、逃避、默默忍受或假装从来没发生过，给男孩们提供更多选择吧，使他们免受不必要的怒气，并给他们思考的工具，好在下一次情绪的挑战来临前先反省内心。

英雄需要冒险

所有年幼的男孩们都面临这三个存在主义的问题：

我怎么样才能够做自己，同时不制造麻烦呢？

有没有人把我看作英雄呢？

在还没有其他人作出更大的贡献前，我怎样给这个家带来贡献呢？

我们以上谈过的方法应该能够帮你的儿子回答第一个问题。你对他的行为说三道四的时间越来越少，他个性中的细微特点就会越来越清晰，你就可以引导他去做更多那些可以让他成为英雄并且培养他独特的贡献的事情。

你儿子身上古灵精怪的特点和激情会变得越来越清晰。你要细心观察和聆听。在房间里、车里、开车时、等公车或坐地铁时，都激励他去说。通常情况下，与面对面的交谈相比，他会更喜欢并排而坐，这能让他聊得更加舒服（“正面谈话技巧”是用来说重要的指令或教训，而不是日常闲聊时用到的技巧）。你的角色就是做一个专心的聆听者和包容的评论员。有些男孩倾向于把重要的想法、告白或内心感受写下来，把纸条塞进你的门缝，而不是当面对你说。要是你也常常在他的桌上、床头或枕头旁留纸条，你就为他打开了一个新的沟通之门，他从来没有意识到可以这样做，但以后他很可能会照着去做。

和儿子聊天时你为谈话所带来的贡献，用投篮来打比方就是：你说一件小事，然后再接另一件小事，一件接一件传递下去——有时你就把球传到篮框底下了。对于年幼的男孩子来说，这种谈话方式比起冗长而严肃的讨论或解释有用多了。

当你们一起走路或开车去学校时，只要保持好奇，你就会了解到更多关于儿子的事情，但这也意味着你要忍住，别只是顾着提醒或指使他做这做那。你可以问一些轻松的问题，或点评一些有趣的话题：

> “我发现梅曼家养了一条新的狗，一条很大很大的狗。你有留意到我们社区最近有什么新鲜事吗？”
>
> 然后对话就可以展开了：
>
> “万圣节那天梅曼家的邻居发的糖果好恶心！”
>
> “哎呀，那糖果是看起来恶心还是很难吃？”
>
> “又丑又难吃！（停顿）妈妈，我是不是很奇怪？我觉得我不是很喜欢万圣节的糖果。”

“我会说你的口味很‘独到’(这句话包含新的词语，在这个语境下很容易理解，有助于扩大孩子的词汇量)。你知道你爱吃什么。有意思，你明明对于万圣节‘不给糖就捣蛋’的游戏很兴奋。”

“因为我就是想拿到糖，拿到好多好多的糖，但我不是拿来吃的。我想拿糖来跟别的小朋友换东西，尤其是那些把糖吃完了的小朋友。”

“这样也行哦。你已经想好怎么做了。”

当你和儿子在家附近散步 20 分钟，你可以设定一个目标，例如找一根好的树枝，又粗又长又直的那种。男孩子们喜欢寻找战利品——腐烂的鸟尸、车窗玻璃的碎片——他们可以拿着手中的树枝去戳他们的猎物。如果家附近有小巷子，试着往里面逛逛。瞧一瞧那些被人丢弃的家具，透过篱笆上的小洞瞅一瞅别人家的院子，望一望开着口的垃圾袋里面装了什么。就像在玩寻宝游戏，看到“禁止入内”的牌子也故意忽略掉，这是许多小男孩（包括许多女孩）喜欢做的事情。

我有一位医生朋友，常常要工作很长时间，她曾经开车载着她年幼的儿子外出，去完成一些她编造出来的任务，母子俩每次都能享受一个小时左右不被打扰的亲子时光。她还有一位大女儿，但找时间跟女儿聊天并非难事，也无须事先安排。现在她的儿子已经 24 岁了，回家探望妈妈时，他总会问妈妈愿不愿意陪同他外出办事。这太棒了！

良好的亲子对话，可以发生在你和儿子悠闲漫步的时候，而同样有意思的是，儿子会把他自己的或者和朋友一起的冒险经历带回家。给儿子机会到外面限制最少的地方去玩耍。给他自由的时间，没有约束，没有父母在旁，还有足够的探索空间，这样就能给他正在萌发的叙事技巧提供肥沃的生长土壤。正如学习吃固体食物和学习说话是同步进行的，男孩探索野外的欲望也会支持他们说话能力的发展。他们对情绪的不敏感使他们很难表达感受，但他们会迫不及待地告诉你，他们在院子里做了一个捕捉松鼠的陷阱并详细解释它的具体操作（别担心，通常都不会成功的）。

有什么地方可以让你的孩子们——男孩和女孩——跑来跑去，并且拿起树枝假装击剑呢？有什么地方可以让他们爬上爬下和躲藏呢？有什么地方可以让他们成立一个体育爱好者俱乐部，邀请朋友过来，并自己订立规矩呢？有什么地方可以让他们离开你？家庭露营，爷爷家那边的码头，还是你家的院子？公园里的水塘周边？这些地方都可以让你的儿子践行他的英雄探险，让他回家时能带回一箩筐的探险故事。

自由时间和无拘束地玩耍对孩子的帮助，不仅会培养他们的语言能力，它们还给孩子的心情和精神带来积极的作用。彼得·格雷（Peter Gray）是波士顿大学的心理学研究教授，研究精神病理学和一种“介质”（随着发育，它会对人的日常活动的质量与数量进行适当的控制）之间的联系。他写道：“剥夺儿童独自玩耍、离开大人直接监督和控制的机会，其实是剥夺了他们学习控制自己的生活的机会。我们以为我们是在保护孩子，但事实上我们是在削减他们的快乐，削弱他们的自控力，阻止他们去发现和探索他们最热爱的事情，以及增加了他们受到焦虑、压抑和受到其他疾病困扰的风险。”[28]

换句话说，一个英雄需要——真的非常需要——一场冒险，还需要一位大人来聆听他说的冒险故事。

神奇事件，世界纪录，以及信不信由你

男孩面对的第三个困境——我能为这个家贡献些什么别人做不到的？——是个陷阱问题，因为你和你的儿子可能对“贡献”这个词有着不同的定义。你也许会认为它意味着身为一个家庭成员应有的表现和义务：帮助兄弟姐妹，帮忙做家务，配合家长。这些都对，都是你的儿子融入家

庭、服务家庭的重要指标。但这些在一个想象力丰富的小男孩眼中都比不上他的拿手技能：知识信息。他知道400种不同鲨鱼的名称，世界上最高的高楼是哪座，中情局用的最小型摄像机是哪种，一场篮球赛中最高的得分记录……要不是他告诉你，你怎么可能知道这么多令人惊叹的事情呢？

尝试着为他所惊叹的事情惊叹，哪怕他喜欢的话题远远超出你通常感兴趣的话题范围。怎么做这一点呢？教你一个技巧：无论多么微小的事情你都装出一点懵懂，都要向儿子寻求他专业的解答。你表现出的热情就是一笔善意银行的存款。例如说，“有意思！”“关于迷你机器人你还知道更多吗？”“间谍们还有什么诡计？”

当然，他也许又会背诵你已经听过50遍的各种恐龙的名称——听着这枯燥的名单令你有直接把车开到酒吧喝一杯的冲动。他重复说相同的事情意味着他已经把素材用完了。小男孩需要更多资讯来满足他们的好奇心，同时也要把你吸引过来。要更新你们之间的谈话，最确切的方法就是要不断给他输入新的知识和体验，通过阅读、视频或外出游历：到图书馆、海港、码头或火车站去，乘坐电梯到高楼的顶层，早晨去逛跳蚤市场或农贸市场，或是订票到博物馆、水族馆或动物园去。你可以通过为儿子提供不同的资讯，来促使他转换话题。

男孩想证明自己是宇宙之王。收集资讯就是让他们深入了解一个话题的方法。要是某种资讯包含了最厉害的——最大，最强，最快——那就更好了。极限是件好事。哪种动物跑得最快？猎豹。多快呢？时速约120公里。哪种动物以最快速度吃掉猎物？短吻鳄干掉乌龟！猎物瞬间就被咬死了。

有些父母和儿子之间自然地分享共同的爱好，有些则向彼此介绍新奇的领域。要是爸爸或者妈妈对儿子热衷的话题不了解或无动于衷，他们可以尝试换一个感兴趣的话题或者深入学习。比如上网搜索一些简单的事实，“昨天我查到了……”听听儿子有什么反应，你便会知道什么话题吸引他。最有可能吸引男孩们的话题和概念包括：

最厉害的。最大，最快，最高，最小，最重，最长，最吵闹，最深，最古老，最强壮。

超级力量。魔术：可以骗过人的眼睛，迷惑别人。间谍：有多重身份；还可以乔装打扮。暗号：拥有特殊的秘密知识。还有侦探，忍者，运动员，宇航员。

极限领域。太空，沙漠，海洋，森林。火星与木星之间的距离；多少个地球才能比得上太阳；马里亚纳海沟和那里的新奇物种；死亡峡谷，地球上最低洼和最炎热的地方；亚马逊丛林，地球上最长的热带雨林，也是世界上体型最长的南美巨蟒的家乡，它们能吃掉山羊！

巨型生物。恐龙，鲸鱼，巨型章鱼，大象，灰熊，长毛象。

食肉动物。捕猎时间、捕猎方法，它们是怎么把猎物吃掉的？

《最致命的斗士》（*Deadliest Warrior*）：这是一部在2009到2011年间播放的电视节目，它包含了男孩子喜欢探索的话题。一名日本武士和一名维京战士搏斗，谁会赢？海盗和蒙古战士呢？和儿子一起看上几集，你们之间就会有许多话题讨论了。

《怪物虫的战争》（*Monster Bug Wars*）：和《最致命的武士》一样类型的节目，是关于昆虫世界的！视频网站上可以找到。

交通方式。巨型交通工具：18轮的车子，超长豪华轿车，泰坦尼克号。充满异国风情的：潜水艇，软式小型飞艇。充满未来感的：可以代步的磁悬浮滑板，无人驾驶汽车，个人喷气飞行背囊。

体育比赛的比分，平均分，运动员的数据。对于并非体育迷的家长来说，这会有点难度，但如果你的儿子是体育迷，也尽力去尝试一下吧。也许你会发现心中的体育狂热因子呢。

当你明白了，和小男孩聊天与聆听他的话这件事，与大人之间（或者大人与女孩之间）一来一回的谈话方式是截然不同的，你就能够跟随男孩的节奏，任由他大段大段地向你背诵各种事实、数据和世界纪录。他的目的并不是要向你炫耀或讨好，只是单纯地与你分享那些他找到的最感兴趣的发现。

尊重儿子的男孩子气，也尊重他的学校

今天的男孩子要面对各种互相矛盾的期望：在运动场上要做一名战士，在午饭桌上要做一名绅士，在教室里又要做一名学者。这给家长带来的挑战，就是既要认可这种社会加在男孩身上的高期望，同时也不能贬低各种教育机构的正统地位，因为那是男孩学习和成长的地方，尤其是学校。

尽管我们通过神经科学对性别差异有了越来越深入的理解，儿童成长学家（和家长们）也质疑给年幼的孩子频繁开出注意力缺乏的药方，然而现实却是，在学校甚至在强调高水平技能锻炼的夏令营里，依然要求男孩子安静地坐下来，按照“女孩”的标准来做事。作为家长，除了在家辅导儿子，或者让他上一间按照男孩标准去教学的教育机构——前提是有这么一所机构，离你家近，你的儿子符合入学条件，而且你能支付得起——你，还能怎么做呢？

如果你感觉到儿子感到沮丧，觉得他无法跟上学校的要求，永远都不会拿到好成绩——这是来我这里咨询的家庭常见的担忧——要肯定孩子目

前的困境，并表达你的共鸣，但要注意说话不要夹带可怜的语气或信息。因为孩子会把你的同情理解成逃避的理由:“爸爸，你也觉得很不公平吧！所以我忘记交作业不是我的错。”

要控制住你的冲动，别站队和儿子一起反抗学校。要是家长对每件自我感觉不公平的事情，或者孩子没得到高分时，都质疑老师，那么他的努力就会适得其反——不但不会增强孩子的信心，反而增强了他的不足感，导致他变得冷漠、愤怒和难过。而且，责怪学校和老师会惹怒有经验的老师们。在老师的记忆中，当家长和老师团结起来时是多么有效，孩子会明白他们不能利用一方跟另一方作对。尽管如今许多学校订立的规矩还是对男孩子不利，但大人之间的团结通常会对孩子更有利。团结是持久的，偶尔有一些小小的不公平也是很好的例子，以此来向孩子说明这个世界的运转方式的确如此。任何与孩子联手对抗“体制”的家长，实际上是在给孩子树立了一个危险而不切实际的先例，让他们以为自己高于规则。

承认孩子在学校里碰到的困难的积极做法有点反传统。你要经常赞扬他的孩子气，并且巧妙地把他在学校的一天和大人们艰难枯燥的日子做比较。例如，你可以带他去自助洗车房，一边洗车一边说:“整个下午我都在开很长的会议，洗车才好玩呢。我们一起把这辆车好好洗刷一番吧！”

你正在向他展示，哪怕是弄湿一点衣服或弄脏双手，你也乐在其中，这是宣泄压力和放松的好时机——洗车就是一个容易的放松方法。你向孩子展示的是平衡。里面包含的意思是：是的，工作日和学校日常常是难熬和乏味的，但我们都是好战士，站岗的时候从不掉链子。当我们休息时，我们就可以享受水管子喷出的巨大水花的乐趣了！和儿子一起洗车，能让儿子知道你和他一样喜欢生活中这种需要体力、无拘无束、课业任务之外的活动。而且你会不断寻找方法来享受这一面。

承认孩子在学校里碰到的困难的积极做法有点反传统。你要经常赞扬他的孩子气，并且巧妙地把他在学校的一天和大人们艰难枯燥的日子做比较。

当然，也有极为罕见的情况，就是某所学校或某位老师真的对孩子造成了伤害。这时你就要拿出典型的交涉手段和勇气，要求学校改变对孩子的要求，或者要求更换老师（在第 10 章《受托人理事会》，你会读到更多关于如何处理遇到不称职的老师时的信息。）如果你的努力无果，你也许该把儿子送到另一所学校去。但对于大部分家长来说，就算儿子读完整个小学，都不会需要他们与老师们开战或更换学校。家长只需要更多的耐心，学习更多男孩究竟是如何成长的知识。

我的父亲年轻时，他的哥哥每天早上都会轻轻拍他的脸说："这是为了提醒你今天要听老师的话。"这听起来很严厉（我并不推荐！），但这个例子说明了要男孩子乖乖坐着不动是多么的艰难，这是学会自我控制的基础课，也是在提醒男孩要抓住学习的机会。我的父亲住在布莱顿海滩，他可以跳到海里面，游过大石头，或者偷偷溜到海滩俱乐部里听乐队演出。没有大人会一步一步跟踪他的日程。今天的男孩都离不开家长的监控，除非他们能确保孩子去到哪儿都自带逃生舱。因此，更要给你的儿子更多的自由，让他去拥抱野性的事物。

游戏：时间的小偷和兄弟连

很久很久以前——其实就大概 30 年前吧——孩子们还没有多少功课，会有一群邻居朋友在街上玩耍。他们自己找乐子，通过听、看、摸、闻、尝去体验三维立体的大世界：骑单车、爬树、打棒球、玩雪球或水球。如今往你所在的街区瞧一下：看不到一个孩子。再看看你的儿子，孤单地坐在安全温暖的房间里。他拿着电脑游戏的控制杆，用武器射击，在战区中攀爬，与敌人搏击，冲着屏幕大喊，来发泄他一些本能冲动。

科技的许多方面都发展迅猛，但也有众多问题仍有待解决。我们现在是否过分担心电子游戏和社交媒体的影响，正如我们的家长在 20 世纪 50

年代时担心电视对我们的影响？还是我们已经陷入了对危险的漠视之中，像同一时期香烟广告里的医生那样，催促人们“给你的喉咙放一个假……呼吸一下新鲜空气吧！”[29]？每个家庭和每个孩子都是不同的，那么我们如何能深思熟虑地为每种游戏设计适当的规则呢？

这并不容易。电子游戏在过去 20 年间被大量、广泛地研究，研究结果认为每位家长都应该有责任定下一些规矩。研究的发现使人如此不安，以至于 2013 年出版的《精神疾病诊断与统计手册》(第五版)(*Diagnostic and Statistical Manual of Mental Disorders*，简称 DSM-5) 将“互联网游戏疾病”定义为一种新型的症状，需要深入的调查:“‘玩家们’像强迫症一样玩着游戏，达到了对其他事物不感兴趣的程度，而他们持续和反复的在线活动在临床上表现为严重的精神伤害或痛苦……当他们离开了电玩，便会出现戒断反应。”[30]

从临床上来讲，你的孩子沉迷电子游戏以致达到在生活众多方面都出现机能障碍的概率是极其微小的。介于 8 到 18 岁的游戏玩家中只有 8% 达到这个标准。[31] 对于大部分男孩来说，在数码时代的友谊，包含了通过语音一起玩网络游戏，使得彼此可以拥有“合作、对话、闲聊的乐趣和一起玩耍的快乐感觉”[32]。一项发表在《儿科》(*Pediatrics*) 期刊上、具有全国代表性的大型研究表明，与不玩游戏相比，那些每天花一个小时或以下的时间在任何平台玩电子游戏的 10 到 15 岁的少年儿童，心理适应能力比同龄人更好，而那些每天玩 3 个小时以上的人则恰恰相反[33]。

尽管如此，对于许多家长和他们的儿子来说，每天为玩游戏的时间争论，仍然是持续性冲突的根源之一。虽然男孩们不会躲在他们的房间里好几天不出来，不吃饭也不洗澡，但他们连续花几小时玩一局游戏，已经符合非临床特征，即俗称的“上瘾”的定义了。

兰迪 · 库尔曼博士 (Dr. Randy Kulman) 是 Learning Works for Kids 公司的创始人，专门评估教育类型的手机应用和视频，他同意:“从心理适应性上说，每天玩一个小时的游戏看起来是最健康的游戏时间了。”要把你的孩子从游戏中拉出来，他们建议要培养一个持续性的生活习惯。每当到游戏环节结束前的十分钟，要用一个孩子能看到的计时器来提醒孩子。当时间到了，来一点常规的活动，例如吃点零食小吃，或者一起讨论一下刚刚的游戏。

你可以通过与自己比较的例子向孩子介绍“限量”的概念：“要是有太多好玩的东西，我们的欲望就会超越我们的判断力，使我们忘了什么是对我们有益处的。以巧克力蛋糕为例吧。要是家里总是放着巧克力蛋糕，我会不断地想吃，虽然我知道那会对我的健康不利。我想吃蛋糕的欲望会比我的意志力更强大。我不能让你玩电子游戏玩到超过对你健康有利的时间，即使我明白你现在马上就会不同意我的建议。”

随着他们长大，大部分男孩子会选择那些可以让他们沉浸在搏斗、幻想世界或犯罪活动的游戏，要在游戏里取得成功就要追逐游戏中的人，用枪把他们射倒，或者征服他们。最新的研究没有指出玩暴力的电玩和现实世界中的暴力行为有什么联系，但是，再一次强调，游戏需要适度，而你可以借助你对孩子的了解去帮助你做出判断。

还有一个问题值得我们思考：当男孩玩电子游戏去了，他们错过了什么做别的事情的机会吗？他们没有在不同环境下和其他孩子或大人面对面地交流。男孩比女孩更需要练习与人面对面的交流，在真实生活环境中练习自控力，表达自己的想法和感受，学习妥协，阅读其他人的表情等。一个男孩如果在社交场合中表现得比其他人更木讷，那他更有可能是缺乏人际交流技巧的练习。有一群一起玩网络游戏的小伙伴，绝对可以成为一个小男孩生活中的积极部分，但同时玩游戏的时间必须控制在限度内，网络游戏之外的玩伴以及户外活动仍然是必不可少的。

电子游戏可以带来从健康到不健康的持续性效果，如下图所示：

对电子游戏产生兴趣→ 获得乐趣和习得游戏技巧→ 热情和自豪感→

全神贯注地投入→ 沉迷

你如何判断儿子处在哪个阶段呢？结合他全部的生活安排来指引你定下他的游戏时长吧。除了跟朋友们玩游戏，他还喜欢跟朋友进行别的活动吗？例如运动、看电影或到邻居家里玩。他的老师有没有评价他参加学校各种活动时精力充沛？（注意：我不要求他要成为活动中的领袖、性格外向或受欢迎。这些是美国人心目中的理想品质，但并非情绪健康的基本素质。）他是否享受和家人聚会或外出旅游的时光？他是否喜欢和爷爷或奶奶、外公或外婆、叔叔或舅舅、表兄弟姐妹或家人的朋友，或父母的朋友聊天，而对方也喜欢和他聊天？他还有没有其他热衷的兴趣（收集棒球卡、搜罗各种知识或故事），能够提供足够的谈话素材，让他在和新朋友或认识的人聊天时展示他特殊的专业知识？要是这些问题的回答大部分是肯定的，也许你已经把儿子的游戏时间调校得刚刚好了。继续保持警觉，关注他生活的平衡并根据需要进行调整。

男孩的善意银行

我们已经了解了男孩们喜欢用各种知识、小把戏、笑话和活泼好动来赢得父母的欢心。你对儿子热衷的事物所表现出来的热情，以及对他各种捣蛋后留下的破坏现场的忍耐，都是善意银行可靠的资金来源。你不仅向儿子展示出你的爱，还有你对他的尊重，这样你就可以赢得他的信任，替你之后的事情铺平道路——他会更愿意接受你对他在语言、礼节、行为和同理心方面的指导，这些对于他的成长都至关重要。除了这些方面，以下还有一些建议，帮助你在善意银行中积累更多的资产：

- 为他报名参加儿童烹饪班。那里有很多男孩子。为什么？炉火，切菜，烤肉，磨刀。能够让这些小小厨师们学习使用各种平时禁止他们使用的工具，还学着如何准备一顿饭。
- 让儿子全权负责花园里的一块区域（或是负责清除院子边上生长的杂草，这会是让男孩打发时间的理想活动）。
- 允许他在自己的房间里想干什么就干什么，除了不能放置过期腐烂的食物，还要警告他不能把个人物品——包括容易把别人绊倒的鞋子、喝水的杯子，还有他用过的盘子——留在家里的其他房间里。他必须保持自己房间的整洁和家里其他地方一样，然后他就可以爱在自己的房间做什么就做什么。
- 要是他和兄弟姐妹合住一间房，在家里找一个地方划归成他的私人领域，例如地下室、阁楼或车库里的一个角落，他在那里可以有多乱弄多乱。
- 带他去大型体育比赛现场，那里可以尽情地呐喊、欢呼或发出嘘声，用大跳大叫表达喜悦，这些都是合适运动场的礼仪。或者到海滩看海浪奔涌，或者去坐最快的过山车。
- 让儿子挑选在车上听的音频书。一起猜测关于人物的各种故事，话题不受任何拘束。走进他世界的沟壑中。
- 允许他连续多日穿着同一套衣服上学，哪怕他穿的是斗篷和靴子，只要干净就行（有点磨损或褪色也没关系）。
- 每学期抽出一天来不去上学，带他出外活动或探险（除非他经常因生病或逃避考试而缺课）。让儿子来选日期和计划活动。这不是他表现好而得到的奖励，这纯粹是送给他的礼物。对女孩子来说这也同样是个好主意。

童年时期的男孩子，虽然比女孩子会更少的词，说更少的话，使用更简单的句子，但这些都不意味着他们和身边亲友的联系不够深入和主动。家长只需要尝试使用儿子的语言与他沟通（或者说，如果是爸爸的话，记住儿子说的话），男孩会在半路跟上，学会那些意思更加微妙的词汇，在这个过程中，他们会渐渐看清楚世界的各种细节，体会各种层次的意义。

那他们的姐姐和妹妹们是怎么样的呢？家长无需用“女孩子”的语言来和她们沟通。从四岁开始，女孩们就能够说“大人”的语言了。但家长还可以做得更多，来教导女儿如何在复杂的文化背景下沟通，我们下一章再详细说。

第 4 章

敏感、多疑且善变的女孩

与小女孩对话

VOICE
LESSONS
FOR
PARENTS

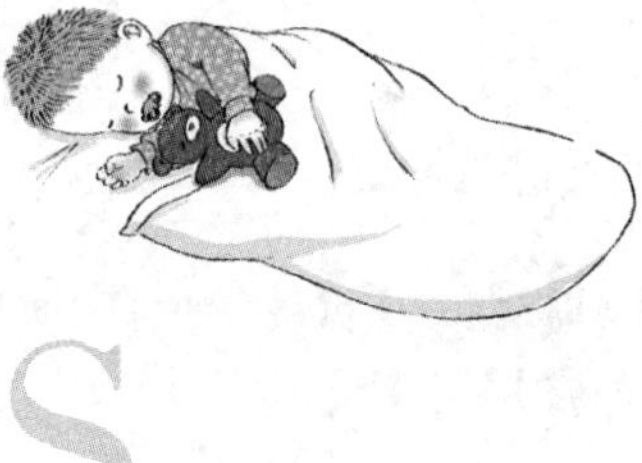

小女孩们能够用大人的语言和大人交流。

她唠唠叨叨、与你争执、为自己辩护。

她的情绪是如此强烈，

而且有着各种狂热的偏好。

VOICE
LESSONS
FOR
PARENTS

幼儿园里，四岁的米拉跑到操场上，她没有匆忙扎进女孩堆里去，而是停下来，扭过头看着她的老师。她睁大着眼睛，左手叉腰，右手五指张开托着她的小脸蛋，像唱歌一样，说："苏珊娜老师！你穿的这条裙子是新买的吗？""早上好啊，米拉。是啊，我今天穿了一条新裙子。"

"你在哪里买的？"

"我在一家叫作 Anthropologie 的店里买的。"

"我超喜欢那家店！她们家有那种亮晶晶的球形门把手，放在篮子里卖。"

这一小段对话向我们展示了与小女孩对话中的一些显著要素。米拉无须事先准备，就可以轻松地用一种霸气的口吻作为开场白。一些明显的视觉提示信息（那件裙子的特殊设计、颜色或材质）引出了她的提问，还带出了储存在米拉脑海中庞大的信息储存（老师都穿什么衣服来学校）。她使用了高级词汇（亮晶晶的、球形门把手、篮子），还有复杂的句子结构使对话生动起来，她丰富的表达能力显示出她的好奇心、惊讶和喜悦。

米拉纯熟的谈话技艺成功地给大人留下了深刻的印象。深刻得以至于多年以后，我依然可以把这段对话一个字一个字地回忆起来，苏珊娜正是我的女儿，米拉是她的小小学生。

小女孩们能够用大人的语言和大人交流。她们能说会道，又能解读微妙的语言和非语言提示，使她们在众多社交场合如鱼得水。无论上哪个年级，大部分女孩都能轻易忍受课堂里的种种规矩，一部分原因是她们有聆听和回应的能力，另一部分原因是她们非常重视讨好老师。但是，这些特质帮助她们在社会所重视的领域中取得成功，也让父母对女儿产生了不切实际的期望。

有女儿的家长常犯的错误，是误把女儿的能言善辩当作情绪成熟的表现，而把她们的情绪崩溃解读为退化或手段。家长被女儿说话世故但行为幼稚的情况激怒了。更令人困惑的是，如今女孩们进入青春期的年龄比父母当年早：女孩 7 岁或 8 岁进入青春期已经被美国儿科协会当作是正常现象了。（当我告知有年幼孩子的父母们，青春期开始的年龄正在持续下降，他们都大为吃惊。美国儿科协会曾经定义“早熟性青春期”——指女孩在 8 岁、男孩在 9 岁进入青春期——为不正常的现象，如今则已经属于正常的范围内了。）虽然离来月事还有几年，荷尔蒙使得女孩们很容易受到媒体上关于女性长相和行为（要会撒娇！要长得甜美！要积极主动！）的信息影响。女孩豪放的言谈和诱惑人的举止都能够反映出这些信息，尽管她们还要等很多年才明白它们的真正意思。家长对此感到震惊，也更加确信他们眼中的女儿是在“四岁装四十岁”。但她们并不是。

这些活力充沛的小小时尚家并非在用嘟嘴或诸多要求来“扮”孩子气，她就是一个孩子。而她陷入了一个她和她的父母都没看出来的陷阱里。在荷尔蒙、社会文化压力以及她高超的语言技巧的驱动之下，她看起来表现得圆滑世故，其实在现实中，她只不过是一个敏锐的观察者和机灵的模仿者罢了。对女孩的行为感到泄气和沮丧的家长，会导致女孩的疯狂变本加厉：她们既因为父母对自己生气而恼怒，又为自己想当父母的好女儿而生自己的气。

然而她无法控制自己。她继续唠唠叨叨、与你争执、为自己辩护，因为话语太容易从她的嘴里跑出来了，而且她的情绪是如此强烈。她有着各种狂热的偏好：我不要那件裙子！不要那种酸奶！不要那瓶洗发水，不听那个故事，不穿那双袜子！我不要那支蜡笔！我要的是紫色！不过不是那种紫色。

她拥有着各种狂热的愿望：我跟你说了，每个人家里都有蹦床！还有美国女孩娃娃！每个人都比我睡得还晚！每个人都有坡跟鞋！你却说只是有可能而已。我说得对吗？那什么时候买？妈妈？你说！

要是你是一位有女儿的家长，你最终会意识到，每场争执——无论是关于每天生活上不公平的事情，或者她的穿着、她的房间、她的发型、她的朋友、她吃的东西——都无法通过一场真诚而合乎逻辑的讨论来解决。你需要调整自己的节奏，因为养育一位坦率而理智的女儿，意味着每一天都要经历同样的坎坷，只是每次形式稍微不同而已，要这样重复很多年才行。

认清女儿处在哪个年龄和成长阶段，多加练习，你才可以调整自己传达信息的内容和方式，让你和女儿能够得心应手地驾驭童年的激流，少些摩擦，彼此间更多地互相欣赏。你可以教自己学会把她的挑剔看作是有良好的洞察力，把她的夸张言辞看作是心灵丰富的表现。配合着女儿的节奏，你可以用一种能够保护她的狂野个性、快速认知能力和体质发展的方式去引导她，同时教会她做一个有礼貌且对家里有贡献的人。

妈妈的包袱

女儿与妈妈之间的关系和她们与爸爸之间的关系大不相同。在我们找出与年幼女孩谈话的最佳方式之前，我们先来检视一下母女关系和父女关系的不同在家里是如何表现出来的。

妈妈和女儿的大脑结构有着共同且富有性别特征的设计：她们敏于阅读面部表情、辨别语气和身体语言，而且她们天生能感知和回应他人的感受和意见。（关于女性脑部发育的概述，请参见附录中的详细表格。）这些认知和所激发出来的担忧在女性之间的交流中又会有所增加。当妈妈和女儿同时在仔细审查着彼此的语气，皱着的眉头，或者偶尔一声的叹气，这

妈妈为每一个选择而担忧，而要做的选择又是如此之多。她们感觉自己的每一步都有人说三道四。

都会造成情感的停滞。她们也许会误读彼此的动机，因为，尽管存在着共同点，一个女孩子和一名成年女性有着不同的观察视角。又或者，她们会陷入过度谈论问题的泥潭中（心理学家称之为“共同反刍”现象）。两者之间的这些角力正是母女之间大部分冲突的根源。

女性之间的交流除了这些内在的挑战，还受到来自现代文化的专属压力。今天的妈妈们极度亲近她们的孩子。即使妈妈在外工作，她们也能从最细微的层面参与子女的一举一动：妈妈为子女整理房间，安排日程，确保孩子们准时到学校。这意味着她们与子女间的沟通，很大部分牵涉到质问和打听行踪。

要做好育儿这件事，妈妈相对承受的压力更大。想想“教养子女”（parenting）这个说法，在过去 20 年里如何泛滥起来，在这个词之前，更广泛的说法是“养育子女”（child-rearing）。人们以前说“你的孩子真可爱”，到如今的“你真是个好妈妈”——现在焦点放到了妈妈身上，而不是孩子。妈妈为每一个选择而担忧，而要做的选择又是如此之多。她们感觉自己的每一步都有人说三道四：也许是受她们成长的家庭背景的影响，或者是来自她们的父母和夫家父母的压力，还有其他的妈妈，学校，网络，大众媒体，社交媒体……她们的脑海中充斥了太多声音，把事情做好就几乎变得不可能了。

那么爸爸呢？

如今，爸爸比他们的父辈更加疼爱孩子，也特别愿意更多地参与到家庭生活中来。因为男性对于来自社会的指指点点的敏感度比女性弱，他们和女儿交流的时候，情感停滞的现象会减少。爸爸不会为妈妈担心的那些小事情而发毛（她上次洗头是什么时候？她刚才在咕哝着什么？），因此爸爸不会因此质问或批评女儿。这使父女之间的关系更加放松。

爸爸不会纠结于教养子女的细枝末节，或者其他家长怎么评价自己“身为人父”的技能。对女性来说，成为一个好妈妈仿佛是证明自己作为人的价值的全民表决。妈妈的焦虑延伸到爸爸身上，她们必须确保爸爸也把事情做好。这种情况同样也适用于有儿子的妈妈。但就我的家庭咨询经验而言，我发现了一种清晰的模式：有儿子的妈妈，会更容易接受爸爸的养育方式。妈妈尊重父子之间的感情，因为父子间推推搡搡的像“兄弟伙伴一般的”关系是件好事。爸爸的粗犷、戏弄和直白的说话方式对于女儿和儿子来说同样重要，但许多妈妈却对爸爸这样和女儿说话表示不屑。

来访的妈妈都时不时向我描述她们如何在孩子面前斥责爸爸，因为妈妈认为爸爸没有做出理想的好榜样。她们挑剔爸爸的个人生活习惯，例如在餐桌礼仪上表现得不够完美，喜欢吃“无益处的”食物，把袜子随意扔在客厅地板上，有时还会骂脏话。爸爸教养子女的风格也惹毛了妈妈，她们控诉爸爸总是批评得过于直白，总爱吵吵闹闹，或是对女儿的学习成绩或体育成就定下过高的标准。

当我听到妈妈的这些担忧时，我会提醒妈妈，当着孩子的面责怪爸爸，等于在教他们，孩子脆弱的情感比爸爸的尊严和他在自己家里的自由更重要。然后我会问：

- 当爸爸发号施令的时候，孩子有没有抱怨和拖延得更少，更加配合？
- 他们有没有表现出对爸爸的喜爱，例如，当爸爸回家时表现得特别开心？
- 他们喜欢和爸爸一起玩吗？
- 他们喜欢爸爸的幽默感吗？冒险精神呢？独门知识？处世智慧？还是特别会玩？

如果妈妈回答，“是的，但是……”我会说，“我知道这看起来不公平，但在爸爸和妈妈允许的行为范围中，的确存在双重标准，而爸爸可以获得更多的允许。”

这并不令人吃惊，有些爸爸厌倦被责骂和事事被管束。他们失去了信心，因此宁愿退后。这对于小女孩来说是个极大的损失，这会影响到她之后会成为什么样的人。父亲（或者在没有父亲的情况下，另一位成熟和关爱女儿的成年男性）在女孩的成长过程中扮演了一种复杂且关键的角色。研究文献已经证明了我在从业中得到的经验：女孩成长过程中，如果父亲缺席、不参与、有某种上瘾症状或者是工作狂——总的来说，就是爸爸不参与——女孩们容易过早地性活跃[34]。每一位爱女儿的母亲都不会希望家里出现这样的事情。

因为妈妈无意间在女儿和父亲之间设了障碍，还因为妈妈监察着女儿的日常活动，女孩和妈妈在一起的时间比和爸爸在一起的多。近距离相处时间长了，就容易滋生摩擦和争执。同时，和爸爸在一起的时间不仅稀少，而且更多的是进行愉快的活动，例如学习骑单车或开车去看周末的足球比赛。在这些间隙中，女孩们不像和妈妈在一起时那么频繁地争吵、发牢骚或抱怨。我不是在说有些爸爸不帮他们的女儿穿好衣服上学或为她们做饭，他们当然会做这些事情。但在大部分家庭中，妈妈管理日常生活细节，母女有很多生活习惯是同步的，因此母女间的交流就会有更多的摩擦。因为这些因素，本章我会直接地指导妈妈们该怎么做，但这些策略对爸爸妈妈都同样有效。

保持真诚、简单与合作态度

家长对待女儿的底线就是“对你的女儿坦诚”。与小男孩不同，女孩能够察觉到你的结巴和沉默。她们不仅能听到你对她们说的话，还可以轻易察觉出你在向她推销什么或者在对她说什么谎。如果直接且诚实地说出你的意思，你可以创造一种以信任为基础的轻松的谈话氛围。要抱着一种与同伴合作的态度，而不是要给她下套的心理。出现心结是因为彼此之间没有足够明晰的界限：孩子的状态就是你的状态，她的感受就是你的感受，她的创造力、运动能力和精神生活都属于你。这其实是对她生活的打扰，对她的健康是有害的。像同伴一般的合作意味着“我是站在你这一边的，但我与你是分离的两个个体”。

家长给的指示越是简洁明了，孩子的回应就会越积极：“时间到了，拿起你的书和午饭的餐盒”，“请把洗碗机清空”，“你可以告诉爸爸时间到了，我们要出发了吗？”女孩们很有可能在第一遍就听见你的指令。她们可能会忽略你，但更有可能回一句“快了快了！”打发你走。你的任何要求，要是与她们当下想做的事情不相合时，那就是在找碴吵架或迫使她们拖延。

为了避免冲突，妈妈通常会说：“你真的想穿成这样上学吗？你觉得你已经完全做好功课了吗？”这些都是消极攻击的反问句，没有女孩会这样回答的：“哎呀，谢谢你了妈妈！我真不敢相信我刚才竟然会打算穿这条裙子上学。要是穿这件，我会被冷死啊！”妈妈尝试控制女儿让她同意妈妈的想法，但这样会让妈妈看起来很弱，而且给她们机会挑事（“我就要！我要穿这件！我一定要穿这件！”）

如果你不再比孩子多想一步，保护她免受她的行为带来的自然后果的伤害，例如感冒或考试得低分等，类似这些问题就可以被免除。自然后果和其他外部力量，例如学校的着装要求，已经做了你想做的事情，减少一些会产生争执的事情。然而你还是绕不开：与女儿之间的协商谈判，会在很长一段时间内存在于生活之中。以下的说话之道可以帮助你避免把商量变成争吵。

音量和声调

女儿:“你吼我干吗?”

妈妈:“我哪有在吼你!”

当孩子没有像妈妈期待的那样回应时，许多妈妈就会开始冲孩子吼叫。她们都惊讶为什么自己会失控得如此之快，通常还会升级到辱骂的程度。女孩们会跟着去配合你说话的音量，因此控制自己尤为重要。一种行之有效的技巧是参照嗜酒者互诫协会的缩略词准则：HALT（肚子饿 Hungry、生气 Angry、寂寞 Lonely 和累了 Tired 四个单词的英文缩写），即立刻停止之意。当你听到自己的声音开始变大，就问问自己现在是否肚子饿、生气、寂寞或感觉累了，然后问自己为什么你会有这种感觉。通常你都不是因为孩子而觉得寂寞或生气，她只是在你刚要发火的时候出现在你面前。这种时候，坦诚是一个聪明的策略选择，它也可以帮你转移谈话的焦点。如果你说：“我今天累坏了，所以我提前告诉你我可能听起来很暴躁。”可能女儿会问：“为什么呀？发生了什么事情？”如果你不介意与她分享，那就给她一个机会学着为你着想，逗你笑，练习如何帮人打气和安慰他人吧。

语调

女孩子们能敏锐地察觉到表达不屑、挖苦或气愤的语气。可惜的是，对一些大人来说，这些语气已经成为日常匆忙生活的默认态度。许多家长没有意识到他们说出口的评语、愤怒的哼声和小小的笑声听起来有多么的生气或轻蔑。你的女儿也许看起来没有在听你讲话——她正在哼唱着电台里播放的歌——然而妈妈和女儿之间的每一个情感交流信息都被放大了。转移你的注意力会有一些帮助：在你让女儿安静下来听你讲话之前，尝试跟着她一起唱一会儿歌。把心头的烦恼先放一放，容许自己沉浸在女孩无忧无虑的世界里一小会，那里会有更多乐趣，而且你的语调也会慢慢得到改善。

语速

慢慢说话对男孩子有效，因为他们的心被别的事情占据了，也不如女孩们听得清楚。对着女儿时，要说话快到足以吸引她们的注意，但是不能说得和她们一样快。各个年龄段的女孩儿说话都是急急忙忙、上气不接下气的，妈妈们也会被带得跟上她们的节奏甚至继续加快。女性之间的交流的正常模式，是跟上彼此说话的速度：一位女士讲了一个故事，她的闺蜜会补充一个有共鸣的故事，这样就加强了彼此的联系。她们也会配合彼此的兴奋程度和说话的模式。

德波拉·田农（Deborah Tannen）是乔治城大学的语言学教授，在人际沟通研究领域有多部经典著作，她描述了女性之间的谈话是带有许多有特色模式的，包括“聊烦心事”，“语言的合作性重复”和“融洽聊天”。有时母女之间话题的重叠和扩展是积极且令人欣喜的：

“妈妈！我们班要到博物馆去，我们还会在那里过夜呢！”

“哇，睡在博物馆里呀！我猜你回家后一定有好多有意思的事情要告诉我们。”

但在其他时候，妈妈发现自己在配合女儿的情绪崩溃。妈妈在女儿面前是领导者，不是姐妹或闺蜜的关系，因此最好是通过较慢的语速保持你的权威。

停顿

当你为了表达一个新观点，或给孩子时间消化某个意见而停顿时，你的女儿却马上插嘴，说出她的反对观点。这意味着“停顿”可能只是一条单行道：你停下了，她并没有。那就在你停下来的时候仔细听她在说什么，你会意识到无论你俩多么亲近，你还是读不懂她的心。从她的角度理解她的想法，但并不意味着你要同意她。

身体语言

女儿不仅敏于观察脸部表情和声音语气，她们的触觉还会延伸到细微的身体语言，小到家长微微倾斜的头，或妈妈用力抓紧方向盘的手。因此，当女儿表达自己喜欢什么游戏、衣着或其他形式的玩乐时，家长尤其要注意自己的身体语言。翻白眼、叹气、转身、使人疑惑的耸肩或面部表情等，都会让孩子感受到你的轻蔑。小女孩尝试寻找自己的未来职业时，并不是每个人都会成为建筑师、兽医或神奇女侠。警察局长、网红或公主，这些角色也有可能暂时占据女孩生活的中心。家长那些没说出口的否定会给女孩自我表达的热情泼上一盆冷水，导致年幼女孩怀疑她的直觉和爱玩的天性。

躲过女儿“爱八卦”的眼睛

有时候，在你女儿激光一般的目光扫射下，你会觉得仿佛无处可逃。这是一则典型对话：

“妈妈，你为什么生气了？”

“我没有生气。”

“那，出什么事了？”

“没事！”

女儿可以从妈妈身上看到各种情绪，这是完全没有问题的。否则你就是一名可怕的僵尸母亲了。要是女儿做了一些事情来激怒你，你可以说："我没有意识到，但我的确生气了，很快我会变得怒火冲天，因此，给我点时间思考一下，直到我平静下来了，我们再继续谈这件事。"

或者"是的，我很生气，因为我们之前说好了，而你反悔了。你要帮我理清究竟发生了什么事，否则我们得把规矩定得更加严格才行，我知道你并不想这样。"

当然，还有一些时候，妈妈的糟糕心情或是烦躁和孩子毫无关系，但她不想解释自己（也不需要）。女儿依然不断打听，这令妈妈感觉像是被逼到了墙角，因此她发火了。但你继续否认自己生气或不开心的话，会让女儿很困惑，怀疑是否自己犯了错。作为替代，你可以对她说，她的观察是正确的，同时你也维护着自己的隐私。当她问："妈妈，你干吗这种表情？"你可以回答：

"是公司里的人有不同的意见，这是常常发生的事情。跟你没有关系的，亲爱的。"

"我安排的事情和爸爸的事情日期冲突了。我们会想办法解决。我们一定可以重新安排好的。"

"我忽然意识到我对太多事情都说了可以。"

要肯定女儿观察到的东西，给她一个你觉得舒服的大致解释。你的女儿也许还能听出来你简短解释的背后还有更多的故事，但除了家庭成员惹了麻烦或得了重病，不然3–11岁的孩子对困扰你的问题不会特别感兴趣，只要问题不是因她们而起的就好了。这并非因为她们不关心你，而是因为她们对成人生活中的压力只有一个模糊的概念。你的女儿（或儿子）无须知道一切事实，她只需知道，她不是在胡思乱想，而你是和她活在同一个现实中的。

认识并学会命名重大情绪

放学后，七岁的艾达匆忙穿过操场。她会带着笑容，一头冲进父母的怀里来一个熊抱吗？还是会朝着妈妈或爸爸瞪眼睛跺地板？无论是哪种情形，家长都要做好准备，以应对史上最坏（或者最好）情绪的夸张式爆发，一些问题必须立马解决，一些影响她整个未来的决定必须马上下！哭泣、疯狂的解释、哀求和尖叫会接踵而来。这些戏剧化的场面使家长筋疲力尽，即使家长这么想也能被谅解：我能不能马上给自己来一支救命针，而你去给自己倒一杯马天尼酒冷静冷静好吗？

小女孩们情绪太丰富，以致到了使人害怕的地步，家长忍不住得出结论：这是不是意味着她得了抑郁症？还是双相情感障碍症？要是女儿热切期待着学校有史以来最精彩的一场戏剧，家长们就会担心，她会失望吗？结束后会不会伤心？他们急切地早早到达会场，预测孩子的反应，好让他们能保护她不被庞大的情绪淹没。其实女孩真正需要的，是大人帮助她去理解和命名那些情绪。

孩子到了四岁以后，在学校的时间变长，也有更多的时间接触更大的人群。那些环境让她们体验到了在公共场合没有体验过的情绪，例如尴尬、渴望、背叛和妒忌。去安慰疑惑或惊慌失措的孩子，说着“一切都会好的”这样的话，也许能在当下起到安抚作用，但对于她更深入地了解自己毫无益处。家长更困难却回报更大的任务，是保持冷静，并教女儿学习认识更多的情绪。

例如，上一年级的时候，一个小女孩也许会开始妒忌她的同班同学克洛伊，因为她是班里面头发最美（“美得太不公平了！”）的学生，她还会用最快速度爬上滑梯，而且还写得一手好字。要是无法理解妒忌这种情绪，或者不明白这其实是普通而常见的心理，女孩也许会宣称她“讨厌上学”，或者说自己“笨”，或者说她“讨厌贝莉”，因为她“心眼坏，人又笨”。又或者，你的孩子一遇上她（或者他）觉得属于“不好的”情绪，就会找借口抱怨这里痛那里疼（“我喉咙难受死了”）。我采访过学校的护理员，证实了许多报告说难受的情况，其实都是因为出现了新的厌恶情绪。哪怕是最小的孩子，也懂得只要说自己“不舒服”，就可以不用流露真情实感，保持自己人格的完美，还依然得到了来自家长的关注和同情。

家长可以小心地顺着一条线索去理清孩子生气时乱作一团的语言和情绪。当她跑到你面前，诉说着某件令她伤心，或是她觉得不公平、使她生气的故事，与其询问故事的背景，不如先做到不带同情或慌张地去聆听她。这并不容易做到，因为如果你表现得过于紧张，她就学会了打受害者这张牌：只要我哭得厉害，妈妈就会放下她手中的活过来安慰我。因此你要保持一种客观的同情，好像你是一位富有同情心的学校辅导员而并非她的家长。再提醒一次，同伴间的合作关系，比你陷进她的情绪里更好。当她看到你并不恐慌，也没有和她一样使用不知所措的语气或语速，不用一步步追问，她很可能就会如实告诉你发生了什么事：“克洛伊在银色组，我想坐在她旁边，但是不行，因为希利老师把我放到了蓝色组，而且希利老师不在意这件事。”

现在你可以变得温柔和好奇一些了：“那最令你心烦的是哪件事呢？”鼓励她尝试做一些假设和猜想。她会最终回过神来，看清你所感受到的事情的核心，比如，“我想我生气的话，希利老师不会喜欢我的。她总是喜欢克洛伊，还有银色组就在希利老师的桌子旁边。”她的感觉也许就是妒忌，还有被忽略的焦虑。

这时，家长有几个选择。要是你也经历过类似的情况，你可以说：“我记得我一年级的时候，我常常坐在我的朋友茱莉娅后面，帮她编辫子。我很妒忌她——我也希望有红色的头发。后来老师让我俩分开坐了，因为我总是抓着茱莉娅的马尾玩！我当时太尴尬了，因为我得在全班人面前换座位。”这样，她就明白了妒忌和尴尬在现实生活中的意思。你还可以继续安慰她：“第二天，老师让我当了一个礼拜的班长，因此我知道她没有生我的气。现在我是一个大人了。我懂得了老师们每天会碰到一百多种像这样的事情。我认为你并不需要担心。”你帮孩子看到了过去（你的过去），也学会思考未来（她的老师明天有可能做的事情，就像你的老师那样）。

与孩子分享的私人往事应该永远都是真实故事，而不是为了说明某个观点而编造的故事。要是你编了太多故事，孩子会发现你的小把戏，而且不再相信你。所以你还可以用另一种策略，说：“我听了你说的事情，我感觉你是担心坐得离朋友太远，还有点害怕老师。而且你认为克洛伊能坐得离老师更近是不公平的。所以，你也许是有点担心，也有点妒忌或者说羡慕克洛伊。妒忌或羡慕正是你现在的感受，这是当某人拥有你很想要的东西时，你会产生的感觉。”

这就很微妙。你正在介绍一种高级的情绪语言，但你不想你的女儿觉得惭愧或羞辱。这样谈话的目标是帮助女儿在理解情绪的细微差异上更进一步，从认识愤怒、受伤或伤心到嫉妒、尴尬和焦虑。

要是你想要女儿进一步说明是哪件事令她不开心，那就使用开放式的问题，而不是只回答是或否的引导性问题。不要问“你很愤怒吗？”而是“是怎样的感觉？你当时感受到什么？现在呢？”这样一来，你更有可能得到诚实、详细而有启发性的答案。

我们希望保护我们的孩子免于痛苦以及导致痛苦的情绪，类似嫉妒、孤独、尴尬和焦虑。但如果我们不让孩子接触到这些情绪，孩子们就不会明白情绪波动是有迹可循的：“我有这种感受。哦，那是因为……”或者“上次发生这种状况的时候，我是通过……让自己感觉好受一点的。”自我反省可以导向自我认知，这是拥有良好判断力的基础。不让孩子接触到这些要素才是危险的，无论是从身体、社会、学习还是情绪方面而言。

被骗进争斗中（但并非总是故意的）

哪怕是聪明且富有同情心的家长，有时候也会对孩子发火。你可以说发火时的大声吼叫也是让孩子与情绪接触，不过最好还是别经常发火，一旦发火了也要为你没能控制好脾气而道歉。小女孩们很快就能猜出是什么让家长发怒，但许多时候她们是无意中或无法控制自己才会触碰到你的底线的。以下的各种情景都是来找我咨询的妈妈们遇到的情况。

女儿辱骂妈妈

“你是个笨蛋，妈妈！我不爱你了，我爱爸爸。你是最小气的妈妈，你是个坏妈妈。”

年幼的女儿会辱骂妈妈，这是完全正常的（但很少辱骂她们的爸爸）。到了四岁，你可以像对付一个两岁小孩发脾气那样应对她的发飙：认可她的沮丧心情，但不把她说的话放在心上。

对于年纪大一些的孩子，应该给予适当的回应：“我知道你不开心，但在我们家，彼此之间不会互相辱骂。我们把那些令我们生气的事情解释清楚。”这里我要给出一条忠告：除非是真的，否则别说“在我们家里，我们不会这样做”。而且，正如什么时候都要把孩子的行为放在具体背景下去看待，把她骂人的话也放进语境中理解。如果你的女儿常常生气，待人粗鲁，而在其在他家庭成员中这些态度并不常见，这时可以考虑以下两种情况：她正在为别的事情生气而把你当作出气筒；或者是你过去太宠溺她了，以致她发展出对你不屑一顾的态度。任何女人都不愿意被轻视，这一课你得给她好好上一下。

女儿一定要做拍板人

要是你从小就不是充当最后做决定的那个人，或是在你的伴侣、妈妈或同事面前，也常常不是你来做决定，当你面对女儿时，为她做决定就是件很有诱惑力的事情了。从策略上而言，让女儿自己做决定是更加明智的做法，要是有需要的话你可以晚些时候再和她一起回顾之前的讨论。要保存她的面子。她的权力很小，也没有什么独立能力，她只能通过发火来得到廉价的力量，“我也要！”别放在心上，并且留意她有没有按照自己所嚷嚷的去做。要是真的做了，那时候你再去处理。通常她只是做个样子保存面子而已。要是你保护了她当下的尊严，等她到了青春期你会有更多的谈判余地，因为她知道你尊重她。这是在善意银行的长期投资。

女儿提议去做一些让人不放心的事情

每当女儿游说你让她去做一些有风险的事情，或是与家庭安排有冲突的事情，妈妈也许会急忙尝试说教或摆出家规来劝阻。女儿的兴高采烈就像是火苗，点燃了疲惫的妈妈心中的火焰：

> “妈妈，你知道吗？这个周六晚我要和赛琳还有诺拉去溜冰了！”
>
> “这个周末不行！你知道爷爷奶奶要来我们家的。”
>
> “但是我跟诺拉的妈妈说了我能去的！”
>
> “家人最重要！谈话结束！”
>
> “不行！这不公平。我老是在见爷爷奶奶！妈妈！妈妈！妈妈！”

你的焦躁不安只会令她变得更有攻击性。然而，你可以按下“暂停”的按钮，终结谈话：

> “我们已经计划好和爷爷奶奶一起玩了，所以我需要问问诺拉的妈妈她们那边打算怎样安排。”或者说，“今天我已经很累了。这件事情我需要再想想。明天把你从学校接回来时我会做决定。”

这样就给女孩做了极好的榜样，当她上中学的时候，她不必在同学逼迫她立刻答应某些事情时感受到压力。她学会先思考，也知道该怎么说话能为自己争取到更多时间。一定要说到做到，给她答复。那时你可以和她再讨论整件事，并做出一些让步或者冷静地回绝她。你要预备好她会因此而失落，当下也没什么办法去安慰她，最好还能给她提供另一种安排。当矛盾正火热时，也许你的“不行”说得太快了。

女儿要妈妈给诚实的意见

年幼的女儿常常寻求你的意见——“要说真话！”——而你说了真话后，她们又要怪你批评她们。假设你是十岁的达芙妮的母亲，她问你：“你觉得我的大腿粗吗？要说真话哦！我觉得是的呢。我觉得我的大腿实在太粗了，所以我再也不穿短裤了。”你可以对达芙妮说些什么样的真话呢？事实是她的身体每周都在成长变化着，无论你说什么负面评价都有可能伤害她，而且这些评价很快又会和她不相干了。除非达芙妮肥胖过度到了对身体有害的程度，否则你都可以说：“我是你的妈妈，所以我难免会偏心，不过，我觉得你很好看，你的大腿也没问题。”

达芙妮也许会回答说：“妈妈，说真的！我是认真的！我的大腿粗吗？”

“我觉得不粗，达芙妮。十岁的女孩的大腿就是这个样子。不过你应该穿你觉得舒服的衣服，要是你不想穿短裤，那没问题。”

“我真拿你没办法了！”

达芙妮也许会气炸了，她觉得，我不能相信妈妈的意见，她承认了她太爱我了，所以看不出来我的大腿很粗。那就好！让别人去批评她的大腿吧。做她的妈妈的其中一个好处，就是你不用做那个令她难过的人，哪怕她引诱你去伤害她。当谈论到女儿的外貌时，你今天可以打“偏心的妈妈”这张牌，十年后也可以，一辈子都可以。当她要你对她某件不讨喜的穿着或妆容给出诚实的意见时（相对于她的身形或样貌而言），你可以回应说："这种风格任何人穿我都不会喜欢的。"极少有女儿真心想得到妈妈的真实评价。她是在寻求别人的认可和接纳。

当女儿问你关于她的新朋友的诚实意见时，收起你的批评也是最好的策略。除非你感觉到了危险，否则就让她自己学习去判断哪个人是值得信任的，是好心的，还是惹麻烦的，或反复无常的。本着去接近敌人的精神，安排她的朋友到家里玩："凯特琳？我还真不认识她呢，不好说。要不你把她邀请到我们家来玩吧？"

对她的体重只字不提

关于女孩子的体重，几乎所有的最新研究都得出了同一个结论：千万别去评价女孩子的体重[35]，哪怕只是好心的一句"还有进步空间"式的评价。随着女孩告别童年进入青春期，来自家长的评价会放大女孩自我怀疑的天性，因为这个时期的她们天天都在变化，同时也爱比较：今天早上醒来，我的身体又发生了什么变化？

当家长负面评价孩子的体重时，孩子就更有可能带着对自己身体的负面感受进入成年期。要是你确认你的女儿放纵自己过度或毫无节制地"化悲愤为食量"，你要寻求专业人士的帮助。否则，就在这个高度敏感的话题上保持沉默。以身作则为女儿示范健康的习惯，评析她在各个方面的长处，并开始教她认知媒体的语言。可以在 medialiteracynow.org 网站找家长适用的综合清单，包括如何向学龄前的女孩解释广告和娱乐节目是如何不着痕迹地传播针对孩子的身体形象的评价的。

对年纪稍大的学龄儿童，你可以设计自己的教育方法：在媒体上找两支同一体育项目的运动队（一支女队，一支男队）。计算一下体育评论员评论女性运动员的婚姻状况和样貌的次数是不是比男运动员多；留意他们是称呼女性运动员的名字、姓氏还是连名带姓。这样的观察会让女儿熟悉体格强壮和事业有成的女性的优良形象，同时也提高她对于媒体是如何描述女性身体的意识。

文化的治愈：大声说出自己

当你看到六岁的女儿模仿着时下最流行的扭臀舞步，当商店里摆满了紧身暴露的裙子和露脐装，当你带着女儿排队结账时，她好奇地阅读着商店内各种标语："五分钟平坦小腹""把大腿内侧肉减下来"，还有"让你脱衣时更显瘦"。你可能会感觉自己实在无力去阻挡这种全民健美的大潮，它让你的女儿讨厌起她的身体来——也许今天还没开始，可能也不是明天，但很快，她对自己身体的挑剔将会伴随她的一生。

要使女儿免疫于不知疲倦地贩卖着完美身材形象的媒体，妈妈要走一条很长的路。这里有个简单的窍门，但也许需要你彻底地改变过往的习惯：你必须在女儿面前积极地评价自己的外表，而且要常常这样做。不要表达出自我厌恶的身体语言，照镜子时不要对着自己皱眉头，还嘟哝着"哎呀，怎么回事！这裙子以前很合身的！"你可以把想法保留在自己心里，但别大声说出口或在女儿面前顾影自怜。

在我们在这个以自拍为荣的时代，我们实在看过太多少女和某些成年女性无休止地对着手机摄像头嘟嘴拍照，你也许以为赞美自己是不合时宜的事情。但是，一位女性可以从许多方面展示她在欣赏自己的身体，并从中感受到快乐，这和那些千篇一律的自满是有区别的。换衣服或看到自己的倒影时，你可以说：

> "太好了！之前我还没留意到这件新毛衣和我的眼睛很配呢。"
>
> "我还没试过留刘海的样子，但我喜欢来点变化。有意思。"
>
> "想看看我的新靴子吗？配上我的风衣，我感觉自己像一个

特工。”

“这支口红的颜色真适合在春天使用。”

“简阿姨涂的香水使我想起了去年夏天在海滩的度假时光，于是我也买了。要给你抹一点看看吗？”

留意一下，这些表述中都没有提到身材或体重。妈妈可以教女儿体会身为女人的快乐，感受自身魅力（并非指性感方面）。重要的是，让你的孩子看到你从自己身体的某些地方感受到了快乐和满足。想想当孩子看到你和伴侣盛装打扮赴宴或约会时，她会多么兴奋。在她们眼中，你明艳照人！成长充满了新奇和吸引人的事物，是值得期待的而不是令人惊恐的。其实你每天都可以这样问自己：你喜欢自己在其他人面前的样子吗？至少，你是中立的吗？还是你常常挂着苦瓜脸，总是在抱怨自己的缺点？女儿在你身上看到的就是她要学习的态度。如果你有儿子，也别让他们看到你批评自己，他们会觉得很困扰。

几乎每个妈妈都有过这样的经验：在照镜子化妆时，女儿忽然靠到自己身边，镜子里出现两人脸贴脸的镜像。这一刻是很有冲击力的，当你看到女儿饱满红润的小脸蛋，对比着自己脸上衰老的痕迹，你多么想让时间停住，让她永远保持这张年轻的脸啊！你可以做到的最好的事情，就是保持她对生命的热情，用你自己做榜样，让她看到一位成年女性对自己的尊重和欣赏。

你也许感受不到。当你看着自己下垂的胸部和脂肪堆积的大腿时，也许心中充满了怀疑，感觉被自己的身体背叛了。让孩子给你拍照记录这个时刻，别抱怨“别拍了，我看起来很糟糕”。你并不是的。在她们的眼中，你看起来并不差。她们透过乐观的眼睛看着你，你还是最好别去破坏她们看到的世界。

衣服、发型和食物：权力的熔炉

我曾花过数千小时与女儿争论她的衣着、发型和对食物的品位，最后可以用一句话来概括我的哲学：随她去吧。如果你让女儿给大部分的事情做决定，你在善意银行里的账户资金就会十分充盈，并且在家庭生活的其他方面你也会感受到这种善意的回报。

让她给自己做主并不是一件易事，但这也是一个年轻女孩精神和社交技能发展的最好滋养。心理学家称从四岁开始到进入青春期的这一段时期为潜伏期，这段时期孩子会火力全开地去探索世界。对于男孩子来说，是他们去冒险、收集关于所有事情的知识的时期，上一章已经谈过。女孩子也需要自由和冒险，当她们进入复杂而充满试探的世界的同时，也在茁壮成长着。但在很大程度上讲，她们是通过对衣着、发型和食物的选择来表达自己。相比于除非感到自己皮肤痒痒了，否则几乎对自己的发型或衣着毫无感觉的小男孩们，你的女儿可能就像一位令人难以忍受的天后巨星一般挑剔。而她只是再一次通过重新定义她的挑剔来锻炼分辨事物的能力。她正在尝试通过“我不是谁”去定义“我是谁”。

尽管听起来有违常理，但在合理范围内给予女儿挑选衣服、发型和食物的权力，在更重要的事情上，会为你增添而非减少筹码。这些事情包括，礼貌对待祖父母、帮家人的忙、完成你分配给她的杂事，以及在你要求她做的事情上不拖延磨蹭。

“让她作主”的意思，不是指让她发号施令，也不是每当她想要什么东西（必买小背心或鞋子）或者什么服务（必剪的发型）你都要急忙去满足。你不是她的许愿精灵。当你选择在哪个战场与她较劲时，请考虑以下几点：

衣着与发型

围绕着小女孩的衣着和发型的争辩，反映出了妈妈的价值观以及她的紧张心理。有些妈妈不齿于看见女儿穿着“肤浅而卖弄”的塑料高跟鞋蹒跚学步。有些妈妈总是提着毛衣尾随着女儿，生怕她穿得不够厚会得感冒。其他妈妈则被女儿的糟糕品味吓着了。一位妈妈向我描述她上小学的女儿想穿成“一个俗气的老阿姨！老土的花衬衣，一排纽扣扣到脖子上，配上方格裙子，还有胸针。她才八岁，就已经爱到二手衣服店里淘这样的衣服！每天早上送她上学我都感到难为情。要怎么做才能让她改掉这个穿着古怪的习惯呢？”

“别给你自己添麻烦了，”我给她的建议说，“其他女孩会替你做这件事的。”结果，学校的女孩们都被她女儿这种不拘一格的穿着风格逗乐了，几个月后她就觉得腻了。有太多不需要你担心和保护女儿的事情了。就去称赞她的服装品位吧，学着去欣赏一下一个八岁的小女生穿得像 20 世纪 60 年代的图书馆管理员的模样。

许多妈妈对于女儿衣着风格的担心，与学校里的社交分级现象有关，不仅为了女儿着想（穿成那样她会不会被其他女生排挤？），也是为了她们本人着想（其他妈妈会怎么想？）。为人父母后，像教堂、市政组织和体育联赛等社交场合的比重在成人生活中减少了，而孩子的学校社区却变得越来越重要。家长们的社交生活都围绕着为学校募集赞助、每季度举行的活动、戏剧演出和实地考察等，这已经是常见的现象了。这让妈妈觉得自己暴露在人群中，变得脆弱了，更令大部分妈妈过分担心自己的育儿名声，哪有那个闲工夫去仔细打量那个小图书馆管理员呀！

我有一位来访者，是个母亲，向我反映她被女儿奥萝拉公主式的浮夸打扮“吓坏了”，而六个月后又回来说：“她只想穿橄榄绿色和黑色的衣服。她穿着蝙蝠侠的斗篷，她还想把自己的头发剪得超级短，我害怕她这是想要一直都这样。”其实，这只不过是女儿的童年时代——这个转瞬即逝的时期，你不会想因为你不断亮起警报或强求解释（“可是你为什么想要剪短你那漂亮的头发呢？”）而错过它。无论男孩还是女孩，头发可以视作一种自我个性的表达或者性别身份的认同。无论如何，头发剪短了还会长回来的，而且那是她的头发，不是你的头发。

那位惋惜着女儿假小子短发的妈妈，也许曾经花了很长时间给女儿梳头、编辫子和打理出各种发型。这也许曾经是母女之间珍贵的仪式，但发型的问题通常也是母女间争吵的战场。有些孩子的头皮比较敏感，每晚的梳头仪式反而是给她们的一种酷刑，哪怕你梳得再温柔都没有用。如果发型问题变成了压力的来源，给女儿提供工具和理发产品，让她们自己梳理去吧，例如宽齿的梳子和喷雾式柔顺剂，教给她一些理发的技巧。然后就放手不管，无论她的发型有多糟糕或发丝有多毛躁。

我写这本书的时候，爸爸打理女儿的头发已经变成潮流趋势了。这是个好方法，让爸爸和女儿多相处，也给妈妈开个小差的机会。有专门给爸爸和女儿而开设的班，电视广告上也出现了美国国家橄榄球队的选手给女儿理发的场景，还有无数的在线视频可供学习，其中有个视频展示了一个只有爸爸才会发明的技巧：用吸尘器的管子给女儿拉出完美的马尾。

食物，令人沮丧的食物

食物的问题比发型和衣服更为复杂，而且给家长带来了更多烦恼。幸运的是，这种烦恼可以通过一种长远的态度，以及逛超市时锻炼克制力来减少。孩子只能吃你买的食物，如果大部分食物都是对他们有益的，你可以减少 90% 的关于食物的争执。

以下是一场令人抓狂的关于晚饭吃什么的典型对话：

“我们今晚吃什么呢？”

“三文鱼。”

“我讨厌三文鱼。”

“这真是新鲜事。上周你还说你爱吃的呀。记得吗，我把它蘸面包屑烤了，还配上了蒜茸？”

“不记得了，真恶心，我讨厌三文鱼。”

你要考虑她厌恶的对象有可能并非三文鱼，或者你做的三文鱼。她或许也不是在跟你争论食物上的选择权，除非你把它变成一场权力的斗争。其实这和她的成长有关。孩子的味觉比大人的敏锐多了（尤其是对于苦味，女生比男生更加敏感）。他们的味觉可以感受到更多的愉悦和恶心。这就解释了为什么奇多玉米条那么受欢迎，也解释了女儿变来变去的众多口味，上周她还能接受的某种食物，这周就变成了真心实意地讨厌。

如何解决挑食的问题？你可以用一种友好而客观的语气说：“今天的晚饭有三文鱼、烤土豆、花椰菜、苹果卷心菜沙拉。你可以选择你喜欢的食物来吃。周末的时候，如果你愿意，你可以给我一些你认为每个人都会喜欢的食物的建议。”

如今的父母乐意看到自己的孩子的味觉渐渐成熟，热切地做孩子喜欢吃的东西（“给你做三文鱼小馅饼好吗？”）。然而，父母也常常因为食物气得冒烟（“布莱特，你上周说很喜欢这道菜的呀！”），担心焦虑（“她怎么也得吃点蛋白质才行啊！”）以及垂头丧气（“要是我连哄她吃一块鱼都做不到，我怎么能劝她吃药啊？”）。孩子对各种食物的拒绝之下也许隐藏着成人更深层的悲哀：在我的生活中，没有一件事是我能控制的，哪怕是这个熊孩子的晚饭。

家长对孩子的食物如此担忧的其中一个原因是，在我们的文化里，食物的问题被过度膨胀到了道德的层面，取代了宗教信仰成为判断好坏的标准。吃健康的食物，等同于做正直的人。爱吃甜食意味着你是失败者。当女生宣称她这周过得“很好”或者“很坏”时，每个人都知道她们是在说她们这周吃得好不好，而不是做了什么义工。我们在女儿的身上看到了自己，同时也把这种道德枷锁加到了她们身上。

这种对于食物的执念有一个名字：健康食品强迫症，字面意思就是“执着于只吃对的食物”。这种症状尚未被确诊为精神疾病的一种，但却准确地描述了一种广泛的现象。一名学校护理员告诉我一件事，学校里三年级的老师们已经把圣诞节期间的姜饼人装饰，换成了纸袋和闪粉。

关于控制饮食对一个小女孩的直接影响，我问那些担忧的父母们：“你们问过儿科医生他是否担心吗？她是不是正在长身体？她做自己喜欢的事情时，是否充满活力？她有没有因为生病经常从学校请假？”如果这些问题的答案都没有亮起红灯警告，那就记得把女儿饮食习惯上的小小偏好看作是她生活中的一点小插曲吧。她只不过是想吃通心粉和芝士——下周也许她就会换成别的了，除非是你小题大做，把它变成一个权力斗争的熔炉。正如孩子那些可爱的语言障碍现象，在学前班的一年里就会慢慢消失一样，女儿对于食物的挑剔也会随着她的味觉的日渐成熟而消失。

你对着孩子宣讲食物的道理，其实这对他们的影响，都比不上家里放的东西以及你对于吃的态度。晚饭无论是在餐厅或是厨房里吃，这都是一家人日常交谈的宝贵场合，前提是你要抛弃焦虑与权斗。当然，不吃晚饭的孩子很有可能晚一些会溜进厨房吃一碗麦片，或者开始抱怨她饿了。你可以用一种真诚且中立的语气（而不是受伤、恳求或是讽刺的）对她说：“你没吃晚饭，我尊重你的选择，而你也要尊重家里的规矩，不能偷偷吃麦片当零食。你要是饿了，可以吃一个水果。”

已经停下来不说话了！当女孩子们打断你或觉得无聊的时候

还记得你十岁时的永恒的夏天吗？记得一家人开车去旅行吗？对比一

下现在，好像上一个感恩节刚过完不久，下一个感恩节就又到了。随着我们年龄增大，我们对于时间的感觉也加快了。对你的女儿来说，日子像是坐在魔法飞毯上悠闲地飞翔，而你则感觉像是分秒必争的全美汽车大赛。你和女儿对于时间的错位感受如下：

女儿：我接下来要说的话，是全新的、重要的、充满细节的！坐下来，让我一五一十告诉你。

妈妈：我接下来要说的话，是再普通不过的、平淡无奇的、最基本的东西。我们一边走一边说，一分钟就能说完。

虽然缺乏时间的父母们给了他们的女儿太少关注，但同时也很可能是能言善道的女孩们没有意识到自己把话重复来重复去，说得平淡无味，又或者是只顾着自己说不给别人说话的机会。父母可以给女儿提供一种很好的帮助，那就是给她们一些关于说话的时机和聆听技巧的实用窍门和反馈。向女儿灌输交谈技巧的好时机，就是你和她独处的时候或者家人们在一起的时候。

当要说的故事很长时，给听众一些提示

第一个提醒信号可以用身体语言：站在原地，一直盯着她，对她说的话没有多大反应。她就有可能懂得你的提醒了。如果她还没明白，你可以（轻轻地）说：

“我懂了。”

“是的，你已经说过了，而且我明白了。”

“好的。继续吧，接下来怎么样？”

“所以你说的是……”（把她说的故事概括出来，然后问一些

不同的信息或者把谈话引导到另一个方向去。）

像这样把谈话轻轻地推一把，你需要经常去做，好让孩子学会说故事的技巧以及培养谈话中要双方你来我往的意识。那说多少才算说太多呢？你如何判断听众开始对你说的话厌倦了呢？你是不是在重复自己说过的话？

一位女士告诉我，她是家里六兄弟姐妹中最小的，小时候的她有话太多的毛病。在吃饭时，她爸爸总是让她坐到他旁边，当她开始滔滔不绝时，爸爸会轻轻地掐她一下。要是她还没停下来，他还会在桌底下踢她一下。没人会看到。这是子女教养中一个好例子，也许看起来似乎没带来什么启发或有点丢人，但至少没有造成伤害——她骄傲地说起这个故事，作为爸爸对子女的爱的例子。

小学老师们用一种创新的技巧来使那些总忍不住脱口而出答案的学生或者那些说个不停的学生安静下来。老师会给学生一个秘密的信号，比如说老师摸自己的耳朵或鼻子。家长们也可以这样做。

阻止她打断别人的话

这需要采取一种双管齐下的策略。第一步是向孩子解释她记得住的简单规矩：要是别人正在说话，要等他停下来时，你才可以开始说你的事。要是你对着大人说话，而他们总是不停顿，等他们说了一会了，你可以像上课时那样举起手来，招招手（但记得要弯曲手肘，而不是把整个手臂直着举在空中）。别说："噢噢！噢噢！"要说："我能插一句吗？"

第二步是当她打断你说话时你的反应。如果你正在打电话或者和别人交谈中，你可以通过非口头语言的形式回应，例如温柔地看着孩子的眼睛，把食指放在嘴唇上做出"嘘"的姿势，然后举起来表示"再等一会"。这样就表明你明白了她想对你说话的意愿，也准备结束你另一边的谈话。如果可能的话，用你的手指表示她要等几分钟（例如两分钟、五分钟、十分钟）。然后在你约定好的时间内把注意力转到她身上。像这样说到做到能在善意银行中存入一笔信誉良好的存款。在她眼中你是言出必行的人。

如果你不是在和别人交谈而是在专注地做事情，她打断时要具体地向她解释你正在做什么，为什么现在不是停下来的好时机，并告诉孩子你什么时候能够做完手头的工作并听她讲话。例如：

"我正在给老板写邮件，我不想漏了任何一点或者打错信息，所以我要专心把它写好。我应该能在十分钟后写完，然后我再听你讲你的事情。"

而不是："给我一分钟……我正在给苏珊发信息……我说了，给我一分钟……"

当你做完手头的事情，要守信用，如果孩子离开了房间要记得出去找她。

教她学习如何聆听

如果孩子因为滔滔不绝或者爱打断别人，使得他们在交朋友或与别人保持友谊方面遇到困难，可以和父母一起玩倾听游戏。佩吉·普斯特（Peggy Post）和辛迪·普斯特·善宁（Cindy Post Senning）在她们合著的好书《礼貌的馈赠》（*The Gift of Good Manners*）里设计了一种练习，来提高孩子对语言的辨识能力，因为这对于某些孩子来说并非天生的技能：

> 用不同的语气去说一个句子，或问一个问题[36]，变换着强调句子中不同的词语，去让孩子猜每个版本的句子真正意义是什么。"我们今天去买东西吧"（强调时间），"我们今天去买东西吧"（强调活动），以及"我们今天去买东西吧"（强调参与者），这三句话的差别在哪里？同一句话，说出来可以是一句对事实的陈述，一个问题，或一道命令，这取决于说话人的语气。
>
> 再在练习中加入身体姿势和面部表情。说"我们今天去买东西吧"时带着笑脸，暗示着一种积极的态度；而皱着眉头的话，

暗示着相反的态度。一些孩子对于语气和话语中的强调词非常敏感，但大部分的孩子需要你去解释、举例子，通过大量的练习，才能明白日常交谈中的复杂之处。

家长们要抱着宽容务实的心态，记住孩子是刚刚来到这个世界上，才开始融入这里的文化和你们的日常习惯。通过一些耐心的指导，她很可能学会她所需的一切，敏感而优雅地与人交流。

爸爸和女儿

十岁的女儿:“爸爸，你知道蚂蚁是从来都不睡觉的吗？”
爸爸:“真的吗？你从哪里听来的？”
女孩:“我不记得了！但我知道是真的！”

爸爸笑了，和女儿击了一下掌。

与妈妈们不同，爸爸们教给孩子另一套交流技巧。妈妈为孩子做了如何聆听别人细微的情绪、如何安慰人和指导别人的良好示范；而爸爸则让女孩们强势起来，教她们如何讲笑话，还和她们谈论个人和社会范畴之外吸引女人和女孩的事情。

随着孩子长大，爸爸的贡献价值持续增长。爸爸使用的词汇，相比于妈妈而言更加陌生，但因为使用时有具体语境，孩子感激爸爸花时间陪他们，也就有了动力去猜测词的意思以及让对话继续下去。爸爸对着女儿谈商业，聊体育，或是车窗外正在发生的事情，女孩学会了一些术语，例如“僵局”，还有“同僚”“灌篮”；还有分享一次长途旅行时所需的词语（维修站、低压气旋、雷雨云）等。当然，妈妈也有广博且吸引人的知识储备，她们也有同事，也看体育比赛。不过，因为爸爸和女儿之间的对话，较少被女孩的日常安排和活动所左右，他们之间的交谈往往能够涉及一些不同的领域。

让女儿接触到更多的词汇，这只是爸爸对于女儿人际交流能力培养的一小部分贡献。通过熟悉爸爸的谈话节奏与风格，学习辨认哪些是非语言提示，哪些是逗着玩的取笑，都让女儿的交际能力得到提高。在爸爸身边，无论是与爸爸说话，玩游戏或者安静的相处，都让女孩提前练习她未来会遇到的情况：与团队里的男性队友、工作上的男性同事、男性朋友、男性恋人和她未来的儿子如何和谐共处，或者勇敢地面对他们。

妈妈对女儿的弱点加以保护，而爸爸则看到女儿的强项并致力于让她变得更强。爸爸通过给女儿不同的挑战、寄予高期望，以增强女儿的韧性和自信。爸爸教女儿如何处理更大的危机，包括身体上的危机。更多地把女儿往球场上推的通常都是爸爸，或者鼓励女儿往前冲跳进冰冷的湖中，投入爸爸的怀抱里。女孩需要变得强大起来，才能预备应对这个世界的各种竞争。

爸爸同样教会女儿分辨何时该打破规则以及何时该遵守规则。妈妈通常希望她们的孩子，尤其是女儿，做比较保守的人。这与神经化学和大脑结构有关系。女孩习惯于遵守规则，讨好他人，站在界限的边缘，她们比男生更加犹豫不定。爸爸可以让女孩练习说出自己的想法，挑战别人的主意，拒绝做一些违背她们本性或价值观的事情。女孩也有能力与爸爸对着干，惹爸爸发火，爸爸也许会骂她或惩罚她，但她会挺过去的。妈妈一听到爸爸开骂了，就会想过来打走怪兽，保护女儿。但其实这头怪兽是女儿认识并爱着的人，是一个能教会她勇敢站起来的人，教她如何去对抗那些日后会遇到的对她专横或威吓她的人。

今天，爸爸在教养女儿上的野心越来越大。他们也许不认识三年级里教课最好的老师，但他们希望女儿长大成人后，能成为独立且有竞争力的人，而且他们会本能地去培养对于女儿的生存至关重要的勇气与韧性。

爸爸通过给女儿不同的挑战、寄予高期望，以增强女儿的韧性和自信。爸爸教女儿如何处理更大的危机，包括身体上的危机。

父亲的掌上明珠

当我还是一个小女孩的时候，我的父亲在跟我的朋友打招呼时，即使她昨天刚来玩过，他总是会这样说："这位小姑娘是雪莉·卡佩利本人吗？我同意你来我们家玩了吗？"雪莉也总是咯咯笑地回答说："我是来找温迪玩的！"我爸爸和小孩子很处得来，如今我分析了他欢迎我小伙伴的用语，可以明显看出来为什么他说的话能让客人们放松。

首先，他知道雪莉的全名，正如他知道我所有朋友的名字。这是一种尊重的表现。其次，他开玩笑地提醒我们，他是这座城堡的国王，他会密切地注视这个家。这让我们觉得很安全。最后，他饰演起硬汉的形象，逗我们玩，显示出他知道我们可以开得起玩笑。直到今天，每次我给爸爸打电话时，他都会用一种怀疑和欢乐的语气问："这位是温迪·莫戈尔博士本人吗？"他这开玩笑的开场白总是把我逗乐，或者说逗我开心的是他的幽默感和对我的自豪感。（有一次，他以为是我妹妹的来电，我听到他称呼我妹妹的另一个版本："这位是可爱的阿珍姑娘本人吗？"这种如何保持家人亲密关系的艺术足够再写一本书了。）

根据我做亲子咨询工作的经验，我总结了一些技巧，可以让父亲加强他们与女儿之间的联系。

记住她们亲密好友的全名，以及她们一些身体上的特征

要是你记得住她们姓氏的缩写和比较受欢迎的那个名字，你会更加分——"这位是马爱拉姑娘还是白爱拉姑娘呢？"

答应出席活动或许诺做到某事却食言

除非你确定你能出席某项活动，否则千万不要答应说你会去。同样地，如果有任何机会不能成行，别说"我会尽力去的"。就对女儿说你去不了，告诉她你的原因是什么，然后，如果有可能的话，就去出席露面。

你的女儿会喜出望外的。

带女儿去进行父女俩的活动和旅行

带上女儿去杂货店或五金店，这是父女俩“边聊边做”的理想场合，因为父女俩一起进行的活动也许不如父子之间的多。别忘了黄金定律，带她去旅行。只有父女俩一起的旅行，一路上可以为车上播放什么音乐而争吵，在路边的略显可疑的咖啡馆吃饭，迷失在沿途的美景中，或者漫无目的地聊些有的没的，或是真挚地谈心。别只顾着戴上耳机。赶路的时间里，能有一部分时光消磨在互相陪伴的沉默中，也是一种奢侈。旅行的目的地，可以是某个地标、历史遗迹，或者是爸爸小时候住过的那个吓人的街区。还有一个选择：她最近在学校里读到的书里的场景。我女儿在读完《哈克贝利·费恩历险记》(*Huckleberry Finn*)后，我的丈夫就带她去密西西比河游览了一趟。

赞美她的耐力、勇气、热情和好奇心——除了她的外表之外的那些特质

爸爸看女儿的眼光不带任何批评，这对女儿来说是一种福分，因为妈妈总是对女儿的外貌打扮高度敏感。爸爸越少评论女儿的外貌，女儿越会在爸爸身边感到放松。爸爸更能够留意并赞美女儿其他珍贵的特质。尤其当她穿起一件新的晚礼服，或是在某些特别的节日里，她装扮成特定造型或穿着有创意的搭配，你热情洋溢的赞美会为这特殊场合增添气氛，“这位明艳动人的小姑娘是谁啊？”除此之外，爸爸们最好尽力减少对女儿外形的任何评论。

给爸爸们提个醒

要注意二手信息也会很有影响。

这么说吧，你已经克服了女儿不是儿子的失望（或者你觉得是如释重负！），而且你从来不批评她的外貌，因为你知道流行文化不断地放出破坏性的信息，足以引导女性相信她们的价值只存在于她们的长相。批评的话已经不容易从你口中溜出去，因为女儿在你眼中永远是美丽的。而且你坚信她有着无可估量的潜力。但这些还不够，你还要保持警觉：女儿无意间听到的话，也许和你直接对她说的话一样有影响。

一位父亲要是经常在女儿听得到的范围内批评妈妈，或者对家族中的女性成员或女性公众人物评头品足，这样会慢慢破坏时代正在赋予女性的力量，削弱女儿内心的强大。即使在我写下这些话的时候，我想阻止我自己，并为爸爸们说两句："给我喘口气吧！偶尔拿某位不修边幅的本地政客来开个玩笑，不代表我女儿长大后就不能跟男性好好相处吧。"但我还是不会这么做，因为学会控制自己，不说会让女儿"不小心听见"的她不该听到的话，仅仅是成为一名有自觉意识的家长需要达到的另一个层次而已。这也是爸爸的话是多么有影响力的体现，只不过这点经常被人忽视罢了。

女孩的善意银行

只要你不跟女儿争吵，魅力之门就会敞开，看看会发生什么？女儿的少女时代可以在混沌中闪出光芒。对女儿的善意，大多是让你简单地去接纳她——只要陪伴在她身边，确保她们知道你爱她们并给予认可。

少女们浑身充满着对各种事物的热情，而大人们却觉得平淡无奇或莫名其妙。一开口就是"我的天哪"的女孩的年龄越来越小。一位妈妈告诉我，她九岁的女儿露丝对一项自然科学课上布置的作业有什么反应：

> 我下班回家，很高兴地看到饭厅的桌子上放了好多本摊开的

书，墙上挂了一幅地图，还有一张长长的手抄清单。我对露丝说："哇，看起来真不错！我看出来你的火山作业进展很大啊。"

她说："这不是我的火山作业。这是我的蜜月旅行行程。"露丝迷上了一个男子组合的主唱歌手。"看到这张地图了吗，妈妈？我们会先飞去毛伊岛。再看看这张清单？这是我们的计划。我们一到酒店放下行李，就会直接去吧台喝香槟和欣赏落日。"

火山……夏威夷……度蜜月！听起来相当合理。对她休闲度假的白日梦保持一点善意吧，过一些时间后，再把她引导回她的作业上来。

面对男孩时，你是一名人类学家，抱着探索一个新奇国度的心情，学习它里面的仪式和独门知识。面对女孩，你要成为一名社会学家。为了填充善意的金库，你仅仅需要去聆听她向你描绘的世界。小女孩们是分析社会结构的专家。你要入神地听，耐心地听，你要对她有极大的包容，哪怕是听她讲八卦、傻事，还有她那不寻常的三年级小宇宙里芝麻绿豆大的事情。

各种老套的印象或理论，女孩们都全力拥护，哪怕它们是错的，可你要小心，别急着找时机对她说教。欣赏她讲故事时浑身是戏的样子吧。你并非要挑她的毛病去修理或改进，你只是在观察，偶尔要她澄清一下从大人角度看来有些微妙或迷惑的地方就好。

成为女儿的热情听众，以及让她在发型、穿着和食物上做主，这些事情都会让你善意银行里的账户资金充足。以下还有一些爱护她的方法。

给她找一个自由自在的地方

女孩需要和男孩同样多的自由玩耍时间，原因都一样，但还有一个与她的性别有关的原因：女孩们通过自由玩耍才能学会风险和危险的界限在哪里，这是父母在养育女儿时甚至考虑不到的问题。

我非常支持暑假时把孩子送走几个礼拜，无论是住在亲戚家还是参加夏令营。你需要根据女儿去朋友家过夜的热情，对比她在学校旅行时的表现，以及对于一场完全没有父母在场的冒险的热情有多少，来掂量一下她是否准备好了。给她报名参加一些每天都有自由玩耍时间的活动。在固定的学校和家庭安排之外，再给她安排一些“学习”训练营的话，无助于给她提供无拘束的时间来让她深入认识自己。

令人高兴的消息是一些露营活动变得越来越灵活了，甚至还可以让孩子随意挑选参加活动的天数，而并非一定要报某个特定的项目。在这些露营活动提供的场地，孩子们可以尽情享受有创意的、零散的、不受拘束的活动。孩子享受着的这份自由，也许会让你感到你在剥夺培养女儿所需技能的发展机会。要是你这样想，找一位也同样有这种感受的家长分享一下，这样会让你放松下来。

让她来教你使用科技产品（尤其是爸爸们）

通过科技产品来增强亲子交流，对家长和女儿都有益处。是的，这意味着要花更多的时间在电子产品上，记得设定好时间限制。但是，要是女孩和父亲很难找到双方都喜爱的事情去做，那电影或电视，打电子游戏，或者修理机器人，也都很适合。要是女儿不喜欢装配汽车或机器人，那还有其他很多使用设计好的插片的游戏，例如可以用插片搭建娃娃的家、兔子玩偶、各种乐高积木模型、闹钟，等等。

与女儿一起散步或去郊外徒步

把你的手机留在家里或车上，并告诉女儿你要暂时远离它。一起走到户外，特别是公园或野外或种满树木繁茂的地方，打开话匣子，利用这段不被打扰的时光来构筑对彼此的尊重。这样做会给孩子传达一个信息：你是值得我一心一意地去对待的人。

在户外相处还会带来其他好处。户外活动调动的感官越多，需要用到的身体运动越多，关于这次经历的记忆就会越深刻地印在孩子的心中——湿润的泥土的味道，苔藓摸上去的感觉，路边的小花、蘑菇，风大得几乎把外套都吹走了。亲子户外徒步让孩子有了更多的冒险故事可以去诉说，也能为让她感到愉快的家庭记忆添上一笔。当你们走在乡间小路或山野小径时，让女儿来挑选往哪条路或哪个方向走。即使走回熟悉的街区附近，你也可以问她："下一步往哪儿走？你来带路。"

种植花草和打理花园

你只需要找几平方米的地儿来开辟一个小菜园或小花园。虽然鲜花球茎看起来平淡无奇，像根茎类蔬菜，但还是去种一些吧，给它们浇水，等待它们成长，开出郁金香或花毛茛。学会欣赏这个古怪的词汇：花毛茛，听起来就像"花猫"。料理花园中的各种杂事，很可能是孩子第一次体验到延迟的满足感。这是多么珍贵的回报啊！当女儿向她的朋友介绍自己种的花时，以及你给她品尝从藤蔓上摘下的第一颗小番茄时，你可以欣赏到她脸上的喜悦与幸福。

一起做烘焙

和儿子或者女儿一起做烘焙都是珍贵的体验，但小女孩对烹饪有着更强的动力，阅读食谱的技巧也更加娴熟。（上一章已经提到过，男孩要等到能够成熟的控制好火和刀具的年纪才会开始爱上烹饪。）

通过烘焙可以学到很多：包括烘焙的独门术语——筛面粉、抹黄油、给面包上色、揉面团等。判断煎饼什么时候要翻面，或是烤箱里的饼干什么时候变得足够焦黄，可以训练她拥有敏锐的视觉观察力。更不用说如何给蛋糕铺上霜糖或是裱花了！

趁你还可以的时候，挽着她的手

这是一个炎热的星期天，在一条人来人往的街上，有个小女孩吸引了我的注意力，因为她迈步时显示出了无比的自信。她穿着黑色靴子，浅绿色短裙，还有黑色的长袖运动衫。我猜是她的妈妈放手让她自己选择穿什么。（“今天这么热，黑衣服实在是……还有穿靴子会……”）很明显女孩超爱她的靴子，每天都穿着它，而她的妈妈让她自己做选择。母女俩不是手牵着手，而是各自拿着同一支铅笔的两端，毫无疑问，这也是女儿的提议。

女孩说：“我永远、永远、永远都不要去那里。永远都不要。”她并不是在抱怨，而是用一种和她走路时的自信一样的强势气场来发表她的宣言：我不喜欢那里。

她的妈妈（用一种平静、客观而和蔼的态度）说：“你不喜欢农贸市场。我们只是进去买几样东西，买完了咱们就走。”

不难猜到小女孩为什么不喜欢市场。她得在熙熙攘攘的人群中艰难穿行，努力避免撞到大人们的膝盖，她长得太矮小了，看不到各个摊位上摆了什么产品，而且她和妈妈很可能也不能继续玩用铅笔来牵手的游戏了，而是必须互相抓紧。我最受震撼的是这位妈妈的反应。她只是简单地认可了女儿的观点，并没有尝试用这件事在当下或未来会产生的吸引力去改变她的心意（“我们下午会做水蜜桃派！”）。她也没有用甜头贿赂她，也没有辩护说这里并没有那么糟糕。

我见过的许多妈妈都天生就掌握了与女儿谈话的艺术。更多的妈妈还差那么一点点，就差怎么学会把焦虑放下，代之以更多的宽容和好奇心。我常常想起，有一次我路过一条尘土飞扬的徒步小道，碰到了一位穿着粉红色芭蕾舞裙的小女孩。她穿着芭蕾舞短裙蹲在路边，捡着小石子，她的妈妈站在旁边，没有批评她，只是在听到小女孩激动地尖叫“这些小石头都有条纹的！”时，偶尔点头示意。这是位值得拿金牌奖励的妈妈。

那只是一个普通的瞬间，她们可能都忘记了。但是我会记住，因为我知道女孩很快就会抢着跑到路的前方。现在，去抓住她的手吧，把你的脚步放慢一点，趁她还小，学习如何好好与她说话，你会在往后的日子里赢得她的信任和友谊。

第 5 章

令人头痛的话题

如何和小孩子谈性、死亡和金钱

VOICE
LESSONS
FOR
PARENTS

无论是多大的孩子，

男孩或女孩，

他们都不可能记得住你一次性灌输给他们的信息。

VOICE
LESSONS
FOR
PARENTS

“妈妈，这条鱼怎么了？这条鱼身上有两道黑色的条纹，一只眼睛上还有一个圈圈。小金到哪儿去了？小金是不是死了？妈妈！她死了！你撒谎！但是你说永远不能撒谎的啊。”

“那为什么叫作私处呢？是不是像私校一样？”

“我们家有钱吗？扎卡雷家里有钱吗？谁家更有钱？我们养了两条狗，但他们家院子里有滑梯。”

在那个人们还在用拨号电话的年代里，每当孩子们认真地问关于性、死亡和金钱的问题时，大人们都会忽略他们，或者扔给他们一些奇怪却公式化的答案。婴儿是送子鹤叼到家里来的。要是详细或诚实地告诉孩子们有关性的感觉和活动的话被认为是十分危险的：知道了就会想尝试，就会带来麻烦。要是有亲戚离世，大人就会告诉孩子那位亲人出远门了，或者上帝想多招一名天使。金钱的问题则属于一个特殊的范畴。讨论金钱的问题是禁忌，原因却永远语焉不详：“这是不礼貌的。”

这些话题禁区，剥夺了孩子了解关于它们的基本知识的机会，也剥夺了父母把自己的价值观传授给下一代、与子女讨论生命中最珍贵且最震撼的话题的机会。如今的父母，在面对这些话题时没有那么手忙脚乱了，但也并没有比过去更加坦诚。过去几代人对于性、死亡和金钱等话题往往闪烁其词，抱着放任自流的态度，现在的父母却有些不知所措。他们认同随意而回避的态度既剥夺了孩子的知情权，也是危险的，但他们又害怕自己说错话，担心孩子会对其他人重复自己的话，从而在学校或其他家长面前激起众怒，于是父母们变得踌躇畏缩。

家长也害怕一旦他们允许孩子表达自己内心的感受，或者接触到挑衅、露骨或伤感的想法，孩子们会被吓坏。然而事实却恰恰相反。只要孩子和父母讨论了这些他们觉得很神秘的事情，他们就不再是独自一人去面对床底下的那头怪兽了。

孩子们总是能享受感官刺激带来的快乐（啊，脚趾头陷进暖暖的、黏糊糊的泥沙里！咦，这是我的小鸡鸡，抓住它，就像一个我没玩过的玩具，真好玩！）他们对身体结构很感兴趣（宝宝在妈妈的肚子里生活时，它是怎么吃东西的？它会在里面拉屉屉吗？）他们也迷恋生命与死亡的循环（小金？爷爷？米罗的妈妈？）他们坚定而好奇地寻找答案，因此，如果家长们没有准备好去沉着地解决这些问题，孩子们将只能依赖其他来路不明的信息。

他们最终都难免会接触到网上的色情资讯，或者从诊所、学校里接受恐吓式的性教育。看超级英雄电影或玩电子游戏时，也会涉及死亡的情节，这些作品甚至还会教他们杀死敌人是一件很酷很好玩的事情。他们会渐渐地在消费文化的鼓动下，学会购买各种商品和服务，却依然对金钱的实际运作方式一无所知。这些恶果，都是从与同辈交流时常见的错误信息之中衍生出来的。

每位家长的谈话清单中，都需要包含如何恰当地谈论这些令人不安的话题。有很多好书可以作为参考帮你解决一些繁重的问题，但最终你还是会碰到孩子向你要既抽象又具体的答案的情况。所有与感受有关的问题，轻松的开头就可以帮你展开深入讨论。保持开放的态度，仔细聆听，让孩子的问题做你的向导。

孩子们究竟能懂多少?

孩子一学会说话，就会猝不及防地给你抛出问题，让你苦苦思索怎么给出一个真实却无害的答案。随着他们长大一些，你会了解到他们是如何处理信息的，并找出应对儿子和女儿的最好方法。4–11 岁的孩子，认知能力发展迅猛，你给他们的答案也会随着他们共同成长。但是——这点至关重要——你的答案，不需要完美。

今天的家长们的担忧可以说无处不在，其一部分原因和我称之为“完美的家庭教养”的理念有关，这种观念要求每个决定都要是正确的，我们完全不可能回头对孩子说:“那个，我一直在想我昨天告诉你的答案，我想到了一个更好的答案。”或者是“我又仔细想了一遍，我之前说的其实并非我的真实感受。”这种灵活可变的方式，会给孩子一个绝佳的示范，那就是他们也可以这样与他们的朋友交流：你是可以改变你的心意的。面对这个几乎每个礼拜的认知和理解都在变化的小人儿，这也是唯一现实的应对方法。

即使家长知道孩子的认知能力处在哪个发展阶段，每个孩子理解信息的能力也都很难去具体界定。有太多变量需要考虑了。包括孩子的年龄和性别；他是科学思维，还是更偏向用暴力的，或异想天开的，或灵性的，或者常识的方式去理解事物，观察世界；他的注意力能维持多久；一开始是什么事情引发了他提问的兴趣；以及他正在问的这个问题，是不是他真心寻求解答的问题，等等。孩子有时会问一些绕来绕去的问题，但其实和他内心真正在想的事没什么联系。只要你面对问题时能够放轻松，保持好奇心和冷静，你的孩子最终会摸清问题的核心，比如说，他究竟会不会因为偷了某个同学午餐盒里的一包薯片而被警察叔叔抓走。

儿童认知能力发展的阶段

许多家长都清楚婴儿的基本认知发展阶段，例如，物体的恒存性概念。当你跟新生儿玩躲猫猫游戏时，她会呆呆地盯着你。几个月后，她会迷上这个游戏，会感到既快乐又吃惊。到了8–12个月的时候，这个游戏的乐趣已经消失了。因为她已经想明白了，即使她看不见某样东西，它也会继续存在而不是消失了。

其他发展阶段的标志就不是那么明显了。德波拉·罗夫曼（Deborah Roffman）是一位智慧非凡的健康教育家和作家。她用充满诗意的语言，描绘了人类从婴儿期到幼童时期的认知能力发展成就："我与整个宇宙并非一体；我与我的父母也并非一体。人类有始也有终；我们共生于宇宙中，又各自独立地存在。"认识到这一点又会本能地让人防备起来。啊！你把我独自留在房间里和保姆待在一起，我不要！但同时也让人感受到自由。要是我躲到衣柜里一动也不动，或者是站在商场那一堆人偶模特中间不动，就没人能看见我。哇！

到了五岁，大部分孩子懂得了时间有开始也有终结。他们最能理解什么是过去，因为他们有了些经验。而未来依然是个抽象的事物：很快、过一会、明天、很长一段时间——虽然这些词语还需要一段时间才能向孩子证明它们的意义，但孩子们常常会迫不及待或者有点担忧接下来会发生什么事情。到了六岁，孩子对于距离的理解又深了一层。有些孩子被物体会随着时间变化而移动的概念迷住了，开始迷上火车和其他的交通工具。

这些认知能力发展阶段的标志与孩子对空间、时间和距离的理解能力有关，最好能记在心中，以便你去估量孩子的反应，尤其是对不寻常或创伤性的事件的反应。无论哪一个孩子，对这些概念的理解都和你自己的理解不同，因此你不能认定孩子听到的意思就正是你想表达的。这又再一次证明了，你能这样说是很有帮助的："我一直在想这件事，我有一些和那天我们谈论时不同的想法，我们再来谈谈吧。”

谈话不是一次而止，而是许多次

一旦父母们下定决心去攻克一个难题，他们有时候就会试着把事情的来龙去脉都解释一遍，包括所有的细节，总想一次性解释完整件事。哎呀！赶紧结束吧！这样是行不通的，因为孩子们的专注力有限，他们理解新的概念和语言的能力也十分有限。一次说教是不足以让他们吸收那么多内容的。**无论是多大的孩子，男孩或女孩，他们都不可能记得住你一次性灌输给他们的信息**。即使最聪明的学生，也会忘记一个令人困惑、尴尬甚至是“觉得恶心”的话题的细节。每当你想处理复杂的话题时，要记住这个最基本的道理：没有任何话题是能够一下子说完的。话题是由最开始的谈话，以及后续的许多谈话组成的。

更好的处理方式是，每当孩子提出了问题，就去耐心地回答他们，频率视需要而定。有时候你在忙别的事情，或者被问题呛住了，因为那对你来说也是陌生的领域（因为你永远不会问你的父母或其他成人这样的问题）。你也许害怕要是说错了怎么办，而且也不确定哪个是最佳答案。无论什么时候，这都会是恰当的回答：“这个问题呀！是个好问题（这种划重点的语气可以讨好孩子们）。我得花点时间想想最好的答案，回头再告诉你。”然后就这样做，否则你的孩子就会把这个话题归为禁忌话题。说“让我好好想一想”同样阻止你本能地用笑话、揶揄或紧张的方式把问题含糊带过，为你争取了时间来平复这个话题带给你的不适感。

当讨论敏感话题时，你和孩子就像行驶在限速的马路上。你们的对话要避免太过正式，也不能太冗长或太过说教，这样会更有成效。要是你对孩子的询问保持一种欢迎的态度，给她的回答简明扼要，那她就会把你看作一个值得信任的信息来源。而且，你还可以问：

"你刚才在思考什么呢？"

"告诉我关于这个问题你已经知道多少了，然后我才知道从哪里开始回答你。"（这样你还可以顺便纠正他的一些错误概念。"听你这样说我不觉得意外，很多人都是这样想的，但其实呢……"）

"有意思。嗯……你是从哪里听来的呢？"

"你还对这个问题的其他方面好奇吗？"

"我的回答你能理解吗？"

这是你要教授的课程

关于性教育和其他具有刺激性的话题，别以为学校会教太多基本知识以外的内容。大多数性教育课程的关注点是在预防性传染病以及预防怀孕上。课程设置一般不是"预防两手抓—— 一是防止疾病，二是防止怀孕"，就是"节制欲望是唯一的方法"。老师也被要求避免谈及有争议性的话题，以免会引起一部分家长的恐慌或是给学校带来麻烦。亲密关系与爱情，一切生命珍贵且有限的本质，金钱、阶级流动和成功的关系——这些明明都是激动人心的话题，却在大部分课堂上被省略掉了。

一方面来说，这也是好事。这样你就有机会在这些引人入胜的话题上教育孩子，传递你与时俱进的价值观。但是，像所有在家教育孩子的父母一样，你必须要好好备课。这意味着你要好好列一张个人清单。现在的你，会在孩子一些正常的行为和问题上变得过分保护或偏执，这是由你童年时的痛苦经历造成的吗？还是因为孩子天真却符合他年龄特点的心智？在这个快速变化的世界上，你要怎样武装自己才能把孩子抚养成为一个明智的人？

回答孩子提出的问题，可以让你了解到他现在有能力去理解什么样的事情，你不必等到他提问才开始一连串的讨论。处处都有话题的灵感。当你们开车出门或者坐公交车时，路边的广告牌会给孩子传递关于身体形象、性、酒精、疾病和无家可归等信息，你可以问他：“看到这些，你会想到什么？”

看电视、电影或视频的时候，其中插播的广告也给了你机会去教孩子如何解读媒体的语言：要知道许多广告商是把盈利置于人们的福利之上的。对于孩子从互联网上得到的信息，你可以解释说，那些创作网上内容的人的动机是为了吸引点击率和流量，他们不管信息是否公平、有益或真实。

当你和孩子漫步在城市的人行道上，这将是你们讨论所看到的各式各样的人的机会，你们会碰到老人，坐轮椅的人，还有在公众场合打架的家庭等。也许你无法回答孩子提出的关于这些人或场景的难题，但你可以以此为契机去展开一场对话。

在你们外出时，你还可以教给孩子关于社交礼仪的技巧。每个孩子都会大声嚷嚷诸如“为什么那位阿姨那么胖”或者“为什么你的皮肤是棕色的而你妈妈是白色的？”的话。你可以在不伤害孩子自尊心的前提下，教孩子区分什么话是只能在家里说的，什么话是能在公众场合说的。在孩子很小的时候，你可以通过订一些简单的规矩，来教给他们什么时候才可以发表评论：“评价别人的长相或行为是不礼貌的，除非你说的是你喜欢他们的长相或行为。”

等他们大一些时，你可以在对话中加入一些背景知识。“我们不想让别人觉得难为情，或者把别人推到众人的焦点中去，或者伤害他们的感情。例如，萨尔叔叔虽然总是嘴上说他想减肥，但你去提醒他已经吃了两份热狗了，这样是不礼貌的。”

你还要为孩子的无心之失做好心理准备，约定一个属于你们的秘密提示，例如扯着自己的耳垂，示意：好了，你别说了，我一会儿会解释的。

你不想让孩子感觉尴尬，但你要提高她的意识。做一个有礼貌的人，这要求顾全别人的颜面，这也是一个非常抽象的概念。教孩子学会这一点需要花点时间。

买本书吧：对付艰难话题的第一招

孩子会把哪些棘手的问题扔到你面前呢？例如：

“诺亚跟我说他和斯嘉丽睡了。”

“为什么艾迪就可以在我们家过夜但你们老是不让我到她家过夜？这太不公平了。她们家真的很好玩。她的爸爸妈妈人很好。她哥哥的朋友们都很聪明，因为他们都上初中了。”

“奥古斯塔说杰克逊的爸爸快要坐牢去了。他说这位爸爸也曾试过自杀。”

“露西的妈妈没头发了，眉毛和眼睫毛都没有了。她用围巾裹着，但还是可以看得出来。”

“马克爷爷会在我们学校开放日之前出院回到家里来，对吗？他一定要看看我画的画。我画了一艘小船，看起来在很远很远的大海上航行。马克爷爷教了我怎么画天际线。”

简单地回答孩子“去朋友家过夜的话，最好是所有的小朋友都在相同的年纪”，或者“我们也不清楚马克爷爷什么时候回家”。可以稍稍给孩子一些提示，但是好奇的孩子们还是会继续追问下去，要你多提供一些信息。本章会针对一些常见的问题给你一些指引，以及回答复杂问题时的一些基本技巧，你可以利用许多优秀书籍来帮助你，回答孩子提出的几乎任何敏感或罕见的问题。书籍按年龄段设置，涵盖了从政治到文化等方面的广泛议题。

要到书店而不是图书馆去找这些书。你得把书随时备在手边很长一段时间，因为你不知道什么时候会和孩子展开这类对话，可能今天聊完明天又来了。别在网上买书，因为你没法估量这些书的实际特性：这本书篇幅太长了！这本看起来像是给孩子看的绘本。印得太小了。哦，是这本了，有趣。我想马上拿到手并阅读这本书！

选购书籍时，除内容外还要看它们的设计、插图和总体的精神面貌。你的女儿喜欢玩智力游戏吗？那就选一本练习册。你的儿子会觉得幽默感能把令人难堪的话题变得更吸引人、更容易接受吗？那就找一本有好看的卡通插图的书，或者一本文风流畅的书。你慢慢就会辨认出哪些书是引人入胜的，哪些是因其枯燥、说教或内容不充足而被人嫌弃的。

性是什么？性感是什么？宝宝是从哪里来的？

孩子可能会在这些时候问你有关性的事情：

- 如果你童年时问过你的父母关于性的事情，你的孩子会在比你当时更小的年纪问你同样的问题，因为他们比你当年接触到更多与性有关的媒体信息和广告，广告牌一边展示诱惑的身体形象，一边又传达严肃而神秘的健康警告。
- 当妈妈怀孕时，他们会很好奇这是怎么发生的；妈妈什么时候才能生完孩子，又可以和之前一样忙进忙出，跑跑跳跳；又或者是他们的小弟弟或小妹妹会在什么时候，以及用什么方式从妈妈的肚子里出来。
- 当他们从学校的同学那里听到一些可疑的消息时，他们会找你刨根问底（“是真的吗，妈妈？”）

- 他们从四年级或五年级开始会学到植物和动物的繁殖知识，他们会好奇人类是如何繁殖的。

性对于孩子来说充满神秘的原因之一，是这个词本身包含了几层含义，除非他们生活在与世隔绝的环境里，否则他们都会从很小的年纪就开始在各种场合听到这个词的各种版本。科利·西维博格（Cory Silverberg）和菲奥娜·史密斯（Fiona Smyth）的书《性是一个有趣的词》（*Sex Is a Funny Word*）里写道，“有些词永远代表相同的东西（例如阳光或者水彩笔）。而另一些词有着许多不同含义（例如，做）……性就是像‘做’这种类别的一个词。”[37] 作者们给性下了三种定义：

1. 性，是一个我们用来描述我们的身体特征的词，例如男性或女性。

2. 性是用来表达人们一起做的、使他们的身体感到愉悦的事情。它同样能使人觉得和另一个人很亲近。大人称之为“性交”。

3. “性交”就是大人制造宝宝的方式。它的同义词是“生殖”。

孩子常常会问，“性感是什么？”家长也许会有冲动要去展开一番什么不是性感的说教：“那个，意思并不是说你要化很浓的妆！”另一种选择是开阔孩子的视野。你可以说：“这个因人而异。性感和‘超棒的’‘有趣的’是一类词——几乎每个人的定义都不一样。性感可以指一个人觉得另一个人很棒或很特别，或者是他们能够让自己的身体感到很愉快。人们会因为一个人的发型、眼睛或彼此有着相同的幽默感而觉得某人很性感。”

关于生殖的细节问题很难把握。即使你的父母曾经用宝宝的语言来命名各个身体部位，当你和孩子谈论性的时候，你会想教给孩子它们的原名。然后，如果在学校或与其他孩子讨论时涉及可接受和不可接受的触

关于生殖的细节问题很难把握。即使你的父母曾经用宝宝的语言来命名各个身体部位，当你和孩子谈论性的时候，你会想教给孩子它们的原名。

摸，她就会做好准备。如果像阴道或阴茎这些词很难说出口，就像出国旅行前练习外语短语一样，用自己的方式去练习一下。

你正在进入的是在以前都或多或少被禁止的话题领域，这还是因为家长和老师们说了太多关于保持某些具体部位绝对干净和绝对隐私的话。“关上门！冲厕所！洗干净手！别当着大家的面说出口！”当这些同样的身体部位，在各种神奇的卡通故事片中被放大展示时，孩子们会觉得突兀而惊讶。你可以根据具体需要，例如孩子问问题时的年龄、理解程度等，使用以下的方式去解释。

宝宝是从哪里来的?

我们的身体是一个神奇的细胞制造工厂。当你的手指划破了，你的身体会先从细胞里制造出痂来覆盖住伤口，然后再从皮肤层下的细胞中生出新的皮肤来。所有的细胞都担任着特定的重要工作。当男孩长大，成为大人，他们的身体会制造出大量的精子。这些微小的细胞像蝌蚪一样长着尾巴，游得飞快。而女孩一出生，就带着一种数以百万计的细胞，叫作卵母细胞。当女孩长大，成为大人，这些卵母细胞会在她身体里成长为卵细胞，每个月长成一个。

当男人和女人拥抱、亲吻和亲密地贴近对方的时候，男人的阴茎会插进女人的阴道里，于是大量的精子细胞会从阴茎中射出，游向卵细胞。当精子细胞找到了卵细胞，它们会结合在一起，成为受精卵，再慢慢分裂出一个宝宝所需要的所有细胞。

宝宝是怎么从妈妈的身体里出来的? 它在妈妈的肚子里怎么生活?

一开始，那一小团新细胞就像一颗花的种子那么小。但它会在妈妈肚子的一个部位里慢慢地长成西瓜一样大的宝宝，那个部位叫作子宫。在子宫里头，宝宝漂浮在一个特殊的囊体中，里面装满温暖的羊水，保护它不受各方面的碰撞或者巨大的噪音损伤。

当宝宝越长越大，子宫会像气球一样胀大。等到九个月后，就像你在学校的一个学年，宝宝已经大得可以自己呼吸和喝牛奶的时候，就准备出生了。宝宝会从子宫里出来，穿过一条叫作产道的通道，到达妈妈的子宫颈。那里的肌肉构造很特别，可以像一个气球一样伸展开来，所以宝宝的大头就可以从妈妈的阴道里出来了。

宝宝怎么吃东西？它在里面拉屉屉吗？

宝宝在囊体里靠一条带子与妈妈连接。这条带子叫作脐带。为了给宝宝提供成长所需的养分，妈妈吸进来的空气和吃下的食物都会通过脐带传给宝宝。妈妈吃比萨，宝宝也吃比萨。宝宝消化完食物后剩下来的东西——它的排泄物，就像你的小便和屉屉一样——也会从脐带流出去。当宝宝出生时，也会把脐带带出来。医生、护士或者爸爸就会把连接着妈妈和宝宝的脐带从两端剪断，伤口会自己愈合的。你的小肚脐就是当初你的脐带被剪掉的地方！

孩子的后续问题以及如何保护你的隐私

当你跟孩子说完了阴茎插入阴道的部分，大部分孩子会难以置信："哎，恶心！你和爸爸竟然这样做？！恶心，恶心，恶心，恶心，恶心！"一到两周之后……"你和爸爸要做两次以上吗？"但每个孩子都不一样。许多孩子也许一开始觉得恶心，或者入迷，或者无聊，或者激动得想与别人分享。一般来说，接下来很多个月甚至很多年你都不会再碰到关于这个话题更深入的讨论了。

面对孩子提出的关于性的问题，有两个非常有用的回答。一是"我想了想，觉得有一些可以补充的地方。"例如，当孩子大一些的时候，你也许想把答案扩展到同性伴侣、单亲家长或者无法生殖的人如何可以有孩子的议题上去。

另一个有用的回答是："我不会和其他人分享这个话题哦"，或者，"我想在这个话题上保持隐私"。这是一种去和不同年龄的孩子划定规矩（以及做榜样）的方式，例如，早熟的十三岁少女会问你"你的第一次性经验在何时"，紧接着还追问你的年龄、你与伴侣的关系、当时的情况或者你是否享受等。忧心忡忡的家长们问我，他们是否应该在这样的私人问题上对孩子完全坦白，我会问他们是否觉得有义务回答孩子关于他们上一次性爱时的细节。你的孩子并没有资格获取任何你不愿意分享的个人性生活的信息。

青春期以及后青春期

到了十岁或十一岁，大部分孩子都想获取更多关于性的知识。如今的孩子进入青春期的年龄比上几代都要早，这是正常情况，因此需要留意他们身体、情绪和感官上的种种变化。一些信号会非常直观：当女孩胸部发育和长出阴毛时，她们需要开始带上卫生巾外出了。这种情况也许给少女带来很大冲击，理想的情况是妈妈（或另一位较年长的女性）给她亲自解释，把卫生巾拿在手上，好给她示范如何使用。

等到他们度过青春期后，少男和少女都想知道关于性欲的各种资讯，它有什么种类，有什么感觉等。但很少有孩子愿意听妈妈或爸爸来给他们解释其中的奥义。即使你让他们安静地坐下来五分钟，听你示范安全套的使用方式，他们只会觉得特别难为情而并不会认真听讲。还不如直接给孩子一本最新且靠谱的关于性的科普书，说："这本书解答了关于身体变化和性是怎么一回事，以及解释了性的作用等问题。它可以回答你的问题。不过如果你还有好奇的地方，你可以问我，如果你觉得不好意思的话，可以给我写纸条，我也会用纸条回复你。"这样，你的孩子就有了一个可靠的参考来源，只要他觉得需要的时候就可以去学习，而且还有一位乐意帮忙的家长可以帮他们澄清概念或扩展思维。

爱是如何战胜色情产品的

有没有办法完全把孩子与色情产品隔离开来？没有。哪怕你搬到天涯海角去也不行。我是怀着深切的遗憾这样说的，但这是真的。即使你限制你的孩子只能和你精心审核过的玩伴一起玩，他也会暴露在色情影像之下，只要某人的哥哥或姐姐有台连接了网络的设备；或者在为某个作业上网搜索时，不小心被某些伪装的网站带进了充满视觉刺激的视频世界。

有意或无意地接触了色情产品，并不意味着你的孩子就注定希望性爱像色情作品里描述的那样：啊，女人！她们除了头上有头发，身体别的地方都没有发毛，你可以对她们做任何你想做的事情，无论你是男人、女人，还是野兽！任何时候他们都喜欢这样，超爱的！这意味着除了要给孩子提供靠谱的性知识科普书，以及开诚布公地与他们讨论概念问题以外，你还要给他们一些关于尊严、亲密和爱的建议，还要强调它们的正面作用。即使是最新的关于性别认同和接受自己性取向的书籍，都没有特别详细地探讨愉悦、亲密关系和人际联系等问题——要生两个孩子的话，只需要两次的性爱就可以了呀，为什么成人想要更多的性爱呢？

帮助孩子树立如尊重、忠诚等价值观的方法，就是通过你对待孩子及其他家庭成员的方式，给孩子作出关于爱、承诺、温暖、同情、耐心、逗对方笑和同理心的榜样。你正在给孩子示范如何进行情欲驱使之外的身体接触和如何表达爱意：这些都是孩子长大后会在恋爱关系中认识到的、正常而熟悉的情感表现。

另一种与孩子分享这些价值的方法是讲述你的家族史。与孩子分享你和孩子的另一位家长是如何认识的（如果你们还在一起而且你们乐意分享的话）。你们是怎样知道自己爱上对方了呢？你们第一次约会去了什么地方？你是如何知道对方也喜欢你呢？如果你顾忌太亲密的分享，就告诉他们外公外婆或爷爷奶奶或者其他已故亲戚的爱情故事吧。他们有漂洋过海和对方在一起吗？他们经历了什么样的旅行？他们来到这个国家时，有被当作是外来者吗？谁把他们介绍给对方的？也许是相亲认识的，又或者是父母的安排，但也算是一段美满的婚姻。这些，都能展开一场有意思的讨论。

你还可以根据一首歌、一首诗、一幅画、一部电影或一本书，来开展一次对话。你可以和孩子一起听音乐或者读爱情故事，一起感受故事中主角的心碎时刻，聪明或是愚蠢的选择，思念及喜悦等感觉，了解浪漫的爱情是如何丰富一个人的生命的。无论是当代的动画故事还是古老的传说，都能找到许多例子去探索一个人除了美貌还有什么因素会让她变得可爱。勇气、忠诚、善良、乐观、一定程度上的牺牲精神，还有对他人的同情心，这些元素几乎总会在故事情节中出现。

讣告是那些鼓舞人心的爱情故事的来源之一，它的优点是真实——随着孩子长大，这一点越来越重要。讣告是向逝者致敬的，但同时，你还能从中读到关于他们的挚爱在他们的人生中所扮演的角色的感人回忆。孩子学校里的老师也许会介绍历史上真实人物的爱情故事。图书馆儿童书籍专区的自传系列也是另一个材料来源——让图书管理员推荐有关伴侣们冒险、进行重大探索、创造艺术作品或为社会正义而抗争的书籍或电影。你在教孩子认识爱的语言在不同情绪和人生阶段的不同表述：爱情不仅只有情窦初开时的羞怯，还有陪伴时的浪漫，分享人生时的热情以及相互之间的尊重。

当家里有人生病了

有些话题使人感到尴尬，有些话题使人浑身发抖。向孩子解释爸爸或妈妈、兄弟姐妹或其他挚爱的亲人得了病，就是你要面对的最大挑战之一。与所有的艰难话题类似，你不止需要和孩子谈一次话，而是很多次。尤其是第一次把消息告诉孩子时是特别困难的。

事情发生后，毫无疑问，告诉孩子是迟早的事情。他们能感受到你心情的变化，他们会听到医生的来电，大人们的窃窃私语，还有悄悄关上的房门。如果你不对他们坦白，他们的想象力会填补现实的空白，甚至会想象出比真相还可怕的情况来，还可能会自责："妈妈总是说我把她气坏了，现在她的健康真的坏了！"

孩子经历一切事情，包括一位亲人的疾病，都是从这种事情会如何直接影响他们个人的角度出发的。会有什么事情发生到我身上呢？他们用这个问题过滤所有接收到的信息。因此，当你第一次解释某种疾病时（以及在接下来的谈话中），要确保向你的孩子说明白现状的改变，会给孩子的日常生活带来什么影响。什么东西会变，什么东西保持不变？要尽力确保孩子的大部分生活都维持原状。

儿童成长专家及作家贝斯特・布朗・布恩（Betsy Brown Braun）建议，家长在告诉孩子消息前要好好组织语言，越简洁越好，还要选择一些孩子能懂的词汇。[38] 因为情况可能会变化得很快，没必要把太多细节告诉他们。做到小孩子能明白的程度就好，使用简单的词语。例如：

妈妈现在的呼吸有些问题，医生们准备用特殊的镜头给妈妈的肺部拍照，看看是哪里出了问题。她会在医院里待一段日子。当我们找出所有能帮助妈妈的办法时，我们会告诉你。同时，这周会由卡门的妈妈接你上学放学。星期二你还是要去上舞蹈课，我每天晚上都会回家和你吃晚饭，听你讲你今天的经历。

有些疾病需要动手术，手术后需要有休养期，这些都非常直观；有些疾病则会持续成为家庭生活的一部分。癌症是一张难打的牌。必须要向孩子说明，患者通常需要经历数轮治疗，但治疗结果没有保证。无论什么情况，家长的担心会很明显地表现出来。对付恐惧的一种方法，就是承认它，并且说："事情的确很可怕，但我们还有希望。这两种心情是同时真实存在的。"

在任何一方家长生病的情况下，都要尽可能维持孩子的日常生活安排。在健康危机之下，一个小小的举动都会在家中引爆炸弹。有一位妈妈，在丈夫刚刚做完心脏手术并处在康复的过程中时，每天都把女儿床头的小熊玩偶摆成坐在枕头上的姿势，还每天都在小熊的掌中放上不重样的玩具。无论家里其他人处于多么失衡的状态，女儿的床总是整理得整整齐齐的，小熊玩偶也总是等待着小女孩回家。这仿佛是一则妈妈的无声信息，告诉女儿：你可以信赖我，你上学时我也想着你。

别以为孩子在危机面前没有像大人一样崩溃，就等于她对事情无感：如果她没有哭，也没有面露悲伤，看起来像把事情给忘了，或者想到外面和朋友玩耍。这些反应和她的调皮捣蛋一样，都是正常的。

当家里有人生病了，失控是让病人和家人担心难受的最主要导火线，对孩子来说也一样。家长们可以给孩子打气，给她一些让她能做决定的事情去做，例如，帮忙照顾生病的爸爸或妈妈，帮忙做家务，或多一些自理。家长很容易就会想："啊，我可怜的孩子。我得加倍地照顾她，呵护她。"但是这样会令你更加筋疲力尽，也剥夺了孩子感受到她是家里不可或缺的一部分的机会。可以考虑让她帮忙给患者拿药，给卧病在床的父母念书，或者做一点没做过的家务。你可以说："最近我有好多事情要处理。医生一打电话过来，我就要和她谈事情，还要往医院跑。或许你可以帮我分担一下，照顾一下小蓝铃——带它出去走走，给它喂吃的，要是它的食物快吃完了就告诉我。”

你也要向其他大人求助。我们的文化有时给生病和“虚弱”蒙上了一层羞耻的乌云。但经验丰富的看护们都知道这个观点有多么愚蠢。在危机中，让孩子看到你寻求朋友和家族成员的支持，这是最自然不过的事情，你也为孩子做了这种健康心态的良好示范。

家族成员的离世

整个家族中某位被深爱的家庭成员离世，例如姑妈或祖父母，会给孩子造成深远的影响。而父母一方或某位兄弟姐妹的离世，则是家里的悲剧，它一定会影响到孩子的人生观和情绪发展。孩子们其实比他们父母心中认为的更加坚韧。他们能从亲人离世的悲痛中恢复过来，而且未必受到的是坏的影响。令人悲伤的事件也常常伴随着成熟、同情心、耐心以及其他珍贵品质的养成。这不完全是不幸中的万幸，你也不能强求每个孩子都能从中有所获，不过，经历过一次亲人的去世的确能让孩子明白更多生命的意义。

过去，家长大多会使用委婉的说法保护孩子，但今天，我们留意到孩子一旦听到诸如“上帝把你的姐姐带走了，因为上帝很爱她”（孩子会想，这是哪门子自私的上帝啊？），他们会变得更加恐慌和迷惑。诚实、准确和直接的解释是最有效的。你可以试着用“非常”这个词去强调事情极端和不寻常的性质：“有件非常令人伤心的事情发生了。劳拉姑妈去世了。她病得非常非常厉害，现在我们再也看不到她了。但我们会记住我们爱她的每一个理由。我们会非常怀念她。”

你说的每一个“非常”都会帮助孩子把普通疾病和意外事件，与这次导致亲人死亡的特殊情况区别开来。有了区分，就会减轻孩子对于下一次死亡事件来临的恐惧。安抚孩子，让他知道自己是健康的，其他家庭成员也是健康的。把每个家庭成员点名说给孩子听以让他们安心："我最近才在医生那里做了检查，我很健康。爸爸也很健康，哥哥也是，爷爷奶奶身体也很好。"

带孩子出席悼念仪式或葬礼，能帮助他们理解和接受现实。六岁及以上的孩子通常已经足够成熟了，不会打扰仪式进程。所以，要是他们愿意，可以鼓励他们参加（他们也许会改变主意好几次，要是他们最后决定不去，也要尊重他们的意愿）。想象通常比现实还要可怕，只要他们亲眼去看亲耳去听，孩子们的许多疑问就会得到解答。而且，听追悼会上其他亲友述说的对逝者的追忆，无论对孩子还是对我们自己来说都是难得的机会，可以听到之前不知道的关于逝者生前有趣、惊奇或感动的往事。

孩子如何消化悲伤

约翰·鲍比（John Bowlby）提出了依恋理论的心理学模型，描述了孩子悲伤的三个阶段。第一阶段，孩子拒绝相信亲人的死亡，期待再次看到逝者，去寻找逝者，或者期待他或她好起来；接下来，孩子会感受到情绪上的痛苦、失望，还有一些不知所措；到了第三阶段，孩子就可以在这位亲友缺席的情况下安排自己的生活。不同的年龄、不同的认知水平和个性使得孩子对这三个阶段的体会也不尽相同。

总的来说，3–5 岁的孩子不明白死亡是人生的终结，而把它看作是可逆的状态。他们也许会在家里的每个间房，或人群里，或来来往往的车流中寻找这位离世的亲人。

5–9 岁的孩子懂得了死亡是"永恒的"。尽管如此，他们也可能有着不现实的愿望，希望逝去的亲人能回来，并极力否认家里真的有人走了。他们会提大量问题，抱着古怪的妄想，这都属于正常的现象。这个年龄段的孩子也许在经历悲伤、恐惧、思念、迷惑和负罪感。为了保护自己不被这些情绪淹没，他们也许会漠视它、否认它或把这些情绪深深埋藏在心里。随着孩子认识到死亡的现实性，他们会产生如果某个亲近的人会死，那么自己也会死的担忧，这可真的会把孩子吓坏的。

孩子会思考他们是否对挚爱的人的死亡负有责任，担心他们自己的生死，这都是正常现象。同样正常的还有内心悲伤的孩子表面看来似乎对家人的死亡无动于衷，做出一些看似无心的举动，例如从葬礼回来后直接出去和朋友踢球，这并不意味着孩子否认死亡。孩子活在当下，因此，给他一个足球，一天好天气，和一个玩伴，他们也许会忘记一些不愉快的时光，比如说爸爸已经走了。大人也许会觉得奇怪，但对孩子来说并非完全不正常。

你应该和孩子分享你的悲伤吗？

传统智慧教会我们，悲伤时，别向孩子隐瞒你的情绪。把你的悲伤坦诚流露出来，你将教你的孩子学会他无须伪装。的确，孩子不应该觉得隐藏自己的情绪是为了保护家长或其他原因。他们经历悲伤时也许会有这些反应：感受到被遗弃的愤怒，对死者的愧疚，把逝者理想化，或者身体上的一些症状（“我呼吸不了了！”“我的骨头好痛，就像爷爷那样！”）。他们也许还会感到难为情（我不想变得和我那些朋友不一样，他们的爸爸都还活着）。刚经历亲人死亡伤痛后，孩子身边的大人很可能像坐上了情绪的过山车。在最初的这些日子里，悲伤中的家长可以做得最好的行动，是给孩子和其他大人提供一个充满关爱的家庭氛围以及包容他们不寻常的情绪发泄。

但是，随着时间流逝，“别隐藏你的情绪”会有被误解成“永远都别隐藏任何情绪”的危险。如果，家长对于逝者的感情比直观的悲伤更加复杂，这是很常见的，那会怎么样呢？如果他或她还感受到了生气、自责、失去方向，或者是觉得被遗弃了呢？孩子该在多大程度上见证生者是如何走出伤痛的呢？生者要是常常因为小挫折或不如意的事情而哭泣，整个人看起来疲乏无力，连家务都做不好，这样也会给孩子造成极大的苦恼。

让孩子像大人一样帮助你调节吧。当悲剧事件发生，比如说家里有人走了，你不能整天穿着睡衣眼睁睁地看着整个家垮掉。如果你不能振作起来打理好家务，你应该寻求心理辅导，为了你自己，也为了你的孩子。这种时候家庭疗伤互助小组可以帮忙。有需要的话，工作人员可以为心神错乱的父母提供额外的心理辅导。除此以外，时间是缓慢却可靠的疗伤良药，你会慢慢找到能够互相体谅且周到的方式与孩子分享（而不是过度分享）你的感受。

还有一些方法可以让你和孩子一起消化悲伤。可以带孩子去我们和逝去亲人一起去过的地方，或者去参观逝去亲人在世界上留下的东西，通过这样的行动让逝去的亲人在我们的记忆中保持鲜活。你可以说，“今晚我们到海滩去吧，去纪念劳拉姑妈。以前我们和她一起在沙滩上野餐的时光是那么愉快，今天就当作是为她举办的活动吧。”或“我们要继续打理爸爸的花园。我们去苗圃买一些番茄苗回来，再买一些肥料，我们可以继续种那些他很喜爱的花。”

另一种表达你们家族是多么深爱和怀念逝者的方法，是鼓励孩子帮你整理为缅怀亲人所摆设的物件，例如，在书架或壁炉架上摆放几张照片、一瓶鲜花和一件能让孩子想起亲人的小饰品。

告诉孩子，无论何时她想要和你聊聊感受，你都会聆听。你可以说，“我们说过无论何时你都可以与我分享感受，但我要提前告诉你，在某些日子里我会特别悲伤——我猜你可以从我的声音中听出来——而我不知道会是哪一天。你也许也会有这样的时候。我不能预测什么时候我会被悲伤打击，但那并不代表我们不能谈。”

时间是缓慢却可靠的疗伤良药，你会慢慢找到能够互相体谅且周到的方式与孩子分享（而不是过度分享）你的感受。

随着你和孩子适应新的生活节奏：

- 抽出时间聆听孩子的分享，你无须预先准备好答案。
- 预备好孩子会重复相同的想法或者反复问同样的问题。
- 安抚孩子，向她重申她是安全的，全家人的身体也是健康无碍的。
- 多留心孩子的表现，看有没有过激的举动，同时记得孩子的无理取闹、冷漠和愤怒都是正常现象。
- 要是别的孩子围着你刚刚失去亲人的孩子问长问短，提醒他无须回答其他人的每个问题。

最后，也是最重要的，是允许孩子走出悲伤，重新快乐起来。许多大人和孩子都会担心，要是自己再次展露笑颜，重拾生活节奏的话，是对逝去亲人的一种不忠。这样看起来就像是把亲人忘记了，就好像是再次失去他们似的。这是悲伤期里可以预见的一个阶段。向你的孩子（和你自己）肯定逝去亲人的心意，他们也是希望你们快乐起来的。你要树立个榜样，像过去一样再次义无反顾地投入生活，迈过这个家遇到的这道悲伤的坎。

面对宠物的死亡

孩子首次接触死亡的经历很可能不是来自一个人，而是来自一条金鱼、一只狗或一只猫。宠物的死亡也会给孩子带来巨大的悲伤，同时也给父母带来了很多困扰。

五岁的莉莉的妈妈：“小金是莉莉养的鱼，今天早上翻了白肚。我们才养了它五天啊！我知道莉莉会觉得非常非常难过，所以我在她放学回家之前到宠物店买了另一条鱼来替代。”

我：“你要骗她？莉莉很聪明，她能看得出来，她要是把你的诡计拆穿，你会树立一个什么榜样？而且你也失去了和她谈论死亡话题的机会。”

妈妈：“但我担心她觉得自己要负责任。小金是放在她的柜子上养的，而且莉莉不允许别人去喂它。”

我：“莉莉今天回家后，你可以向她说明有些动物的存活时间很短暂，但过得很愉快。告诉她，‘你是小金的好妈妈。我给你买了一条新的鱼，也许你也可以给它一个温馨的家。’”

随着市场上针对动物的强化医疗手段的介入，结束患病宠物生命的决定变得更加麻烦。化疗、骨髓移植，还有其他极端治疗方法给动物带来了极大的痛楚，许多兽医严重质疑这些疗法的伦理道德性。每个家庭在该花多少钱去购买这些治疗方法上有着不同的标准，而对如何定义宠物的生命质量，答案也是不同的。不应该让孩子参与到大人的这种决定中去，也不应该带她去兽医那里，以免她听到兽医给你的建议：要不就是让宠物长眠，要不就是实施一些你支付不起的或是无法确定是否能提高宠物生活质量的治疗方法。

当宠物离世了，如何悼念宠物以及鼓励孩子和你聊他们的感受呢？此时，图画书会成为你绝佳的工具。如果书中的主人公是一个和你的孩子性别一致的小孩，那是很好的，但也不是必需的。科琳·德玛斯（Corinne Demas）的《向露露告别》（*Saying Goodbye to Lulu*）对女孩来说是个不错的选择。适合男孩的，有迪安·迪沙华－莱恩（DyAnne DiSalvo-Ryan）的《像杰克这样的狗》（*A Dog Like Jack*），和朱迪斯·维奥斯特（Judith Viorst）的经典作品《关于巴尼的第十件好事》（*The Tenth Good Thing About Barney*），这是关于一个男孩和他的小猫的故事。马乔丽·布林·帕克（Marjorie Blain Parker）的《贾斯帕的一天》（*Jaspe´s Day*），细腻地讲述了一家人是如何决定给宠物安乐死的故事。

宠物离世后，你可以鼓励孩子用宠物的照片做一本剪贴簿，或者放置一个用以纪念的小型摆设，把宠物生前喜欢的玩具和照片摆在一起。如果宠物火化了，只要你和孩子觉得可以接受的话，可以把它的骨灰瓮摆放在家里。

我的女儿四岁时，我们的一个朋友带她去了昆虫展。回家时，她带回了一只墨西哥棕毛雌性狼蛛——“兰兰”。兰兰第一次脱壳，从它的旧壳中完好无缺地爬出来时，我们感到既迷惑又惊讶，它是克隆了自己吗？兰兰活了十六年，我们把它的遗体和它脱下的八个壳放到盒子里，放在房间书架一个重要的位置上。这一方面给家里增添了吉尔莫·德尔托罗（Guillermo del Toro）导演的奇幻电影似的氛围，另一方面是为了纪念兰兰陪伴我们度过了如此珍贵的岁月。

孩子与金钱

人这种生物，有一种狩猎和采集的本能。就像乌鸦一样，会被亮晶晶的物品吸引住，并衔住它们带回自己的巢里。所以，当孩子对物品的需求被阻挠时，他们会本能地哀求、埋怨或情绪爆发。他们收集东西的冲动被广告商利用了，他们最懂得如何去勾起孩子的各种欲望和利用大人们的弱点。“我要这个！”是童年里持续的主题，同时也给父母带来了说“是”还是说“不”的内心冲突。

家里没有足够的金钱，尤其是与同辈相比较，这常常是父母们感到恐惧和羞愧的来源。他们担心自己没有能力去切实可行地保护自己的孩子，例如，住进周边治安有保障的学区房；他们还担心棘手的社会领域，像未来的选择，被认可的外貌条件，还有融入理想的社交圈子等。这一切看起来都建立在金钱之上，而且也深入到家庭生活的方方面面之中，例如孩子想要买玩具、衣服、鞋子，出去旅游，报名训练营，买体育设备、电子游戏、电子产品，等等。

与孩子聊金钱的问题，无论在什么年龄，聊得深入还是浅显，都是不容易的。父母很难对孩子说不。孩子生活得好不好似乎在很大程度上取决于你的能力，看你能够给他们提供什么样的物质和服务，因此你很难向自己坦诚究竟能提供什么，你也很难向孩子坦诚你能负担多少。要是你拿自己和朋友、邻居、亲戚或者孩子学校里的其他家长作对比，也会觉得很困难。如果你很富有，你也不知道如何去建立孩子的消费观，让他懂得脚踏实地和心存感激。种种情绪纠结之下，大部分家长给孩子传递的是混杂的金钱观。

确实，安全的居住环境，良好的医疗保障，资源充足的学校，培养特殊技能的家教，还有用心的体育教练等，这些都是对孩子有益处的，都会给孩子打好基础以对抗不确定的未来。但是，要确保孩子享受有目标、审慎且快乐的人生，还需要培养他们的社会意识并让他们拥有成熟稳定的情绪：要拥有节制的能力，要对财富的定义有更宽广的理解，还要懂得帮助他人是一种责任也是一种福气。从哪方面开始教孩子才能培养起这些品质呢？就从和他们谈金钱问题开始吧！第一步要怎么做？教孩子分清他们想要的东西和需要的东西之间的区别，以及提醒自己分清哪些是你应该给孩子提供的，哪些又是你能给孩子的额外奖赏。

预算：雨天，晴天，和帮助他人

家庭预算的概念，给你提供了一个和孩子谈论金钱问题的基础。（即使你们家没有设立预算，这个概念还是有帮助的。）以下是一些给孩子参考的词汇。

预算。人们工作，就会有工资。预算就是我们如何把钱分成不同部分，来买食品，交供暖费和水费，还有买衣服和玩具。现金是金钱，信用卡也是金钱的一种形式。

雨天。我们会把赚的钱的一部分存起来，因此有了紧急情况时就有钱可以应对。我们把它叫作“未雨绸缪”。雨天可以指车坏了，我们要花钱修车，或者你牙痛时，我们要去看牙医。

晴天。我们也会为晴天存一些钱，来安排一些有趣的事情，例如家庭度假、开生日派对、节日庆祝，还有惊喜礼物——例如，当我们看到一些我们最爱的人会喜欢的东西。

慈善。我们还会把赚的一部分钱捐给一些机构，例如食物银行或流浪者之家——那里会给没钱买食物或者没有办法做饭的人们提供餐食。有时候，他们是因为洪水而丧失家园，有时候，是因为他们没有工作。我们还会捐钱给一些机构，因为它们支持我们所信仰的理念，例如，我们相信所有人都应该得到平等的对待。

这些词汇使儿童经常接触到的物质世界不再神秘。除了说“我们的经济能力负担不起”（负担不起是什么意思？），你用这些词汇给孩子提供了一个大背景。孩子也许听烦了你说的“这不在我们的预算之内”，但至少现在他们知道了你有一个大计划，你也可以提醒他们你的计划里包含了假期、礼物和庆祝等好事情。

孩子孜孜不倦地要各种东西，背后还有一个强大的动力，那就是他们充沛的精力。疲惫而虚弱的大人们对孩子说了几次不行、不行、不行之后就会慢慢让步，最后说“好吧，买吧”。在行为心理学上，这称之为间歇性增强行为，这是一种有力的鼓励，会促使孩子下一次再这样磨到你同意为止。赌徒也是被同样的心理刺激而坐在老虎机前久久不愿离去。所以，一旦拒绝了孩子的一个请求，你要尽最大力气别去让步。如果你觉得愧疚，那么请记住，你的孩子对你说“不”时可是从不含糊的。

许多父母一年到头都喜欢用小礼物给孩子惊喜，这是很有爱的举动。我的建议是，惊喜的礼物买小的就好，而且重要的是心意而不是价格。避免对孩子说了不，回头又买了当作惊喜礼物送给他们，否则买礼物就又变成了间歇性增强的行为。

比家庭预算更大的概念

随着孩子成长，他们会花更多力气游说你他们需要某件特定的东西。他们会动用各种花言巧语，但他们的论证空洞无物却意图明显，就像：

> “你不知道，在很多时候我都是不开心的。这款电子游戏（或者文身或者穿孔）会让我变得更受欢迎。”
>
> “我在学校里很害羞，但如果我背着这个书包，我会感觉我能和每个人都能交朋友。”
>
> “这双球鞋是绝好的投资！这是限量款——很有收藏价值呢！以后它会升值的。”
>
> “每个人都有，就剩我一个人没有。”

这句老话“每个人都有”却惊人地有效。偶尔它是合理的解释——每个人都有某件东西，你的孩子没有的话，就会感觉像是低人一等。这时你有一个选择：花 70 美金买一双他三个月后就会穿不下的球鞋，或者是花十倍的钱去找心理辅导（给你的，也是给你的儿子的！）。有时候还是买鞋子显得更合理。

这个情节也有好的一面。孩子到了能够这样说的年龄：“我需要这个东西，因为每个人都有。”也证明他到了能更好地理解预算这个复杂概念的年纪。你可以向他解释如何去维持一个家庭的运转，以及他能为这个家贡献些什么。这不是要他出去“赚钱”来买某双鞋，而是要他以家庭成员的身份做出一些日常贡献。

预算，从更广阔的意义上来说，是由投入和花费的精力、时间与金钱所组成的。孩子不能还房贷或开车，但他们能作出另外的贡献，例如，自己承担平时由你给他们做的事情。人们把家务事当作是一个过时的概念，不适用于今天的孩子们。他们不当报童了，也很少会帮邻居清理草坪。但家长还是为孩子做着各种各样的家务，因为父母自己做更容易，父母累了，只想赶紧做完家务然后玩一玩手机，或者他们看在孩子要完成学校布置的功课的份上——尽管孩子已经拖延了好久还没完成——功课还是比让孩子来收拾桌子更重要的。然而，一些简单的家务，例如日常自理，保持家里的整洁，对于教孩子理解时间、精力和金钱之间的关系都是至关重要的。

随着孩子的成长，他们会继续向你要更多的物质和服务。那时他们就可以承担更复杂的家务了（包括开车去保养，或者开车送祖父母去他们要去的地方），也能为自己担起更多责任了（比如记得完成学校的作业，参加志愿者服务）。这样，他们不会永远都是接受好处的一方。他们会变成更有能力为这个家作贡献的人，不但自己能尝到这个家的甜头，也能为全家谋福祉。

经历比物质重要

教孩子认识金钱与价值的差别永远不会为时过早。一种方法是说：“在我们家，我们通常更愿意去享受不同的经历，而不是拥有不同的物品。”你可以解释说，许多消费产品只能提供有限且已经预设好的满足感，不像经历，有着各种形式，也能维持更久。为某件事做计划，实施计划前的期待，经历的过程，过后的述说以及回味，这些都是充满乐趣的。

> “我们去了黄石公园，看到了一头巨大的棕熊出现在树林里，但它完全没看到我们呢！”
>
> “妈妈让我为恐怖片马拉松之夜挑选了两部恐怖电影。我们一直睡到第二天的下午一点。”
>
> “沙滩上有很多孩子在放风筝，我们来了一个风筝比赛，看谁的风筝飞得高。结果一个风筝的线缠到另一个身上，两个风筝都掉了下来！”

等到孩子上了小学四五年级，父母可以向孩子解释这个概念，提醒他某次家庭旅行的事，问他还记得什么以及是否有告诉过朋友关于那次旅行的故事。父母也可以分享自己的回忆，彼此做个对比。需要提醒你的是，选好时机：最好别在孩子要你买一个他渴望了好久的东西的时候，拿这个出来说教。相反，把它放在具体语境下，去说明家里如何决定花钱的事情，举例说，你为什么决定在预算里安排一次暑假的全家旅行而不是去买一辆不需要的新车。

更加难以启齿的真相：让孩子知道，就是在保护他们

正如我上文所说，和孩子谈话不能只有一次。谈话开了头，后续还要有很多场。这是真的。为了保护孩子，不让社会上一些丑陋、持久又真实存在的邪恶势力伤害他们，父母就必须将这些隐患对孩子坦诚相告，要是少了这一部分，与孩子谈论这些艰难话题的任务就不算完成。父母必须向孩子说明如何对身边的大人保持警觉，哪怕是亲戚，他们也许看起来很友好，但也可能会伤害孩子。家长必须教育孩子如何在权力体制的要求下采

取适当的行动，以减少冲突的可能。同性恋或跨性别少年的家长，则必须帮孩子作好心理准备，他们有可能会受到嘲讽或苛责。没有户口的家长必须解释给孩子听，他们不确定的处境对孩子来说意味着什么。

这些谈话和那些关于安全的讨论不同，例如警告孩子要小心陌生人。然而被陌生人绑架的概率是非常低的。种族歧视、性别歧视，以及因这些歧视而产生的欺凌则更加常见。这些情况造成的不公，对孩子而言是难以理解的，也是令人愤怒的，目睹这些不公，等于终结了孩子天真无邪的岁月。父母常常不许孩子评论诸如肤色等问题，导致孩子觉得更加羞愧和迷惑。聆听孩子的看法，那是他们在向你发出信号，你需要和孩子多谈谈，而不是闭口不提。当父母惊慌失措时，问题也会发生，你的反应无意间让年轻的孩子以为他们看到的或不解的现象是禁忌。

哪怕孩子还小，他们已经能明白人类对于和自己外貌、生活习性不同的人会抱有好奇之心。你要是还相信孩子看到的是无差别的世界，那就太幼稚了。孩子首先观察到的就是差别。他们迷恋各种形式的差别：肤色、口音、发型等。这些外部的差异代表了什么？人身上的差异其实并没有太多。给孩子们树立欣赏和友好对待多元文化的榜样，和孩子进行开诚布公的对话，就是在给孩子日后会遇到的社会上的各种偏见打预防针。

“同意”的概念

当孩子面对来自其他孩子或大人的不必要的抚摸或身体侵害，我们都会希望他们能立刻采取行动，哪怕这样做看起来没礼貌或很粗鲁。大部分情况下，儿童遭受的性骚扰或性侵犯并非来自陌生人，而是来自熟人或同辈，来自可能成为男女朋友的人，表面上看来很正常的认识的人，亲生父母或者继父母。教育孩子如何保护自己免受性侵害，需要在孩子很小的时候就教他们理解“同意”的概念，向他们示范人与人之间接触的底线在哪里，教他们练习如何说不。

这其实要从父母自身开始。你要如何展示对孩子底线的尊重呢？挠孩子痒痒时，你有没有在他们喊停的时候停下来？孩子在说话或忙事情时（玩耍也是孩子忙的事情），你有没有无意中打断他们？给女儿洗脸、刷牙或梳头时，有没有问她是否愿意自己亲自做，或者她只是想要你在行动前能告诉她一声？要学会什么是同意，这些父母对孩子的行为就是基础。

当孩子还在蹒跚学步时，你可以教她什么是双向的同意。它意味着每个人都有权利在他们不愿意的时候，不被他人抚摸或发生身体接触。当孩子的理解能力和经历渐长，你可以和他们谈一谈令人厌烦的行为与骚扰之间的差别，教他们学会保护自己的技巧，以及控制自己的冲动的技巧。你可以说：

> “有时候，你信任的或者你应该礼貌对待的那些人——包括你的父母、老师、教练、亲戚、家里的朋友、新的同学，或者是公众场合里的陌生人——会想触摸你，但有时你并不想被触摸。如果你坚持拒绝的话，他们会告诉你只是在跟你闹着玩，让你别犯傻了。你也许会觉得不高兴或不理解。有时候在这些情况下，你会感到肚子不舒服，或者心跳不正常。这就表明了这时你的内心很混乱。这叫作‘直觉’。相信直觉是好事，你要学着说‘不要。你别这样做。’而且要马上告诉我或爸爸。”
>
> “要是哪个大人叫你保守秘密，别告诉爸爸妈妈，那他一定是坏人。别相信他们，也别照着他们说的去做。你总是可以跟我们说的。”

和孩子一起，找出一些适合他们年纪的话术去保护他或她的底线，同时也能够尊重别人：

“奶奶，今天我不吻你的脸，我要给你一个飞吻，还有和你击掌。”

“别再挠醒我了，爸爸。我知道你觉得很好玩，但我不觉得。”

“我现在不想说话。”

“请不要不敲门就走进我的房间。”

“没有我的允许就拿走我的东西，这样是不行的。不要说‘我以为你不介意的’。”

“杰西阿姨，请不要没问过我就给我拍照或拍录像。”

其他人的来电

也许某一天，学校或其他家长会打电话告诉你，你的孩子展示或被迫展示、触摸或被触摸了某个身体部位，或者是向别人介绍或解释了某个打电话的人认为是禁区的身体部位或话题。致电者会用“不合适”这个词。这时你的肾上腺素会激增，心跳也会加速：我做错了吗？

让孩子保守秘密是不公平的，因此你必须有心理准备，孩子会把你对他说的关于性或其他难以启齿的话题与其他小朋友分享，然后你就要处理这些后果。要记住，无论老师或其他妈妈从孩子那里听到了什么，都是脱离语境的，而且你的意思也许被曲解了。当艾娃的妈妈质问你：“艾娃说你对克里斯汀说了避孕的事情”，你可以回答：“我的确有说过。当时我们正在看一个电视节目，里面一个角色说了避孕药的事情。我和克里斯汀之间有约定，只要她问我什么，我都会给她一个基本而诚实的回答。”艾娃的妈妈也许并不同意你的做法，但你无须为她觉得高不高兴而负责。你必须把对孩子开诚布公和“有问必答”放在首位。

史上最棒的故事

小孩子是天生的记者。他们对一切好奇，对许多话题感兴趣。大一些的孩子对身份、公正和社区感兴趣。你的任务就是聆听，给孩子厘清他要搞懂的事情，找出与你的信念相符的事情或挖掘新信息，把你的答案翻译成一个四岁、七岁或十一岁的孩子的语言。

这些话题有力地塑造了孩子的性格和自信。无论对话是只持续了几分钟，还是你们认真地或带一些尴尬地坐下来聊了很久，每场艰难的对话都会使下一次对话变得更容易。通过每个句子，你都会更深入地了解你的孩子，你对他们了解得越深入，你建立起的信任和友好就越牢固。当孩子进入青春期后，你会十分需要这两样东西。

第 6 章

伪装起来的灵魂导师

青春期的孩子

VOICE
LESSONS
FOR
PARENTS

他会跳舞，

他的眼睛里闪耀着青春，

他会写诗，

他会说漂亮话，

他的身上有春天的香味。

——莎士比亚，《温莎的风流娘儿们》

VOICE
LESSONS
FOR
PARENTS

比多数父母们预想得要早，也比他们盼望的要早得多，转眼间，小学生消失了，初中生登场了。她的脸上常常没有笑容，尤其是对着你的时候。正当你努力尝试给她一个理智的方案去解决她自己制造出来的问题时，她迅速逃到她的房间，狠狠地关上了门。你应该怎么敲门，才不会被她甩来一句愤怒的话："你想怎样？！"

还有你青春期的儿子。他已经待在他的房间里了。理论上来说，他是可以接近的，但你还是犹豫了。他在里面干什么？你有责任去搞清楚吗？除了吃饭或载他出门，你几乎不怎么看见他。当他溜进厨房找零食的时候，他也许会对你点点头，给你一个叫人疼爱但又让人怜悯的笑容。有时候什么都没有。

从今以后你就只有这么一点期盼了吗？

在本章里，我会给你一些安慰和建议，关于如何应对和青少年交谈时的反复无常，在接下来的两章里，我会把重点分别放在青春期的少男和少女身上。无论是儿子还是女儿，有一个主题适用于所有家长。在接下来的好几年里，你的任务将会是不要做概括式的判断，去接受（甚至去同情）青少年极易被挑衅，以及由此引起的怒火、忧虑、伤心和一竿子打翻一船人的控诉："是你！一切都是你的错！"

你将会迎来许多挑战。首先是与你内心的无助感、惊慌以及对过去美好的小学时光的眷恋搏斗。你需要鼓励孩子前行，但别尝试去控制或剥夺他们的成功。肯定他们取得的胜利，但别逼他们做更多。别把一切都告诉你所有的朋友。忍受不被喜欢和不被爱的感觉。要去挣得自己的社会资本，即使在这个忙碌的时期，让你的孩子来崇拜你。与此同时，还要保持良好的家庭氛围，确保父母和孩子双方都能说话，也都能被倾听。

没有其他时期的亲子谈话比这个时期的来得更艰难了。即使是婴儿，也能更好地接收父母正在尝试与他们沟通和表达的信息。与青少年之间的对话，几乎都不符合成人所定义的谈话。即使每次取得小小的成功，也都是胜利。哪怕你一丝不苟地遵守我在本章里给的每一条建议，你依然有很长的路要走，这再正常不过了。每当你觉得情况太美妙时，一定是哪里出错了。

啊，你要去的那些地方啊

所有来访的有青少年子女的家长，都希望找到能让亲子关系回到过去快乐时光的通路，或者找到一些方法，绕过这段他们本该承受的、难过而可怕的阶段。父母们伤心地失去了所爱（我的宝贝！我的好兄弟！我的小美女！），失去了控制权（“你想到莫莉家过夜？莫莉是谁？不好意思，我们不认识她的家长。”）他们每晚都被自己幻想出来的关于子女的危险场景所折磨（手机里的色情信息！性！边开车边发信息等于自杀！）。伴随着这些不安而来的是更多的失落：即使你幻想着在汽车保险杆上贴上宣示家族成就的贴纸（克罗伊上耶鲁大学——有可能！），这孩子还是会往属于她的地方走去。她现在很糟糕，她要离你而去。

虽然你抚养的那个小妖精或小精灵不再可爱了，但青春期的子女能带给你别的礼物。他们会疯狂迷恋某支乐队、某种穿着、某种食物或某些事业；他们有着绝妙而让人发毛的幽默感和创造力；她们对好闺蜜、铁哥们的爱——这些都能给养育他们的大人带来趣味和启发。

有时候我对父母们说，“你处在青春期的孩子是一位伪装起来的灵魂导师。”来访者们怀疑地看着我，我解释说，在一些文化中，灵魂导师可以帮助人们把意识从一个层次提升到另一个层次。他们帮我们发掘潜能，完成我们自己可能无法实现的事情。你青春期的孩子是唯一一个有能力几乎把你逼死的人，但他同时又能让你感觉谦卑，进而更加自省，去获得更多的本真智慧。和孩子一起经历危险而惊心动魄的青春叛逆期，你不会获得什么认证，但要是幸运的话，你人生中的某一天，将会收获一位有爱心和理智的年轻人的陪伴。

与青春期的少男少女谈话，要依靠那些你目前为止培养起来的原则和策略，但这场新的双人舞需要掌握陌生的舞步。被孩子的魅力吸引，会发展成对他们热情澎湃、万花筒般的世界的欣赏。学着尊重孩子们的底线和个性，逐渐学会从孩子身上收获更少的恐惧及更多的平和。一如既往，你要提醒自己，今天只是漫长生命里的一幅快照，不是我孩子生命的全部。你眼前的少男或少女说的任何话，都不是针对个人的，也不是永恒不变的，更不是在预示未来，所以，放松吧，享受他们的表演。这场表演并不会维持太久，而且座位有限。

不变的过渡期与现代压力

青春期的少男少女追求从父母身边独立出来，这个心理过程对于他们自身和父母来说都是不容易的，但如今的父母还要面对更多的压力。我见过的家长，对科技和社交媒体在孩子身上造成的影响感到担忧，为孩子的未来担惊受怕，尤其是担心他们有没有能力去自力更生，能不能建立一个有爱而稳定的支持网络。这样的压力导致一些家长对他们的子女管得更严。一位母亲描述说，女儿上大学后，她就感觉像是多了一根幻肢，给她造成了巨大的痛苦。

在大学准备阶段，父母们的焦虑爆发了出来。家长们力求让子女的学业履历显得更加优秀，从初中开始而后贯穿整个高中三年，亲子间的交流

和孩子一起经历危险而惊心动魄的青春叛逆期，你不会获得什么认证，但要是幸运的话，你人生中的某一天，将会收获一位有爱心和理智的年轻人的陪伴。

和话题都被升学的内容绑架了。更隐秘的是，父母们为了争取让孩子进入更好的大学而付出的努力，掩盖了他们（通常是无意识地）拒绝放手让子女独立的意愿。

我们来简单地分析一下这些情况。如果你能意识到那些有可能影响你和子女沟通的因素，那就像是给自己安装了一个自动暂停按钮，可以让你在话说出口之前有一点时间去作出选择。

青少年渴望独立的常见心理现象

无论哪个年代，青少年的成长任务就是从父母身边分离开来，尝试不同的身份以及加入某个团体。几乎每种文化中都有围绕这个阶段而进行的仪式。通常当孩子进入青春期，变化就开始发生了，少男开始不在女生堆里混，而是和成人男性走到了一起；而少女则开始为未来的婚姻和养育孩子的生活做准备。过去，青少年的体力、情感和认知成长给他们提供了能够满足他们生活需要的资源。少男获得了健壮的体格和勇气，使他们可以去打猎和保护家人；少女体内的荷尔蒙逐渐平衡，情感上成熟得可以与男性结合、生育以及哺育后代。成熟起来的年轻人的种种特质，使部落或团体获益。

独立现象是一个正常发展阶段，而现代人青春期的延长与之并不完全对应。在西方文化中，有不少成人的标志——去酒吧、成人礼、坚振礼、“甜蜜十六岁”生日会——这些宗教仪式和社交场合却并不能代表孩子在责任和期望上的改变。真正的独立标志是另外的一些事，诸如拿到驾照，找到工作，高中毕业，考上大学，参军。实际上，在一些家长的鼓动下，允许年轻人考驾照的年龄已经从十六岁提高到了十八岁，这些家长宁愿自己开车接送或帮孩子打车，也不愿让孩子自己掌握方向盘。

不管父母是怎么想的，或者我们的文化是怎样规定的，当孩子进入青春期，如今可能会在九岁到十一岁之间的任何时间，独立现象就会随之发展起来。第一个标志就是青少年从父母的小跟班，变成开始和同龄人拉帮结派。一群玩得来的少男少女，就给青少年在依赖父母和获得更成熟的个人身份之间架起了一座桥梁。青春期的提前也使得少男少女开始思春，这就给过渡期增加了更多压力。

独立的另一个标志，是青少年更乐意去冒险。他们不仅无视危险，他们还迷恋它，主动寻找更多机会去挑战极限。研究者推测，冒险的吸引力加速了青少年的独立[39]。这其实对现代家庭是有好处的：要是青少年在父母的保护和未成年人法律地位的保障之下去冒险，等到他们离家独立生活前，起码能积累一些处世经验，而代价只是（在理想的情况下）给他们的名誉或身体带来轻微的伤害。

家长对青少年独立期最典型而合理的抱怨，是少男爱独处，少女则爱通过与妈妈对抗来获得自由。这都是正常的。

数码产品把青少年的独立变得令父母更难以接受

随着孩子进入青春期，科技产品的好处与诅咒都将随之发生巨大的变化。到了青春期的后几年，许多孩子已经能自由自主地探索网络世界了。这使他们暴露在社交媒体、色情内容和令人担忧的虚拟娱乐之下，但同时也为他们的创造力和学习提供了无限机遇。当孩子的生活中挤满了学校课程和课外活动时，互联网也许是唯一一个让他们可以在父母的监视之外进行自由探索的地方。担惊受怕的父母喜欢让孩子待在房间里，让他们在虚拟世界而不是现实世界里冒险。但是，这样做剥夺了青少年学习现实世界生存之道的机会，也剥夺了孩子们犯错误、面对后果因而下次遇事能调整自己行为的机会。自控能力将会是一项重要的能力，保护你的大一新生去开展他不受管束的大学生涯。

父母们也许会坚持说，虚拟世界里犯的错也有足够的“教育意义”，但大部分错误（例如，她把自己胸部的照片发给了男朋友！）的长远后果都比不上父母们的担心。网上的冒险无法替代亲自与真实的人、城市街道、公园、天气、公共交通以及有着其他特点的现实世界的互动。

手机是青少年正常度过独立期的另一障碍。手机使家长们可以追踪子女的行动，监视他们，甚至潜伏在他们的生活中。但这种监控有双向作用：一位有三个孩子的父亲抱怨说，他给女儿们安装了一个名叫“找朋友”的手机应用，而孩子们却反过来监控他。“她们知道我在逛街还是在工作，她们知道我是不是在回家的路上。她们追踪我的行踪，给我发信息要我给她们带东西。简直无处可逃。”

大学元素

要是家长们通过手机对青少年的生活进行全方位的监视，质疑为什么青少年们不像传统一样叛逆呢？他们是叛逆的，只不过不是公开地去叛逆。他们害怕公然地反叛，因为他们从小被灌输了这样的观念：除非他们考上好的大学，否则就没有前途。有位来自北卡罗来纳州的青少年认真地说：“我的爸妈认为，我要不就是考上州立大学，要不就是流浪街头。”孩子们被告知，对于他们来说，顺利被大学录取这条路太复杂，他们自己难以处理，而在大多数情况下这是事实。

为上大学做准备和申请的过程缓解了许多家长在子女独立期的焦虑。父母和青少年有着共同的光辉目标：孩子取得学业、社交及体育上的优秀成绩并顺利拿到顶级大学的录取通知书。父母和孩子一同查遍各大学校网站，填写入学申请，与导师和专家见面，探访校园等。父母有四到六年的时间深入参与这个过程，但这种强制的亲子合作拖延或扭曲了青少年正常的独立过程。

青春期最重要的目标，就是孩子完成从父母身边独立出来的过程，父母必须牢记现代生活为此设置的各种障碍，常常自问，与我青春期的孩子相处的最佳方式是什么？我们在努力争取什么？我们该谈些什么？

与青少年沟通的基本技巧

在孩子的青春期，你的目标并不是成为他的朋友。孩子眼中的你并不会很酷，因为他们正在从你身边独立开来，所以不会觉得你酷。你的角色是做一个乐观而不赶时髦的权威人士，你可以秉着开明的态度，抱着热情但不狂热的好奇之心来展开对话。邀请你那疲惫而多疑的孩子参与对话，重点不是要把话说得多么引人入胜，而是要能抓住他们的心。把你的儿子看作一位来自哈萨克斯坦的交换生，把你的女儿看作是来自另一个州的远房侄女。学习他们遥远文化中迷人的习俗。通过聆听去了解他们而不是预先假设、判断或尝试修正。

重点在于你的节制。你平静的语气、节奏和放松的面部表情，可以赢得孩子的信任，从而开展坦诚而丰富的谈话。学着聆听自己的声音——提高音调比叫骂声更常见，而且无论你多么小心去修饰用词，要是你扯着喉咙，紧张而愤怒地说话，你的孩子依然信不过你。他们就更容易开始和你争吵，跟你对着干。

青少年观察环境的方式和大人不同。他们的脑神经回路正在发展；不少研究使用了脑功能成像技术，展示了青少年对充满情绪的情景及影像的反应比儿童或大人要激烈[40]。他们对愤怒和厌恶的面部表情尤其敏感。[41]他们的荷尔蒙系统正在发生变化，影响着他们对压力的反应[42]。由于这些原因，你的语气稍稍发怒，青少年也许会把它听成你在凶他们，揶揄他们，或者使唤他们。即使你只是翻了个白眼或耸了耸肩，他们感觉到的却是你的蔑视或愤怒。这都与青少年的脑部和身体正在发育有关，他们的解读完全没有反映出你的真实意图。不过孩子们也不总是错的：青少年敏于察觉情绪的潜台词。当你的面部表情、姿势或语气与你说的话不相符时，他们会选择相信你的非语言表达而不是你说出口的话。

要维持亲子间的和平共处，最好的方法就是控制你的表达。向能用非语言表达传递令人安心的信息的大师们学习，包括：酒吧服务员、发型师、酒店礼宾员。如果你内心深处依然焦虑，模仿这些职业人士也许并不容易，但这却是必需的技能。如果你想让你的青少年坦诚地与你对话，你必须在他们狂乱的生活中担起一个安全而平静的港湾的角色。

从你的孩子踏进青春期开始，你与他们沟通的方式就要发生转变。十三岁前，孩子是一个矛盾集合体：表面上是毫不害羞的自恋者，其实内心残忍地自我批评着，还为自己的状况感到羞耻。他们用表面装酷掩饰内心的热情、羞愧和耻辱。一位可爱的十三岁女孩喜欢拉着妈妈的手在马路上走，但一旦看到其他同龄人——哪怕她并不认识对方——她都会小声说："放手！"她的妈妈学到了青春期亲子交流的关键一课，那就是别觉得孩子的举动是在针对自己。

要记住以下这些基本原则：

- 要认可你的孩子有着愤怒、担心和受伤等感受，但别尝试去修正他们。要说"那听起来真难啊"或者"你一定很失望吧"或者"你打算怎么做呢"，而不是说"我今晚就给你的教练打电话！"
- 与孩子聊天时，暂时从各种科技通信产品中失联吧，哪怕电话一直在响，短信提示音也响了一下。要认识到你和你的孩子都盼望从令人迷惑或尴尬的对话中逃离出来。
- 给孩子定下的规矩要精简，而且要坚定执行。
- 考虑把孩子给的意见作为候补选项。
- 要是孩子在怒火中终结了谈话并离开，别跟上去。
- 让孩子做最后拿定主意的人，即使你的父亲会因为你同样的行为而惩罚你。
- 当你爆发时，你是在教孩子挫折是不可忍受的。

我们要的是什么？自由！我们什么时候需要自由？现在！

许多亲子间谈话的动力都来自青春期的孩子对自由的渴望，而你却本能地想要保护他们。幽默感和轻松的态度可以缓和彼此之间的沟通。至于规矩和责任，则要保持好脾气和始终如一："对，这些就是规矩。我知道你的朋友们都没有。"如果你持之以恒，他们就无须测试你。这意味着你不但要言出必行，也要做到绝对守信用（即使孩子们做不到），例如接送他们上学都要准时。

别尝试用逻辑、证据或劝导来赢得你们之间的争执。即使他们懂你的观点，他们也不会放弃权力去屈从，因此他们必须坚持："这完全不公平。你正在毁掉我的人生。我朋友的家长们都没有（怎样怎样）！"还有，别过度解释。少男的注意力时长有限，而少女则会被激怒，或者反过来用你的解释来支持她的观点。相反，要用一种事实就是如此的语气说话，坦白地让子女明白，更多的自由就意味着要承担更多的责任：

> "如果这个学期你向我们证明你能准时回家的话，我们就会考虑春假期间让你可以晚一点回家。"
>
> "我们来试试这样吧。从现在开始到一个月后，我们来看看你的成绩怎么样。如果老师没有说你上课不预习，或者没交作业的话，我就不再唠叨你交作业期限的事情。我甚至不会再提功课的事，除非是你自己说起。不过，我一直都在这里，你什么时候想找我谈学习方法都行。你看怎么样？"

许多年轻人为了在同龄人面前保存面子而破坏规矩，你可以给自己找一个借口："妈妈和我都不介意做坏人。告诉你的朋友，'我妈妈要是闻到我身上的烟味，她会杀了我的'，或者'我爸爸会把我禁足半年'。"

你也可以为负责任的行为提出其他理由。即使青年人看起来心不在焉，其实他们听得到你说的话。如果你能听见他们和朋友的对话，你就会听见他对朋友重复着你说过的话。例如，他们可以告诉朋友："这个赛季我正在打棒球，所以我不能喝酒。"体育训练是一个正当理由，可以用它来挡开很多麻烦情况，团体活动的排练也是，例如话剧、乐队或辩论队，或者从事兼职工作，例如帮人家看孩子。孩子还小的时候你可以和他们通过角色扮演来练习这种对话。而且你还可以创造一些双方用来秘密交流的密语——例如，字母 Q——发信息时如果发出字母 Q，就意味着：虽然不是紧急情况，但我要你马上回家，晚些会再解释。

避开一些陷阱

家长们的一些具体做法，不仅会让青少年愤怒，而且还会反过来制造更多冲突。要尽量避开这些做法。

别在他们的朋友面前训斥他们

如果你必须立刻表达你的不满（例如，孩子完全越界地在他人面前粗鲁对待你），告诉他们："一会儿我要和你好好谈谈。"如果他们继续惹怒你，你要严肃地说："现在我不跟你谈了。"

别靠过度分享你的生活或其他朋友的生活八卦来赢回亲密感

少男少女连他们自己的感情和社交生活都应付不过来。

别拿孩子和兄弟姐妹同龄时的样子做比较，也别拿他们和其他有礼貌的朋友比较

要忍住别说这样的话："拉慕娜回家前还特意来到我面前，感谢我招待她来玩。我都走到前门了你连头也不抬一下。"

别批评他们的朋友或暗恋的人

孩子小的时候，你对他们身边的可疑朋友保持警觉的策略，在孩子进入青春期后会更加管用：要靠近你的敌人。与其对你女儿的男朋友指指点点或拿各种危机来恐吓，不如请他来家里吃饭。这样你可以看到女儿依靠自己的观察获得对男朋友的新认知，那你就可以大方说："哦，真的吗？嗯，我明白你意思了。他的确太爱显摆了。"

别给了孩子什么好处，然后又抱怨个不停

无论是给孩子洗衣服，晚上开车接他们回来，或者叫个比萨外卖，做就要大度地去做，否则就干脆别做。别摆出一副受难者的模样。学会如何拒绝孩子的一些要求而不自责。

别答应孩子会为他们在自己伴侣前保守秘密

如果孩子说："妈妈，我要告诉你一些事情。真的很重要。你要答应我，别告诉爸爸。"你可以说，"我给不了你那样的承诺，但我希望你可以相信我会慎重地处理。"父母之间的联盟（无论父母还在一起生活或已经离异）对于青少年内心的平静非常重要。孩子很可能最终会接受你的条件。

要是他们回家晚了十分钟，什么都别说

年轻人总会找一些法子来宣誓他们的主权。要是他们只是晚了那么一点点回家，欢迎他们，对他们说一声友好的"嗨"，语气里别隐含怒气或轻蔑。

聆听青少年说话的艺术

聆听任何人都需要严格的训练，训练到自己在很想很想说话时也能够保持安静和集中注意力。在大部分家庭里，繁忙的日程给父母聆听子女造成了额外的阻碍。无论你是在等长篇幅的八卦或是尝试概括出几句有信息含量的句子，都需要花时间，因此在你接近子女时，要把这点考虑进去。接下来，聆听子女说话时别忙着给自己辩护，或者去纠正他们的错误概念，或者忙着道歉。尝试通过聆听了解孩子的视角，别去判断准不准确。记住，聆听并不意味着你同意。

论人生抱负、经验或精明干练，孩子和你的程度是不同的。你想和他们亲近，他们却想继续前进。在聆听的过程中，你要把年轻人的装腔作势和对权力的控制欲看作是他们追求独立的垫脚石。压制你的冲动，别去揭露（以及羞辱）他们破绽百出的借口或者肤浅的表面道歉。当孩子尝试把你当傻子来耍，的确很容易令人变得有反击性，但你要保持沉默，让他们自己去说（“妈妈，爸爸，要是我知道你们会不高兴的话，我无论如何都不会那样做的……”）尽管他们多么希望你哑口无言，但他们知道你不会的。他们的工作就是要置身事外，最好能溜之大吉，能闪就闪。别信他们说的东西，但也别用人身攻击去还击。

要提高你在孩子心中作为一个认真的聆听者的名声，你要在谈话中拿出你在听他们讲话的证据来。要能说出他们的朋友或敌人的名字，他们对你说过的具体事情，要说得出细节（“这使我想起了那次你和塞巴斯蒂安走完了整个金门公园”）。要是在谈话时看到机会，就提一些他们与你分享过的那些他们深信的关于公正或报应的事情。别把这些信念当作年轻人的双重标准或者你智力胜过他们的证据，这说明你之前有聆听他们说话，并给予了足够的重视——而你现在又再一次在认真地听他们说话。

你不需要在同一场对话中既聆听又回应。你可以迟一些再表明你的立场。这很困难，因为少男少女变化无常，他们的社交生活也常常在变。他们现在就要知道答案！如果你终止某个话题的讨论，你不仅会惹怒孩子，也许还会惹怒一群愤怒的青少年和他们仁慈的父母。这都不要紧。如果你需要时间来权衡得失，就慢慢来吧。告诉自己你正在做一个优秀榜样，以此来增加你的信心。当你的孩子被同伴们催促时，“快点！拿着……去做啊……抓住它”，她会想起你是如何谨慎言行的，她会说：“我需要点时间再想想。”

最后，做一个批判的聆听者，这并不意味着你永远都要彬彬有礼。有时你可以直接说不。“没有人要去户外音乐节。是没人要去，不是不知道怎么去。”

爱凶人的老家伙（说的就是你）

我发现，我更多时候是把父母而不是青少年说得惭愧和自责。原因是什么？他们吼孩子。我常常说类似这样的话，“有什么新鲜的事情？你已经是今天坐在这张沙发上的第三位家长了，你们都忏悔着同样的事情。”

为什么父母因为青少年惹自己生气而生气呢？然后就记下了仇，不再假定他们的无辜，下次变得更加生气？尽管为此难过却又停不下来？父母面对青春期的子女比面对孩童时期的子女更加容易生气，因为父母不仅为孩子们担惊受怕，还被他们吓坏了。

在亲子之间的信任和联系变得如此薄弱之时，你很难推动自己去修补关系，却还要不断指责他们的过错，削减他们的零花钱或自由时间，或者说一些让他更加生你的气的话。妈妈们不愿成为那种失控大叫的母亲，爸爸们也不愿意成为那种不尊重女性或欺负男孩的父亲。但因为你是一名家长，不是儿童心理学家或危机顾问，你总是不可避免地失去冷静。

你的害怕，也许是件好事！感到愤怒比感到伤心、绝望或无能为力更令人受到鼓舞。所有的伤感（看着孩子在成长而你在变老），在合理的愤怒掩盖下，就显得没有那么令人痛苦了。当这种情况发生时，试着在这一天结束前去道歉。不要给自己辩护，你可以说：“我为我那样说话而道歉。我说了不是我真心想说的话，因为我太关心你了，我想让你（安全、劝你停止自责或任何具体的事情）。而我却说了那样的话，我回头仔细想了想，那是不对的，也是不公平的。”

偶尔发脾气并不是你从把青少年拉回正途的任务上暂时脱身的借口。我对父母们说：“这是你的工作。你的孩子是顶级聪明，又相当愚笨，他们会做骗人和危险的事，需要由你去纠正和引导他们。在你成长的家庭中，没有谁精通与人打交道的各种手腕，因此你得一边做一边学。也许有些人成长过程中，有着能言善辩的父母，他们性格温柔，为人公正，说话直截了当，但这是我从没见过的。所以，冷静与否，继续做吧。”

发短信：是陷阱还是好事？

发短信是一种安全的方式，可以让年轻人打招呼、分享感受、问一些尴尬的问题或承认自己的过错。相比于面对面的交谈，发短信产生的距离反而制造了更多真诚和幽默。它还可以传递突如其来的好消息。

> 这个暑假，马蒂奥一家又想我和他们一起到犹他州玩了！
>
> 谁被选上并即将成为县博览会和牛仔竞技大赛的大使？来看
>
> 谁得了一千美金的奖学金？？？我！我和凯蒂！耶！妈妈，我们做到了！

面对这些传递快乐的信息，什么才是最好的回复？可以连发几个竖大拇指、喷洒彩花或星星的表情包，不要掺杂任何平淡的“什么地方”和“什么时候”等问题。那些疑问都可以等到大家见面，可以更加深入地面对面谈话时再问，一边拥抱和欢呼，一边再收集具体的重要信息。

不过——我在我的咨询室里看到一个上升的趋势——对于家长们而言，每条信息都可能代表着一个警报。最好都看一眼，以防万一。父母就像电话接线员和杂务工的混合角色。青少年的短信中只有一小部分是真正紧急的事情，但要分清哪一些是，哪一些不是。这倒是个挑战，因为你无法听到孩子的语气（甚至包括表情包所代表的意思），你看不到他们的面部表情。你无法分辨他们是在把眼泪咽回去还是松了一口气，然后可以继续干别的事情。所以，除非他们是在引用莎士比亚的章句发短信，否则都是断章取义的。

让年轻人变成一位有自信且能言善辩的交谈者，最有保证的方式就是让他去谈话，尤其是和大人们交谈。给家长发短信太容易让孩子躲开与大人的互动。有一位来访者的儿子，刚开始开车，到加油站时，发现自己不知道如何打开油箱。他没有向附近的人寻求帮助，反而给妈妈发了一条信息，而他的妈妈正在找我咨询。她本能地看了手机，回复了儿子怎么开。

我见过的最有效率和最自信的青少年和大人，都会在开车、开会或者在做一项需要集中注意力的工作时把手机关掉或者把短信提示音关掉。如果你把孩子独立能力的增强看作是一项长期的工程，我鼓励你做个实验，即便是在自己清闲时，你收到了一条令人担心或引人疑惑的信息，也要忍住不马上回复，等几分钟或者半个小时再回复。这样的暂停，可以给孩子从焦虑状态中缓冲过来的机会，让他们抑制住寻求帮助或所需信息的冲动。（而对于你发的信息，他们是完全不介意等上十五分钟才回复，或者干脆不回的。）

对于大多数父母来说，一种更严格的行为修正，就是减少给孩子发短信。我建议父母在发短信给孩子之前暂停一下，问一下自己，这事能等吗？突然被妈妈或爸爸的信息打扰了，这会对我的孩子产生什么影响——她的独立能力、隐私、社交生活和学习成绩？是的，发短信是很方便。你只需一点点的信息就知道女儿什么时候吃午饭。但是，你不知道她此刻正在干什么。她在和同学调情吗？她在安慰一位父母刚刚离异的朋友吗？她

让年轻人变成一位有自信且能言善辩的交谈者，最有保证的方式就是让他去谈话，尤其是和大人们交谈。给家长发短信太容易让孩子躲开与大人的互动。

在和老师聊天吗？她正在独处思考问题吗？还是正在享受做白日梦的感觉，而你却准备要打扰她？

我不打算给家长定一系列关于发短信的死板规矩，我建议他们从家庭成员的责任角度去思考这件事。当孩子给你发了一条信息，他们可能打扰了你。当你给他们发信息时，你也可能打扰了他们。全家人可以一起聊聊看一天中什么时候发短信是合适的。最基本的标准是看“这件事能否等到我们见面时再谈？”如果回答是绝对不行，那就把短信编辑得尽可能简洁和符合事实依据：你需要我几点来接你？越少的感情色彩越好。

这些标准不适用于孩子发信息来沟通一些内心感受或当面说难为情的事情。在这些情况下，父母可以快速回复，保持敏锐，同时也要保持回复内容的简洁（部分原因是没有任何网络沟通能确保隐私不外露）。信息内容可以包括感谢孩子发来信息，以及希望见面时继续谈话：谢谢你告诉我这件事。今晚再聊？爱你的妈妈。这样就避免了我常常看到的一种模式，那就是亲子间疯狂地来回传信息，孩子又求又哄的，家长筋疲力尽，最后让步。

关于短信的最后一个注意事项：不要逼得太紧。发信息这件事是一个极佳的例子，说明了“因为你做得到，并不意味着你应该去做”这个原则。疯狂发短信会让你对孩子做出冲动的回应，而不会带来反思（根据短信的要求、指责或信息所得到的感受），也不会帮你搞清事实（事实是与你的直觉相符还是相违背）。

失落的对话：追求好大学的副作用

一位十五岁的女孩告诉我：“每次和我妈妈谈话，都感觉像是在做名人访谈或受到警察盘问。”青少年需要身体和情绪上的空间。他们需要无拘无束且没有大人参与的时间，学习探索自己丰富的内心世界和外部世界。

如今的青少年同样需要学习如何表达自己内心的想法。无论是正式的学术研究，还是公司员工的随口反馈，都清楚地反映了这一代人通过短信或网络沟通要比面对面的沟通更好。学习如何放松和自信地说话也是一种技能，孩子长大后这也能成为他的一种优势。不过，如果你总是在说学习的事情，你们之间的谈话只会变得紧张而简短。青少年会隐藏他们关心的事情，拒绝和一位关心他们的大人深入探讨更复杂的思想和感受。

我在咨询中，以及在公立和私立学校见到的家庭中，都看到亲子之间的交流存在着一些特定模式，这些模式与父母对孩子的学习成绩和大学录取的执着直接相关。考前预备、考试成绩、大学择校，家长对许多事情的不懈追求造成了亲子间的裂缝，破坏了亲子之间深入而发自内心彼此都乐在其中的交流的机会。家长与孩子之间的对话质量严重地下降了。

我的青少年来访者，学着成为小心理分析师，分析父母的每一次皱眉和每一声叹息，并以此去对抗压力。但当问他们对自己的看法时，他们又会转变到礼貌的工作模式，既正式又谨慎。像扑克玩家们努力压抑自己的表情来隐藏自己的底牌一样，青少年不敢透露他们对什么东西有热情，过去有过什么兴趣，他们怕自己的父母会抓住这些来鼓励他们做出一番成就来为简历增光（“你应该在这方面做出点什么来！”）。我记得有一名十五岁的少年，被妈妈带过来了一次。妈妈把我们留在房间中独处，甚至已经离开了大楼。但他还是要靠近我才敢小声说出来：“你知道吗？我正在写一部话剧。”

许多年轻人由于需要照顾父母汹涌澎湃的感情而迷失了自己。有些人（通常是男孩）会用罢工来应对，拒绝学习或交作业。这就是工会组织者们所说的“恶意的依从性”：他们会去上学，但拒绝学习。还有一些青少年，被父母对他们状态及安全的监管和要求所束缚，了无生趣，过度劳累，甚至过度发泄或享乐（参加竞技体育和/或狂热地穿梭在不同社交圈子中）直到他们身心疲惫。但愿这些情况只存在于少数的极端家庭中，但我在咨询工作中的确看到这样的趋势正在迅速成为一种潮流。

在申请大学的忙乱中，家长们牺牲了观察孩子成长的机会。他们也许会想，我了解我的儿子和女儿，因为我们一起就大学预修课程和社区服务进行了头脑风暴，但父母们低估了他们的精神引导的价值。在父母的雷达以外，青少年还会在后花园举行演唱会，扛起相机拍照，拍摄网络视频，用他们自己在家庭角落里种植的啤酒花来酿制啤酒。他们可以从网上学到一切，所以他们追随自己的兴趣，发展起各种复杂的技能，与志同道合的人混在一起。要是父母们足够放心，他们可以一路观看孩子这些兴趣的发展历程，但别去评价或干涉，要肯定他们的自我表达并不是在浪费时间。因为我了解你，所以我放手，这是鼓励青少年去探索自己的绝佳态度。

“父母在孩子还没犯错前，就想修补他们的众多错误。我们应该享受失败，从而提升自己！让我失败一次吧。”一位口才不错的十二岁少年忧伤地说道。另一个孩子说：“我只是在热身，我想找到我究竟擅长什么。”还有一位十四岁的少女，说出了许多人心里的沮丧，她这样说道：“我对我妈妈说，‘听到我的朋友抱怨说考试拿到B时，我就觉得很讨厌。他们以为他们这辈子要完了。’然后我妈妈说，‘那你为什么不这样想呢？’”

谈论“大学”这个话题

深陷在争夺好大学资源中的家庭，不明白这件事是如何给孩子带来羞愧和恐惧的（如果他们没有能够上到“好”大学的话），到头来他们会后悔浪费在备考上的所有时间，因为那些备考只强调应试技巧和记忆，没有真正锻炼智力。为了减少不必要的痛苦，保护孩子别因为“未来”这个名义而虚耗了他们的高中时代，家长应该带头，用理智而务实的态度地对待申请大学这件事。

你的同辈很有可能也陷入了大学申请的狂热之中，最好能够通过阅读去了解一下，这场过度热情的资格竞争背后隐藏的金钱、精神和道德成本。可以试试阅读耶鲁大学教授威廉·德雷谢维奇（William Deresiewicz）的宣言式著作《优秀的绵羊：美国精英的错误教育和如何追求有意义的人生》（*Excellent Sheep: The Miseducation of the American Elite and the Way to a Meaningful Life*），和弗兰克·布鲁尼（Frank Bruni）的《你的大学不代表你将成为的人：破解大学录取狂热的迷思》（*Where You Go Is Not Who You'll Be: An Antidote to the College Admissions Mania*）。

与孩子聊大学择校的话题之前，睁开眼睛看清楚你眼前的孩子。思考以下的问题，这些都是从一般的“去见高中大学咨询辅导员前的准备清单”中衍生出来的。

- 你的孩子五岁、六岁和七岁的时候，喜欢做什么？
- 在什么样的环境下，他感到最放松和最有活力？
- 你的孩子是不是在申请某个特定类型的学校来和他的某个兄弟姐妹竞争，或显得自己与众不同？他这样做是为了取悦你，还是激怒你？
- 他有没有对某个特定领域表现出兴趣，但还没机会深入了解？他有没有特别向往到国内哪个地方或世界某个地方去念书？

经过几次与自己或与孩子谈论这些问题，你可以给他一本书，帮助他开发自己的兴趣和嗜好。这本书无须和大学申请有关，可以是一本关于某个州或城市的书，也可以是关于某个领域的书。网上关于大学的资讯太多了，在漫长的资料搜索过程中，来一本纸质书可以让人在信息搜索中更加专注在某个比较好玩的方面。这也传达了你对他个人兴趣的支持超过了对学校的追逐。要是他最后在心愿单上做出了一些奇怪的选择，就让他去追求他的志向吧（只要家里财政状况允许的话），但要求他来付申请费用。

当你带孩子去心仪的学校访问时，一定要先等孩子的答复，再提供你的答复。留意她对学校的直觉印象。我的小女儿有过一次类似这样的经历：据她描述，我们探访的某所学校里的学生看起来都“太开心”了，而另一所里的学生则是“太伤心”了。当我们后来参观未来成为她母校的那所学校时，只待了半个小时，她就说：“妈妈，就是这里了。”

提醒你的青少年子女，每张大学录取通知书的背后，都包含着幸运的因素，或者一些内部的斗争（例如，家长的社会地位、影响力或财富）。转校的数据或许可以稍稍舒缓孩子失望或担心的情绪——有 1/3 的大学生在毕业前转过校。你的孩子可能会爱上他的那所学校，也可能最终会讨厌它，但如果他不喜欢的话，他总是可以换另一所学校的。

对于学生而言，决定去哪里上大学，等待回复，收到录取通知书或拒绝信的过程，就像裸体约会，或在公众场合中伤心欲绝一样。这件事之所以特别艰难，是因为很多事情似乎都取决于他们的决定，而他们还太小，还不了解自己。你以大人的视角去提供建议，以及保持冷静，等于在这场暴风雨中给他们吃了定心丸。

最后，还有至关重要的一点：别在饭桌上讨论申请大学的事情。你已经给家人定下规矩吃饭时不能使用手机，再加上不能谈论大学申请的事情吧，让饭桌上的话题延伸到更广阔和有趣的领域去。这样也保护年幼的弟弟妹妹，免得他们日后加入申请大军时还带着你的这一份焦虑。

缺失的一环，也许正是睡眠

除了大学申请的疯狂之外，缺乏睡眠是亲子关系中常常被忽略却危害最大的因素。父母常常错误地把青春期的孩子缺乏睡眠的现象归咎为心情不好、有注意力缺乏症状或记忆受损等情况。慌张的家长来到我的办公室，说他们的孩子性格沉郁或学习效率下降，或是亲子之间的对话又变成了一次争吵。我问他们的第一件事就是孩子的睡眠状况。青少年每天需要平均 9–10 小时的睡眠 [43]。最新的关于儿童和青少年的研究，把睡眠习惯差与焦虑、压力、强迫行为的增加和学习成绩的下降联系起来 [44]。

只睡几个小时就出门已经成为青少年的一种时间管理策略和荣誉的象征。在采访学生们每天可以睡多久时，不禁让我想起了海军突击队和陆军突击队。有一个孩子认真地说："我睡 10 个小时。"但其他人反馈说，"我睡 6 个小时"，"我睡 4 个小时"，"我一点都没睡过！"

对于大人而言，睡眠阻止了体重过度上升，使体内的碳水化合物有效地分解；睡眠增强了免疫力和心血管循环；还能抵抗抑郁和暴躁。都是好处，都是值得的。但对于青少年而言，他们的体格正在生长，脑神经回路也在增加，这些都是影响一辈子的事情，睡眠给他们带来的好处就更多了。例如：在睡眠过程中，海马体（脑中的记忆中心）中的电位信号会改变方向，回过头去"编辑"当天输入脑海里的无用信息，重设突触，使它们第二天可以更好地吸收新的信息 [45]。这对于青少年而言非常重要，因为他们正在发育，有着繁重的学习任务。睡眠还增加了运动中的反应时间。睡眠确实能使青少年的身心和精神都得到恢复。

研究表明，通常睡七到八个小时的成人，一旦睡眠减少到五到六个小时，他们最终会认为自己适应了这个睡眠的缺失。不过，宾夕法尼亚大学的睡眠研究员菲利普·格曼（Philip Gehrman）指出，"如果持续观察受试者在精神警觉性和日常表现方面的测试结果，他们的结果是持续走下坡的。所以说，睡眠缺失到某个程度时，我们已经对自身的受损情况没有概念了。" [46]

要判断青少年是否有足够的睡眠，其中一个方法就是观察他们生病的频率，因为睡眠不足的人比较容易受到病毒感染。如果你的孩子睡得很少，而且经常生病，和他们讨论一下，看看可以减少哪些活动。他们也许会抗拒，因为他们并不认为自己精神受损了。那就要通过反复的试验，找出调整的方法。和大人一样，青少年中也有早起族和夜猫子，因此根据孩子的习惯和他们一起设计合理的睡眠计划。

安抚受困扰的青少年——并且分辨问题的严重性

普通青少年也经常会被黑暗的情绪所笼罩——羞愧、愤怒、绝望、无助。这些时候，你也许会忍不住上前尝试驱赶她的负能量，提醒她过去的快乐时光，告诉她未来一定能再快乐起来。这是没有帮助的，因为她思考的能力已经瘫痪了。她深陷在当下无法承受的时刻里，让她去想象未来虚无缥缈的幸福未免太抽象了。

珍米·洛维（Jaime Lowe）为《纽约时报》撰写了一篇题为“如何与身处绝望中的陌生人谈话”的文章，她采访了危机谈判专家玛丽·邓尼庚警官（Sergeant Mary Dunnigan），问她是用什么技巧去劝说准备自杀的人放弃自杀念头[47]。只要对这些策略加以修改，它们就惊人地适用于与青少年谈论情感问题。关键在于让对话持续进行下去，哪怕你的孩子做出了可怕的威胁，使用扭曲和不符合逻辑的假设推理，或者处在大难临头的境况中。尝试以下技巧：

- 仔细聆听，但不打断。
- 别批评他们。
- 当她错用常识时，别和她争论。
- 别尝试在眼前的时间和地点解决问题。
- 重复说一些简单且安抚人心的话，例如“我在听着”“哎呀”“听起来真糟糕”。

- 说：“你稍稍停一下，我想确认我理解了你的意思。我想你在说的事情，是你的艺术史老师对学生偏心。除此之外还有吗？”
- 温柔、试探性地提供一个长远的观点：“他的课到春假前就会结束，然后你就永远不用再和他打交道了，对吗？”
- 尝试把青少年的注意力转到一个当下就能马上解决的小问题或小情绪上。她饿了吗？觉得脏兮兮的吗？洗个热水澡会不会好些？（“你必须让他们感觉冷，或者感觉饿，因此他们就不会只想着心里难过的事情了。”邓尼庚说。）

偶尔来说（但并没有像网上那些歇斯底里的观点说得那样频繁），少男和少女会陷入深深的绝望和压抑中。比起年幼的孩子，家长更加难以揣摩什么时候应该去担心青少年子女，因为青少年更善于隐藏自己的情绪。不过，还是有不少信号可以告诉你：是时候去寻求专业人士的帮助了。

他们是不是比平时更多地躲到房间里？

所有的青少年都爱躲进自己的房间里，但如果你留意到他们躲起来的时间忽然大幅度增多，也许你该多留心他们生活中的其他事情了。

如果他们花大量时间在多种社交媒体或网络游戏上，他们只是在旁观吗？

研究表明，这种行为预示着患抑郁和焦虑的风险更高，因为他们只是在拿社交圈子里的人互相比较，但没有用这些社交工具与人联系。为了找出情况是否如此，你需要谨慎地查问他们的上网习惯，因为他们经常浏览的许多网站或使用的应用很可能已经把你屏蔽了。听听他们对在网上发现的东西有什么想法，认识了哪些网友，他们在一起做什么。听听孩子是否找到了好玩的又是他们感兴趣的社群并加入其中，还是只是被动地接受那些内容？这也许不太容易看出来。例如，男孩子喜欢的一种令家长们不解的活动，就是看别的玩家玩游戏的视频。这是一种被动的活动，但同时也有乐趣，因为他会学到新的游戏技巧。你总是可以用真诚而好奇的语气问他，“你在看其他玩家玩游戏时，是在看什么呢？”

他们上课积极吗？

有些学生总是比其他人更爱发言，更投入课堂。要找出孩子的上课行为是否有变化，或者看起来常常走神，就去和一位或几位老师谈谈。

他们的成绩有下降吗？

如果成绩相比平时大幅下降了，这也许是你的孩子出现了情绪问题的信号，也有可能代表学生的功课太多了。因为父母太关注孩子要尽力学得比别人快，孩子们通常要上那些他们心理上还没有准备好的课程。他们负担不起，却感到惭愧并害怕告诉你，因为他们也相信了你那一套揠苗助长的理论。压力、羞愧和恐惧，结果就造成了抑郁。

他们常常避开朋友们吗？

初中和高中生常常变换不同的小团体，这也属于常见现象，但要留心孩子有没有过度地把自己从人群中孤立出来。

他们在兄弟姐妹和其他大家庭成员面前表现如何？

你的孩子是依然可爱友善，还是变得冷漠而难以相处？

有没有迹象表明他们伤害了自己？

这个问题发生在女生身上比在男生身上更多。如果她们划伤了自己，即使到了轻装的季节，她们依然会穿长袖、长衫、长裤。

他们的体重有下降吗，还是在疯狂节食？

他们变瘦了你可以直接看出来，但孩子会否认瘦下来的原因。有饮食障碍的青少年通常会对父母说："我已经吃过了。"

他们的爷爷奶奶、外公外婆怎么说？

如果他们和爷爷奶奶或外公外婆亲近的话，问一下老人们以上这些问题。也许他们会留意到（或者你的孩子悄悄告诉了他们）一些你没注意到的事情。

要判断带青少年子女去进行心理辅导是否对他们有帮助，你要在尽可能多的环境下观察他的行为，并尽可能多地从接触过他的人那里得到反馈，但别过度干涉他的生活。要是你收集到的信息显示了有潜在的麻烦，你就该预约一位熟悉青少年心理的咨询专家了。第一次咨询不必带着儿子或者女儿，就直接跟心理咨询师说："这是我们看到的情况。我们应该担心吗？你需要和我的孩子见面吗？"

青少年希望父母知道的事情

每当我外出举行讲座时，我通常都会抽出一些下午时间，去访问当地初中和高中里的一部分学生，问他们最希望父母知道的事情是什么。一开始，他们聪明包容，又富有幽默感和洞察力，使我感到震惊。如今，我心中充满期待，享受与他们的对话。在我们深入探讨与少男和少女谈话的具体技巧前，我们来看看如果有机会的话，全国各地的学生有什么话要对他们的父母说：

父母在担心哪些他们无须担心的事情？

"他们觉得成绩不好的话，这个人也不好。他们不明白，在他们评价之前，我们已经被同学、老师、大学招生人员和我们自己反复评价过好多次了。"

“他们担心的，我早就担心了。他们问我是否担心时，我决定说‘我先看看会怎么样’。”

“他们期望我和哥哥一样聪明。”

“他们问的问题太多了。‘吃午饭时你和谁坐在一起？你吃了什么？八点和三点之间发生了什么事情？你一五一十地告诉我’。”

“他们问，‘你在给谁发短信？你在发什么东西？’”

“他们以为你得拯救一整个国家才能上耶鲁大学。”

要是你给父母一条建议的话，你会给什么建议？

“要是我让你帮我检查一下拼写和语法，我不是要你帮我重写这篇作文。”

“压力和动力是有区别的。”

“我的房间就是我的圣地。”

“别弄得好像眼前只有两种位置：向前或落后。”

“即使你年轻时很野，但这并不代表我现在要去杀人或者弄大别人的肚子。”

“请听我说话，而不是去想你接下来要说的话。”

“关心我的生活，而不仅仅是我的成绩。说‘你心情好吗？’‘继续坚持你做的事情，不过要保持冷静。’”

（还有就是所有学校的学生共同的一句）“放松点！”

你认为父母对你做过最贴心而他们却没有意识到的事情是什么？

“打开冰箱看到了我最喜欢的那种雪糕。”

“我爸爸和我一起看《行尸走肉》和《恶搞之家》。”

一位六年级的女孩涨红着脸说：“听起来也许很无聊，但我很喜欢爸爸要是晚上回家晚了，都会来到我的床边帮我盖好被子，哪怕我的被子已经盖好了。”

“妈妈跟我聊世界上的各种事情，而不是申请大学的事情。”

“她在考试前给我发短信说：加油，我爱你。而不是考完试了给我发：你考得怎样？”

“妈妈给我的各种小惊喜，例如煎饼形状的戒指，闻起来就像煎饼。”

“爸爸对妈妈说，‘由他去吧’。”

第7章

从哈萨克斯坦来的交换生

青春期的男孩

VOICE
LESSONS
FOR
PARENTS

除了我的妈妈，没人爱我。

可能她也在骗我。

——B. B. 金，《除了我的妈妈没人爱我》

VOICE
LESSONS
FOR
PARENTS

电视连续剧、电影、博客和漫画连载，都留下了男孩笨拙的足迹。从十三岁开始一直到大学入学前，他都会避开与大人的直接谈话，尤其是他的父母。从他口中自愿说出来的话题是有限的：滑板的脚跟翻转技巧，他全新自创的《部落冲突》的攻关策略，还有饶舌歌词中的宣泄与真相。要他直接回答你的问题几乎是不可能的。要理解他那些含糊又私密的笑话和俚语里的隐含意思，实在是太费力气了。即使你理解了又有什么回报呢？很可能又是另一个借口或拒绝，不过是一个从紧闭的房门后甩来的惯常掩饰或者明显的谎言。

这种刻板印象也许看起来很讽刺，但却有着科学根据：那就是正常孩童发育的神经生物学。男孩开始长高后，他对父母的尊敬就开始缩水。以前是世界上最好的爸爸，如今怎么变成了一个不讲理的暴君？而世界上最好的妈妈，也变成了一个烦人的唠叨者。他不懂。但他确实懂得怎么从父母的纠缠下找到他的避难所。一进屋子就只在冰箱前短暂停留一下，然后就躲进了他安全的房间里。不用担心遭受在众人面前忽然有生理反应的尴尬……可以尽情躺在最爱的床上欣赏着老旧破损的星球大战模型，还有耳机！电子游戏天堂！他的吉他！隐私，解压。啊……

青春期男孩的沉默和神秘行为使得父母只好用想象力去填补孩子生活的空白。新闻媒体的报道戳中了父母的恐惧，因为新闻暗示着每个青春期男孩只要一遭受挫折，就会开枪扫射同学，面临性侵犯的指控，或者沉迷网络游戏直到大脑部分劳损或者债台高筑。外部各种嘈杂的信息与隐藏在父母内心之中的绝望联系了起来。他们伤心欲绝，觉得自己失去了以前那个珍宝一般的小男孩，怀念以前他要求父母躺在自己身边直到入睡，想念那个央求父母再读一个睡前故事、听自己讲世界上最好笑的笑话的小男孩。那个小男孩已经消失了，取而代之的是一位内心设防、冷淡粗野的小伙子，每当你靠近他想来个拥抱时，却只换来他的避之唯恐不及和嗤之以鼻。

从男孩成长为一名冷静而慷慨的青年人，你的儿子必须经过一番沉默寡言的阶段。他正在扩大他的阵营，他招揽了一群最爱的同学、队友、新的成人偶像，也许还有一个女朋友。如果你不把他的粗野无礼看作人身攻击，和青春期的儿子聊天可能会比与其他任何人聊天更加有趣和更有启发。但是要遵循某些规矩和条件。妈妈和爸爸跟青春期儿子聊天的学问也大有不同。我们一起来看看。

我那紧张而唠叨的妈妈

对于一个处在青春期的男孩来说，自控力是一种有限的资源，他的注意力在晚饭前就用光了。一天下来，他灵巧地穿梭在一系列需要不断变换模式的复杂规矩当中：他尊敬地和老师们打招呼；在他的小伙伴前面，他要决定如何精确地在他的话中融入一些自夸、友爱和幽默，来巩固他在团体中的地位；他全神贯注地聆听乐团的指挥、游泳教练或辅导员细致而关键的指示。放学回家时，他感到身心俱疲。但是等等，好像有谁潜伏在他的房门外？不就是那个叫妈妈的女人吗？她热切地想听我今天在学校里经历的一切：“你回来了！你觉得你在社会学测验中发挥得怎么样？你决定要去那个音乐剧试演了吗？周六的见面你准备好了没有？”

男孩知道回避这些对话是明智的，因为他最诚实的回答（“不知道。还没有。还没呢。”）不仅会使妈妈失望，还会引起她的疑心。然后妈妈就会告诉爸爸，然后爸爸就会理解成这是战斗的信号。因此男孩只好含糊过去，或假装他在睡觉，或尝试用最少的词来拖延："晚一些再说，妈妈，作业好多。"

青春期的男孩会疏远妈妈，因为她是女性。她有乳房，当她拥抱他时，或者附身看他做作业时，他会感受到。因为他无法预测他的身体会有什么反应，所以最好还是和她保持安全距离。

但事情远比荷尔蒙要更复杂得多。妈妈本能地保护子女的天性—— 一种天生的、可以理解的冲动——会引导她从男孩告诉她的情况中寻找危险的信号，而不仅仅是表达旁观者的好奇。男孩们知道，要是他们对生物课组织的即将到来的自然保护区过夜之旅表示兴奋的话，注意力不集中的爸爸可能会回应："真棒哦！"而妈妈则会说："不错啊"，接着就抛出一大串问题，问天气如何、蚊子多不多、该穿什么衣服、带什么食物，还有学校会用什么车载学生过去。作为母亲，你也许很难把语气中的担心收起来，哪怕你小心翼翼地选择措辞。如果你想说服你的儿子，让他相信跟你聊天是安全的，你需要慢慢把自己从那些习惯中解放出来。

在青春期男孩的成长过程中，他期望妈妈的付出和爱心是他能信赖的。这说来容易，但也许需要妈妈回忆起自己生命中遭受过的被男性伤害的经历：小时候被兄弟欺负，父母对此视而不见；父亲的缺席造成的情感缺陷；童年阶段或如今的工作环境中缺少强壮而仁慈的男性带来的不安全感等。对个人经历的回顾和反省能使妈妈保护儿子免受自己对男性偏见的影响。这也降低了她在无意识间把儿子当作替罪羊来满足自己复仇心理的概率。

当和儿子聊天时，别一开始就向他抛出一堆问题或说个不停。给他一些热身时间。轻松的表情、友好的凝视，都能释放出简单的非语言信息：我很高兴见到你。提供食物，而不是问他是否想吃点什么，就能击垮他的防备。要把谈话继续下去，懂得他给出的提示是很重要的，适当地表现出你对他目前热衷的事物或相信的观点很着迷。我们来看看妈妈去超市前问儿子需要买什么，一名十六岁的男孩交给妈妈的购物清单：

- 西兰花和花椰菜，有机的，本地种植的
- 有机杏仁牛奶，只要无糖的
- 腰果黄油，未加工的，有机的
- 牛肉——用草料喂养的

过后这位妈妈对我说起这件事，她说："你相信吗？从什么时候开始这孩子吃得那么纯净了？前天晚上他还从路边摊买来墨西哥玉米肉卷狼吞虎咽呢。'草料喂养的牛肉'比普通牛肉贵两倍呢！"虽然妈妈觉得很奇葩，但如果你能控制自己翻白眼的冲动，你还是可以认真地去探索这份清单带出的信息。为什么要草料喂养的牛肉？是与环境的可持续发展有关系吗？还是味道好一些？还是因为比起那些被圈养起来吃饲料的牛，吃草的牛得到的照料更加人道。男孩的回答会告诉你他最近的心情，你的问题则会让他相信你觉得他的观点是有价值的。

有两种方式你可以利用来和孩子展开对话。一个是随机的：当他在厨房里游荡，而你在做饭，你可以说："我需要你帮忙来切菜。谢谢！"要是他忘记了你更喜欢把胡萝卜斜着切成统一的大小，最好别提出来。另一个是有意的："我们有两个耙子，菜园里的菜很多都可以收割了，我们去弄点菜吧。"或者，"毛巾需要叠一下。""帮我决定一下哪些杂志该扔掉，哪些该保留。"当你们一起并肩干活，他会开始说话。你就聆听，偶尔表达几声感兴趣的"嗯哼"，或者问一个直接与他说的事情有关的问题（但别又绕到聊他生活中你正担心的某方面去）。

作为家庭的一员，无论他多么勤奋好学或有天赋，没有任何小孩可以免除对家庭作出贡献的责任。你的儿子需要承担起部分家务，当他做家务时，你也可以在旁边，做你自己的事情——不拷问他的生活，而是发表一些与他无关的泛泛的意见，例如最近的新闻或者当地的某些八卦。哪怕他戴着耳机，只要你坐在屋子里，就足够干扰他耳机里的声浪，并吸引他摘下耳机对你的观点发表自己的评论。

有一件事我会提醒妈妈们，就是别要求青春期的儿子给你过多关于科技产品的技术支持。对于一些孩子还小的家长，我会问："在你们与孩子的对话中，唠叨、责骂和提醒占的比例是多少？" 对于一些儿子进入了青春期的家长，我会问在亲子之间的对话中，有多少是父母要求儿子教他们如何使用手机等设备的。要是问得太频繁，男孩们会觉得被掏空的。

身为儿子的妈妈，主要任务就是积极寻找方法，参与到儿子喜欢的话题中去，同时压抑自己本能的天性不要去担心或过度思考儿子的生活。你的焦虑有一个可靠的释放方法：找一位熟悉你儿子并且可以信任的朋友或亲戚（而不是你的伴侣）。另一位同样关心儿子的人会让你获得全新的视角，也许足够让你睡个好觉了。

我那古怪的、爱批评人的爸爸

青春期的男孩会疏远他们的爸爸，因为在他们看来，噢，爸爸真的变了好多。五岁的时候，男孩把爸爸看作英雄——高高在上，尤其当爸爸把儿子托到自己强壮的肩膀上时。能在爸爸身边已经是一种荣幸了！和爸爸一起玩大富翁游戏，一起到公园里遛狗，回家路上买甜甜圈吃，把单车绑到车顶上，再开车到湖边骑车或游泳——这一切都让男孩觉得自己充满力量和被保护着。

然而，到了九岁和十四岁之间，对爸爸的崇拜感渐渐消失。男孩和男人的自然节奏明显不同。如今，父子一起外出钓鱼的活动看起来就像是无辜的强迫性绑架——节奏慢吞吞的，甚至使人感到孤单。爸爸的音乐和电影品味，能在季后赛的时候拿到现场票的本事……啧，如今儿子的热情，就像心理学家卡尔·匹克哈特（Carl Pickhardt）描述的那样，已经投放在了“叛逆的、都市的、有冲击的”事物上。如今儿子迷上了视频网站上的DJ，他无时无刻不在骂脏话的体育教练，还有，不用说了，那就是他十九岁的表哥凯的一切，他是多么酷，多么完美啊！不像爸爸，表哥是个“真心有趣的并且能体谅人的人”。

这并不是说爸爸和青春期的儿子现在的共同兴趣减少了。与爸爸待在一起意味着儿子也许会被爸爸挑刺，因为爸爸对于所有事情的品位都过时了！不过，即使在青少年眼里爸爸的形象不再那么高大了，他还是希望得到爸爸的赞许而且害怕他的批评。

随着男孩长大，爸爸们的确倾向于对他们越来越严格。他们的出发点是好的，他们要确保男孩有能力在这个世界上照顾自己。但爸爸们有时忽略了年轻人站着的这片土地已经发生了翻天覆地的变化（而且还在不断地变化）。如果按照美国文化的方式，要求每一代人都要超越前一代人，这些男孩要拿什么来超越他们的父辈呢？爸爸们只知道自己成功的道路，以为这也是给儿子最可靠的道路，然而这条道路可能已经不复存在了，至少已经不再是他们能辨认出来的了。家长们不了解新经济，而爸爸们也不一定能搞懂如何给大学申请的简历贴金。儿子知道，但同时他们也拿自己和爸爸比较，心里在想，我怎么才能让他为我感到骄傲呢？这样给他们造成了巨大的困境，而男孩最简单的回应方法就是逃避。

爸爸该如何与这些既容易受伤又带着刺的年轻人沟通呢？通过他们一直做得最好的事情：带儿子外出一起消磨时光。许多爸爸在儿子年幼时喜欢和他们嘻哈打闹，却没有意识到与青少年时期的儿子分享闲暇时光对于维持亲子关系也同样重要。给过去一起消磨时光的乐趣加入一点新鲜感：也许在儿子生日时给他买一辆定速自行车，父子俩可以一起去骑单车，而儿子也会因为掌握了一项新技能而变得更酷。如果你用双橇

随着男孩长大，爸爸们的确倾向于对他们越来越严格。他们的出发点是好的，他们要确保男孩有能力在这个世界上照顾自己。但爸爸们有时忽略了年轻人站着的这片土地已经发生了翻天覆地的变化。

滑雪而你的儿子是玩单板的，那就去找一个你们两个人都能玩的坡道一起去享受。

在家的时候，你可以陪他一起看他最喜欢的电视节目，并通过节目延伸到剧中人的智慧、情节的惊险和情感的体验上去。点两份比萨。听仔细了，我可不是要你每天都这样做，但创造共同的体验能带给你们一些新的共同记忆和只有你们俩才明白的笑话——你找到了儿子真正感兴趣的话题。这些活动都要求你投入信念和时间，因为它们都不是爸爸惯常解决问题的模式。

那些害怕再也赢不回儿子的尊重和敬仰的爸爸们，可以从马克·吐温（Mark Twain）的名言中获得安慰："当我还是一名十四岁的孩子的时候，我的爸爸愚昧无知，我几乎无法忍受待在那老头身边。而当我到了二十一岁时，我惊讶地发现他这七年来学到了这么多东西。"

青少年对话手册

要为展开和青少年的对话做好准备，在内心先打一份简明的草稿是非常有帮助的：我准备和这位来自国外的学生对话。他看起来充满自信，但其实对异国的环境一无所知。他身上充满着用不完的活力和热情！但是别把他的个头和他的情商与成熟度搞混。

与青少年交流最有效的方法是保持简明和直接。他们不能忍受说教或长篇累牍的说明。话要说得简练，但别太直白：你可以保持直接，但要有技巧。幽默可以缓和气氛，但别拿儿子本人来说笑。即使儿子小时候，你们父子俩都爱插科打诨，这已经为他日后与朋友的沟通埋下了伏笔。但在这个阶段，他变得太敏感了，几乎不会和父母发生情感上的剧烈冲突。来自妈妈或爸爸的挖苦揶揄可能会让儿子内心感到羞愧和难受。

睾酮正在左右你儿子的情绪和欲望。身体发生的变化使他紧张——一夜之间长高拔个儿了，声音也变粗了，又或者几个月来什么变化都没有，个头一寸都没长。内在情绪被强烈搅动着但又必须隐藏起来，眼泪也要咽回去。好的一面是，和他小时候你必须大声地与他面对面说话不一样，在这个人生的新时期，他有着出色的听觉，也变得能言善道起来。面对你的“这只是一个简单的问题，你干吗不回答！”他毫无反应，并不意味着他没听到或者不懂你的意思，而是意味着他正在思考或者不愿意回答。因此，正如青少年常说的，你没必要凶他。

要有心理准备你会妒忌。过去你是他的英雄，现在你的儿子向别人寻求启迪了。他能够吸引前辈贵人的关注，有力地预示着他未来有可能在外面的世界取得成功，因此你该默默地给他鼓励，而不是去怀疑他最喜欢的老师、教练、学长或新女友身上有什么令人神魂颠倒的特质。

对儿子说话要公开坦诚，但别太频繁地说起自己过往的过错或身上的小毛病。把这些轶事轻描淡写地带过去，要接受没有人能躲得过做蠢事、犯错误或遇上尴尬的事这个现实。

要留心儿子向你坦诚分享的信息。如果儿子开始说话，就把手机放下，把椅子从电脑前转过来。让他继续说下去，直到他来结束这次对话。如果他身上负能量强烈——抱怨着学校里的恶霸，不公平的学分制度，或者老师的任人唯亲——把它当作一种赞美。家里是个欢迎吐苦水的地方。如果他说的事情无聊又冗长或缺乏吸引力，聆听，聆听，再聆听，然后再问他问题，既表示出你的热情，也不着痕迹地向他示范如何概括一个故事。

家长：“你说你要成为一名 DJ？”

儿子：“我具备一切条件！贾斯珀在苏菲的生日派对上当 DJ 还赚了钱，而他就只是播放了五个小时的音乐而已。”

家长：“而你有四天的时间呢！”

别用理由或证据来推翻他无知的观点，以及那些夸张的言论或扭曲的概念。别把你的人生规划或价值观强加到某个相关话题上。要提醒自己，今天这样愚蠢或愤怒的话题只是个基础，日后如果你证明了自己是一个可靠的人生旅伴的话，这些话题会进化成为认真的情感交流和观点分享。而这需要时间和耐性。

在和你青春期的儿子聊天时，谨记以下事项：

语气和声调

温柔的语气能够让人感到平静，给人安慰，还能够传达敬意，即使你的话里带着必要的责备。尝试温柔地重复你说的话而不是大声凶孩子。或者重新评估你的问题或观点的重要性，就让它过去吧。

如果你的儿子语气轻蔑，你要忍住别以牙还牙。尽管他看起来不可一世，他的自负其实是极其脆弱的。如果你使用挖苦的语气，可能会正好刺激了他正在苦苦对抗的自嘲，因为他今天早上起来发现自己脸上的痤疮又爆发了，或者是发现自己是全年级第二矮的男生，或者是棒球队落选失望极了。礼貌的语气，可以表达你的尊重，也可以培养他的自尊心。

如果他没有履行责任或遵守诺言，尝试别用愤怒或厌恶的语气说话。简单地说：

> “我们说好的，如果你的成绩稳定，我就不会管你的功课。现在你的成绩下降了，所以现在我要检查你的时间都是怎么度过的。”
>
> “你觉得身体不舒服，我很遗憾，但是你仍然需要把垃圾拿出去倒掉。”

当他谈论自己的感受时，用一种接受他又稍稍带有质疑的试探性语气："听起来你对卡特很失望？"但要小心，你可能理解错，不过如果你是对的，他会更加难受。如果他否认，接受他的说法就可以："我不在现场，所以我也搞不清细节。我相信你比我了解得更清楚。"

语速

放慢语速，否则你脑袋转得飞快的儿子会以为他在和你辩论。在他的询问、攻击或请求以及你的反应之间加入短暂停顿。这会给你时间去反省，哪怕只有一百万分之一秒。当你没有耐性的儿子要求："我现在就要知道答案！"你要提醒自己你有再去衡量的权利。

面部表情

小男孩总是忙着四下闹腾或者专注手中的电子游戏，没心思去打量父母的面容，而青春期的男孩已经拥有了这种神秘的能力，哪怕隔着墙也能读出你的非语言信息。如果你说话时儿子离你够近，足以看到你的皱眉或傻笑，哪怕这些表情仅仅在他视觉范围的边缘闪过，他都能捕捉到。有时候你会想仅仅用一个表情去沟通就足够了。另一些时候，像谨慎选择言辞一样去练习慎重控制你的面部表情吧。

身体语言

妈妈们：你和他说话时，简单而热情地在他的背后、手臂或头上一拍（按照他对这样的身体接触的接受能力去调校你的力度）也是可以接受的。此外，保持一种互相尊重的肢体距离。别往他身上挤或者一起坐在沙发上时尝试紧贴着对方。

而爸爸们呢，有时候你要紧紧抱着他。想想足球比赛中球员们庆祝胜利时自发的身体语言：熊抱，拍臀，兴致勃勃地高声呼喊，这些优雅的男士失去了平日的风度，把伙伴压倒再人叠人地欢乐围抱一团。如果你和儿子在运动中一起创造了个人最高纪录——“爸爸！我们真的在三个小时之内就爬完了这座山！”——你可以尽情放肆，放声大叫和激情拥抱。如果在庆祝的欢腾中他还是怯于过度亲密的肢体接触，你就继续保持欢呼喊叫，和他来几个热情的击掌吧。

时机

如果对话很重要，而且有可能比较棘手，那就选一个儿子不觉得饿或者困的时刻和他谈话。许多人早上一起来后还没在状态，早上要上学的男孩子尤其如此。要是谈一些他必须牢记的事情，最佳时机要根据你儿子的睡眠习惯和生物钟来确定。留意他什么时候最心平气和及精神抖擞，再根据这些时机开展你们的对话。

场合

许多男孩更愿意在你和他并排坐着的时候或一起做些体力活动的时候跟你聊，而不是在面对面需要长时间眼神接触的情况下聊。他们更愿意在以下场合聆听或分享想法：开车、散步、在体育场的露天看台等待比赛、等待电影开场、一起做饭、和宠物狗一起玩抓物游戏，或在他调暗灯光的房间。把灯光调暗或者关灯可以给少年们提供一道保护的屏障，让父母看不清楚他们脸上的细微变化：他是流泪了吗？他脸上有轻蔑的表情吗？那些自尊心强的孩子，担心自己身材不匀称、发型不好或脸上有痤疮的，同样会觉得受到了保护。

有什么话不能对一名青少年说

“你在里面那么久干吗？还关着门？”

“你为什么不说点什么？”

“西蒙和杰克考了多少分？”

“你有什么毛病啊？”

“你刚才在想什么呀？”

“泰勒的妈妈是怎样的人？”追问他们的朋友或朋友家人的问题会引起他们怀疑：你为什么需要知道？你不相信他交友的眼光吗？

“看看当你全身心投入时，你能做些什么？”

“你太棒了！你太有天赋了！”男孩心里的动力具有两面性，告诉他在哪方面有天赋，很可能反而会毁掉他的信心，因为他天生怀疑自己，甚至会引起他的叛逆。

“我真不敢相信你喜欢这支乐队！他们毫无才华。”别贬低他的品位。这等于批评他的朋友，也等于批评他本人。不过你可以用一种好心的语气去说：“我必须承认，我还不懂如何欣赏这种音乐。”这样说把责任放到了你身上，让你的儿子好过些，因为你承认了他现在变得神秘莫测，与你不同了。

“我们得谈一谈。”这句话让你的儿子想马上退缩或发抖。当你想对他说一些新的规矩或一些负面的反馈时，直接说出来吧，越简洁越好。

有什么话要对青少年说

要像谈生意一样专业和利落

当谈到责任时，问他关于功课的问题时，或讨论生活杂事时，用坦率而且像专业人士一样的态度最好。避免恳求、拷问或者翻来覆去地提醒他答应过什么事。别感情用事！跟他讨价还价一番，在合适的时候给他选择。真诚热切地问他:“你有什么打算?”

要直截了当

当你儿子的身体已经开始背叛他时(脸上的痤疮、生理反应还有变粗的声线),他变得有些抓狂也是可以理解的。青春期的男孩通常都会怀疑他们的父母别有企图。用一种简洁、直接又充满真诚的态度去沟通,表明你已经照顾到他的幼稚和疑心了。

要放松,称赞他的话要详细具体

要把他的尴尬减少到最低,要学会漫不经心地给他正面的评价:“今天在球场上发挥得不错。”还有真诚和明确地表达你的谢意:“派对后,你和你的朋友真的把家里打扫得特别干净整洁!”

要表达赞同

找机会说:

“没问题。”
“对啊。”
“必需的啊。”
“当然,你选日期吧。”
“谢谢你,先生。”
“好主意。我可没想到。”

帮助他扩展关于感受的词汇

像你在他小的时候做的那样,当他谈起自己的感受时,向他复述你对他经历的理解,在伤心、疯狂和开心这些基本感受上扩展开来:“听起来你松了一口气……觉得很骄傲……感激……迷惑……感到被遗弃了……沮丧。”少年们明显是知道这些词的定义的，但他们仍然需要一些细微的指引来把它们和具体情绪联系起来。

让他知道你有多珍视他以及和他一起度过的时光。

在男性文化中，表达爱意是不常见的，但这是事实，尽管对他说：“我爱你。”还有：

> “我是多么幸运才能有你做我的儿子啊！”
> “你饿了吗？我给你做点什么吃的吧？”
> “欢迎你的朋友们留下来吃晚饭。”

每天从一句“早安”问候和微笑开始

哪怕他在生气或闷闷不乐，也给他一个温暖的致意，或者拍拍他的肩膀，或抓一把他蓬松的头发（在他整理好发型之前）。

让他知道一整天你的心里都惦记着他

对你的儿子说：“今天……的时候，我就想到你了。”接着说一些你知道他会喜欢的东西。这其实是写给任何性别、任何年龄的孩子的爱意之书。

在青春期男孩心中积累善意

青春期男孩最重视的就是尊重——尊重他的隐私，他的能力，他表达的观点和成长的痛苦。寻找不同的方法来表达你对他的尊重，那么你在善意银行的存款就会稳步增长。

敲他的房门，在得到他的允许前别进去。

对于所有青少年来说，这是最好的善意。同样的，他也学会尊重你关起的房门。

信任他。

“我碰到了露易丝，她问我这个周末她不在家的时候你能否帮她遛狗，喂它吃东西。她会付钱给你。她在餐桌上留下了具体说明，钥匙就在后门的门垫下面。这是她的号码。给她打个电话，告诉她你是否有空。”

让他高谈阔论去吧，别打断他。

你并不是寻找真相的记者或者警察。把“话痨”这个词从你脑海里删除掉吧。试着把无害的胡扯和那些为了掩饰严重错误而说的谎言区分开来。过后再向他说明就好。

别把他在公众场合对你的冷漠放在心上。

如果你走在街上碰到他，而他装作不认识你，你可别觉得是被他抛弃了。他正在锻炼他的独立性。等到你俩都回家了，别跟他提起这件事，你的得分就更高了。

养条狗。但别要他帮忙照顾。

对于男孩来说，狗是父母的反面。它们不说话，也不吵闹。你揉揉它们的肚子，它们就已经很快乐了。它们的耳朵摸起来毛茸茸的，你爱怎么摸它们就怎么摸（你小时候不能像这样摸妈妈的头发）。你可以把你的烦恼对狗狗诉说，它们只会舔舔你，不给你任何建议。你可以与狗狗一起散步，不会觉得不自然，就好像自己一个人在走，没有朋友在旁。你们可以去公园或其他地方，那里的人们大多只会盯着你的狗狗看，不会问你读几年级了或准备考哪所大学。

为什么照顾狗狗不应该成为儿子家务的一部分呢？他小一些的时候有尽责帮忙照顾的呀。因为对于青少年来说，狗和猫可以是抗压良方，也是最有效且廉价有趣的心灵治愈品。没有别的比它们的效果更好的了。当照顾宠物成为了责任时，他们就可能因此逃避。

要灵活处事

要求儿子的绝对服从会招致他的反叛。要是他能做到大致的礼貌与合作，你就要接受。要记住，即使他比你高一个头，他在成人的世界里也还只是初来乍到。因此，如果他没留意到油箱空了，就放过他的第一次疏忽吧。

第 8 章

远道而来的侄女

青春期的女孩

VOICE
LESSONS
FOR
PARENTS

通向成功的道路并非笔直，

而是充满了无法预测的蜿蜒。

——玛德琳·莱文，《给孩子金钱买不到的富足》

VOICE
LESSONS
FOR
PARENTS

如果说试着和你青春期的儿子谈话，感觉就像是在玩全世界最令人沮丧的游戏，但至少他不会把你逼到墙角。许多青春期的女孩却能制造针对父母的（大部分是针对母亲的）语言风暴。女儿也许会骂你、侮辱你，把你定下的规矩看作是对人权的侵犯，但至少，她愿意跟你说话。这起码让你有个地方下手。

当爸妈可爱的宝贝女儿进入青春期，父母都感到寂寞和难过，和看着儿子长大了的心情一样。但对于女儿，父母往往还多一份担忧，害怕等待着她的是各种潜在的危险，尤其是性侵犯或人身伤害。青春期少女的父母经常在与女儿的争执和权力争斗后感到怒不可遏，或伤心欲绝，或不知所措。但有远见的家长会鼓励女孩学会独立，让女儿学着从父母身边挣脱出来的时候少一些摩擦。通过练习，你可以摆脱亲子间戏剧化的冲突，用你的理智与幽默，带着远大但无须完美的期望陪伴在她身边。

我的妈妈？我的姐妹？我的友敌？

女儿放学回家，她并非直奔自己的房间。通常，她会停下来把她一天发生的事情一股脑向妈妈述说。无论是隔着餐桌的双眼对视，或者一同盯着一部手机，妈妈和女儿黏在一起反反复复地评论其他女孩的长相、成绩和受欢迎程度。青春期的女孩比起男孩更容易被惹怒。男孩可能会为自己的长相和体重而烦恼，但他们同样想得开——“我球打得好”或者“我的乐队一定会红的”。我就知道！男孩不像他们的姐妹那样容易为

B+ 或 A- 的分数差异而痛苦，或者得知艾丽没请自己去她的派对而觉得崩溃。而且儿子也不准备把这些告诉他们的父母。女儿，则非常喜欢分享（分享分享再分享）。和她还是个小女孩时一样，妈妈能与女儿感同身受。

杰出的儿童成长心理学家和青春期脆弱性及韧性研究者苏妮娅·卢瑟（Suniya Luthar）发现，在所有家长中，那些有中学女儿的妈妈们是最不快乐的。"妈妈基本上是孩子难过时的'第一反应者'，"她写道，"现在她们必须弄清楚怎样才能给子女提供最好的安慰和鼓励，因为老套的方法——拥抱、充满爱意的话和睡前故事——已经不管用了。"安慰一个青春期的少女需要一颗敏感的心以及前所未有的耐心。没有可靠固定的公式可以依循，因为女孩们太反复无常了。你需要不断试验。谁能坚持下来，谁才能获得满意的结果，卢瑟表示："我们的数据清晰表明，孩子已经长大成人的母亲最快乐。"[48] 这说的就是延迟满足。

这么多年来，我看到一种令人不安的趋势：那些曾经乐于奉献自我并充满洞见的妈妈，在女儿进入青春期之后，就开始放手不管了。如今，母女关系中悄悄混入一些姐妹元素已经是很常见的情况了，女孩的角色既像妈妈的对手，又像妈妈的伙伴。有些妈妈放下身段，力求在女儿的闺蜜圈子里变得受欢迎，希望再次感受一些青春的活力和美丽，听听青少年中流行的笑话和八卦。但很少有女儿欢迎这样像大姐姐一样的妈妈。

如今，越来越大的升学压力，进一步扰乱了青春期少女的独立之路。因为女孩缺乏男孩转头甩门和逃避的能力，她们被迫和妈妈协作，但这会使情况变得更加糟糕。母女俩就像同负一轭、辛苦劳作的两头牛，而女儿带着怒气的批评和充满敌意的话语——这些都是她学习独立的自然表达——也许在妈妈听来是一种严重的背叛。在这样火热的背景下，妈妈和青春期女儿由来已久的棘手关系就变得更加不稳定了。

爸爸和女儿

青春期少女的爸爸面临着两个方面的挑战：一是忍受女儿进入青春期后的疏远；二是在女儿的妈妈几乎完全融入女儿生活的情况下，找到办法与女儿保持联系。母女俩的亲密联盟经常让爸爸觉得自己被推开了，哪怕母女俩之间是又爱又恨。妈妈知道女儿学习进度的一点一滴，因为她每天都上学校的主页看一看，爸爸几乎都不知道学校的主页网址是什么。妈妈花几个小时一边和女儿购物，一边交流着她社交生活里的细节，爸爸连女儿换了几拨朋友都不清楚。（这些情况是我这些年沟通过的数千家庭的缩影。这里我指的并不是性别，只是想说明家长在子女教养上角色不同和责任的差别。）

在与妈妈的较量中失去大部分城池的爸爸感到无比失落。在青春期前，他的女儿是他的小伴侣，就像个假小子，哪怕她穿着芭蕾舞裙戴着小皇冠。他们一起出去玩，去看球赛，去溜冰，去逛家具店。他们可以沿着超市里的试吃小摊一路走下去，尝遍所有的样品。她会坐到他的大腿上，牵着他的手，或者趴在他的肩膀上一起看杂志。随着她的样貌和声线都变得越来越像女人，举止变得泼辣，说话噼里啪啦带着各种俚语，或是交了男朋友，爸爸很容易会觉得自己被刷了下来，或者感到尴尬。但是，虽然她也许不会承认，青春期的少女需要她的爸爸。

要和女儿保持联系，从她生活里丰富的活动中挑选一些共同参与，尤其是那些妈妈不反对但却不愿意和女儿一起去做的事情：例如看恐怖电影，参加音乐节，去美食车或冰激凌店买零食，去溜冰场等。你俩可以一起报个吉他班或网球班。即使女儿十二岁了，爸爸一贯找乐大王的形象也可以继续维持下去。他只需要稍稍调查一下女儿的新兴趣在哪方面。

爸爸忽略了青春期女儿的学业或社交上的细节并非一种缺点。事实上，这恰恰是个优势。在爸爸身边，女孩感觉不到被监视，会觉得更加自由。她可以学习到享受一位珍惜并尊重她的男士的陪伴是什么滋味。这是所有女人自尊心形成的基础。这也是为什么单亲妈妈需要找一位值得信任的男性（兄弟、叔叔、外公、家族的朋友）来填补少女生命中的这个角色。

正如妈妈对儿子做的那样，当女儿回到家或放学时爬进车里，爸爸也应该马上打起精神来。眼神可以传递爱意和赞许，记得展露笑容，还有一句温暖的“你好啊，亲爱的”，这些都可以成为她每天可靠的期盼。我在来访的家庭中发现，爸爸有时候会退缩，甚至停止与女儿谈话，因为他们害怕她们。爸爸不像妈妈那样愿意打听私人的话题（“你和康纳上床了吗？”），爸爸会保持沉默。讽刺的是，爸爸的沉默（身体或情感上的缺席）正是导致许多年轻女孩过早发生性行为的原因之一，她们紧紧抓住我所称的“泰迪熊男友”—— 一个温暖的身躯，填补了爸爸离开的空缺。

在健康的父女关系中，妈妈的角色是后退一步，而不是非要管到每一个细节，如果事情（尤其是用餐）没有按她的预期发展，她也不会批评。有洞察力的妈妈会把话语权交给爸爸，然后好好利用这段休息时间。潇洒自信的妈妈会鼓励爸爸带女儿去参观大学，并相信他们回来后爸爸报告的情况。

社交媒体的难缠网络

女孩在青春期时，受到手机的影响几乎和受到父母的影响一样大。她们每天都沉迷社交网络，迫切关注点赞、粉丝数和阅读转发量。女孩脑中理智的部分知道她应该合理看待这些数字，但感性的部分却太过于看重它们。社交媒体触发了女孩心中的妒忌和不安全感，完美地配合了青春期少女的神经发育特点。每一分钟，她都在估量着自己的价值，预测着自己的未来。妈妈和女儿一同担心的事情，都被她在网络中留下的足迹放大了。

精神病学家拉敏·莫杰塔拜（Ramin Mojtabai）和约翰斯霍普金斯大学彭博公共卫生学院的研究人员发现，在 2005 至 2014 年间，青少年抑郁症患病率大幅度增长，尤其在 2011 年增长显著。女孩比男孩患抑郁症的人数更多。传统上与抑郁症有关的因素——社会人口方面的因素、家庭内部氛围和药物滥用——并不能解释这种增长。值得留意的是：Snapchat 和 Instagram 等图片分享社交平台都是 2011 年在 iOS（iPhone）平台上发布的。这项研究的作者并没有评论其中的联系，但引用了他们在以前研究中留意到的情况："近年来，青春期的女孩也许更容易受到引发抑郁症的因素的影响……青少年的手机使用情况和他们抑郁情绪的产生有关。"[49]

父母的关爱可以冲淡一些社交媒体带来的负面影响。你的以身作则可以创造出最不同的结果，所以，当你和青少年面对面交谈时，把手机调成静音吧。你没必要秒回每条信息或者每当忘记某个名人的名字就上网搜索。你从小也没有在与人交谈时要看手机的习惯——向孩子示范怎么做到这些吧！让他们惊叹你只依靠自己的思维和记忆就能去谈天说地讲笑话的能力吧。

教青少年认识科技产品对大脑产生的影响，也许能帮助他们认识到为什么他们的情绪会变化得那么激烈，为什么一个点赞就可以左右他们的心情。关于这个问题的研究越来越多，其关键点是，"点赞"所刺激的脑部区域，和赢得金钱或者吃巧克力时受刺激的区域一样[50]。没有必要拿科技产品成瘾的问题对孩子说教一番，简单地在谈话间提及相关研究的发现，这样他们就可以在全新的背景知识下看待自己对于社交媒体的反应。

青春期女孩对话手册

和青春期女孩谈话，首先你要在心中与自己来一场安静的对话：我要假设这位活泼的年轻女孩不是我的女儿，而是远道而来的侄女。看她身上散发出来的热情啊！她的朋友是多么欣赏她，她的个人风格太赞了，她也能很快变换新的风格。要对她说的事情发表意见，至少多等一天吧。然后你再开始和她聊起来，并记住以下的指引：

语气和音调

避免学婴儿的声线说话或者发牢骚，青春期少女最烦这一点。即使她在凶你，你也别凶回去。除此以外，一般的规矩也通用。还有一个警告：你不能赢过她。如果你的声音平静而稳定，她会说："妈妈，你用这种虚伪的僵尸声音说话是什么意思？"她会挑剔你的用词，你的发音，你问问题的方式。别上她的当，控制你的语气，但无论如何你都会感觉如履薄冰。尽你最大的能力忽略她的针锋相对。而且，别担心，除对你以外，她是不会这样对她的老师或朋友说话的。

面部表情

试着练习一种亲切而中立的"放松的表情"，但也要承认也许这没多大用处。青春期女孩对面部表情的反应高度敏感，和青春期男孩是一样的，但不同的是，少女们会质疑你，而不是逃避（"你脸上为什么这副表情？妈妈，我看得见你的。你怎么了？"）

语速

和小女孩一样，青春期少女说话飞快，为自己的理由辩护时热情高涨。当她说话越来越快时，你要有意识地提醒自己别被她的语速带快。保持你平稳的语速。你可能会发现，一些细微的深呼吸练习能帮你抵消在听她紧张兮兮的独白时本能的紧张感，让你从容应对。

时机

当她匆匆忙忙从家里往外跑，或是被某件事迷住了，或是和朋友斗气，又或是刚刚被伤了心的时候，你可别想在这个时候跟她来一场重要的谈话。但是，她有什么时候是不被某些急事缠住的呢？女生们不是在发短信就是在视频聊天或者在社交应用上交流，看起来她似乎没有空当。那你就要找她完全放松的时候，或者没有在为某些事情赶时间的时机。然后在谈话时让她把手机调成静音。

场合

当她为旅行打包时，到她的房间里陪着她，但别出声给哪怕一条建议，除非是她主动问你意见。看着她贴假眼睫毛或是给新买的马丁靴换鞋带（别问她为什么，为什么呢？）。要习惯开展分段式的小型对话，只要能填满从街上的 A 店走到 B 店的距离就好（她还记忆犹新，能接得上上一次的话题）。心里要默念我们的大原则，这是我的远房侄女，这是我的远房侄女，然后再找出她为什么沉迷某样东西（或任何东西）。

要避免容易触发冲突的场合，例如，她正在她的房间里，一副“休闲放松”的状态，而你却衣冠楚楚地要来正式的谈话。你看到她把央求你买的只能干洗的昂贵裙子随便扔到地上，上面还压着一只沾满泥巴的靴子，或者她的床头柜上，放着两包打开了的薯片，这些场合都会引诱你开启难堪的争吵模式。相反，你该去找一些中性的场合。

青春期少女是一个复杂的综合体。

她是一个复杂的综合体

与青春期少女开展互相尊重、有启发又充满爱心的对话的机会很稀少，但也绝不是不会发生，当你碰上了这样的对话机会就真的值得庆祝了。通常情况下，引用一位来访家长所说的话，你都是在忙于与“天使版和恶魔版的丽莎”较劲。当下这一分钟她也许会对你大发雷霆，出言不逊，火力全开地用混合了有道理的论点以及荒谬胡扯的话语来和你争论：

“不！公！平！亚历山大像我这么大的时候都可以到了午夜还不睡。我不管他是不是在照看孩子。表上说几点就是几点。”

“你定这些严厉又奇葩的规矩，是因为你这个人本身有很多问题。每个人都看得出来。大家每时每刻都在说你。”

“你累了？你为什么这么累？你今天做了什么啊？你不就是上个班，做些好玩的事情吗？我今天可是上了我那个虐待狂排球教练的体育课呢！”

“你觉得我该买那双靴子？你疯了吗？你真的是疯了。你就是个疯子。你难道没看到上面的拉链有多亮？”

五分钟后她就想坐到你的腿上或给你梳头。她会问你她的衣服好不好看，她会求你做爆米花，并和她一起看新的科幻片。珍惜这些友好的时刻吧，把它看作是女儿大学假期回家时你们会享受的亲子时光的预演。但也要继续为她随时爆发的钟摆式心情做准备。

青春期的女生就像是聪明而充满创意的律师。我听过数以百计的令人吓掉下巴的故事，下面这个是我最喜欢的。一位爸爸住在芝加哥，一天早上他要从十五岁的女儿那里拿回之前借给她的一张信用卡。他却看到了钱包里有一张得克萨斯州的驾驶证，上面有他的女儿和一名陌生人的照片，写着“年龄: 21”。他把太太叫来，叫醒女儿，把驾驶证摆到她面前，要她解释发生了什么事。女孩毫不含糊地说:“对，这是一张假证。我用来和海莉、卡丽还有利德去酒吧用的。我从来没有喝过酒！我去酒吧是因为要是我不去的话，我就会去那些毒品泛滥并且无人监管的派对。所以你们该感到高兴啊！酒吧里起码有人看管。妈妈，爸爸，我发誓，我从来没有喝过酒。”

他们把假证还给了她。

多年后，当她的爸爸对我说起这件事，他还是不敢相信当时他和太太怎么就相信了那个丫头。“不过她真的说得头头是道。”他说，语气间充满了敬佩。女儿的情况真的很复杂。

制订礼貌规矩

“她一个房间一个房间地跟着我走，还一路都在凶我。”

“她对我外貌的那些恶毒评价让我感觉自己很糟糕。我怎么就养了一头怪物呢？”

“我感觉我就是她的出气包。我现在倒是想揍她出气！”

青春期的少女对她们的妈妈很刻薄，因为她们承受了来自社会和学习上的太多压力，而妈妈是安全的出气口。这和她们还是小女孩的时候跟妈妈的相处方式没多大改变，但现在更加令人难以接受。丽莎·达莫尔（Lisa Damour）是《打开心结：引导青春期女孩走向成熟的七个转变》（*Untangled: Guiding Teenage Girls through the Seven Transitions into Adulthood*）的作者，她为这个问题提供了一个绝佳的应对方法。她把尊重和礼貌区分开来。女儿无须尊重她们的妈妈，而妈妈也无须从女儿身上获得这种感觉。女儿喜欢什么样的感觉就怎么样。但为了优先得到你的注意，必须要求她有礼貌地说话。

每个家庭对于礼貌这个词的定义都略有不同，但以下这些一般的相处规矩可以适用于双方：

- 别大声吼对方。
- 别用一些以偏概全的方式羞辱对方。（怎么判断？别用一些“你总是”或者“你从来没有”开头的句子。）
- 当对方开始说话了，别去打断。
- 即使是不同意的观点，也认真去听。

你可以把这些规矩告诉女儿，并向她解释：“在这个家里，每个人都要有礼貌地对别人说话。”而且必须做到这样。我发现一些来访的家庭的情况，通常是家长之间经常当着孩子的面不礼貌地对待或批评对方。我提醒他们，大人也许已经习惯了偶尔的脾气爆发或小摩擦，但孩子们却正在学习在人际关系中她们该抱有怎样的期待。

要是妈妈尖刻地评论爸爸对女儿说的话，也许会对女儿造成无法弥补的伤害。这是不公平的，正如当孩子更小的时候，对孩子说话时，爸爸总可以比妈妈更随意一些。我告诉妈妈们：“很遗憾，不过爸爸可以说一些取笑的话，听起来依然是充满感情和关心的。你可以说同样的话，但听起来却会伤害女儿的感情。”等到妈妈学会给予爸爸言语上的玩笑更大的宽容，那往往就预示着家里的和谐氛围上了一个新台阶。

如果你和你的伴侣之间以礼相待，对待孩子也是彬彬有礼，那你就能底气十足地要求女儿做到同样的礼貌。她无须认同你的品位、衣着风格、你问的问题，或者你做的晚饭。记住，她的所有行为都不会持久不变，也无法预测。用以下的策略来树立礼貌待人的规矩，并在你想结束谈话的时候结束谈话。

当女儿______的时候，你该说什么

表现粗鲁或刻薄

女儿朝你尖叫、诅咒或羞辱你的时候。“我知道你很不高兴，但我们这样子不是在对话。这听起来就是人身攻击，而且会毫无结果，因为我不会听你的了。等你能用一种更冷静的方法告诉我你要对我说的话，我才准备好去听。”然后就不再搭理她。别被她引诱而回击她。

向你提出一些在你看来并不合理的理由

你正在上初三的女儿对你说：“没什么好担心的。薇拉的哥哥迈尔斯准备开车载我们去科切拉音乐节。他人很好的。你不相信我吗？”你可以用以下一句或多句回答：

“我对你有很大的信心，你常常都有绝佳的判断力。只是这个场合让我不放心。”

“这也许完全没有问题，但这件事的诱惑（或者风险，或者缺乏成人的监督）令我感到有些不安心。”“目前为止还没有。但你有良好的记录，我相信你总有一天会做到的，但我现在还没准备好同意你去做。”这是一种正面强化，比说“你跟我开玩笑吧？两年后再说吧！”要好很多。

抓住一个话题不放

这种情况的结果通常是她会跟着你满屋子跑，要求你跟她继续聊下去。你可以说：“这个话题需要暂停一下，我还没想清楚。很快我会说出一些使我后悔的话。”你可以说你才思枯竭了，因为你的看法开始变得以偏

概全，而且你幻想中的惩罚本能也开始出现：她总是做着做着法语作业就睡着，这是为了惹我生气。我要她禁足一个月，我要拿走她的手机，等到圣诞节再还给她。

别批评她的风格，要提高她的自觉意识

谈到你女儿差劲的品位，包括化妆、美甲、发型或衣着，我的建议是不要评论。她正在尝试不同的身份，就像她还是小女孩的时候穿起各种装束一样。要是她的风格过于剑走偏锋，学校圈子会使她学乖的。她也许不会再问你的真心意见了，但要是她问了，而答案却是差评时，就用你曾经在小女孩身上用过的技巧吧。要不就是打妈妈的偏心牌（“你在妈妈眼中永远都那么好看”），或者笼统带过（“这种风格任何人穿我都不会喜欢”）。

穿着不讨好人，会让看的人不舒服，但对于青少年本身没什么风险。但如果是穿着暴露呢？有可能在你看来明显是挑逗的衣着（超短裙，紧身低领 T 恤下面露出从半杯胸罩里挤出来的乳沟），你女儿不觉得这有伤风化，这是时尚嘛。如果你试着用规矩束缚她，她还可以在出了门后的下个街口就换上自己喜爱的衣服。我不建议你放任她爱穿什么就穿什么，我只是在表明父母的权力是有限的。你把她赶回房间里换上保守一点的衣服时，加上一句关切语气的话也许会有些效果：“像这样短的裙子会吸引所有年龄层的男性，包括那些令人害怕的成年男性。”别期望她会感激你的洞察力。你的目标是把这个想法置入她的脑袋里，在理想的情况下，让它从一颗迟疑的小种子，开出一棵健康的自我保护意识之花。

青春期的女孩希望通过穿新潮的衣服，感受她们的性别特征带来的力量，但她们不能真正理解紧身和暴露的服装会对男孩和男人们带来什么影响。社交媒体破坏着她们对于外貌的自信，因为所有媒体都在鼓吹宣扬着

高度性感的时尚。与此同时，人们对于越来越普遍的性侵犯和损害女性权利与尊严的防范意识也在日益增强。对于一位年轻女性而言（对成年女性也是），这是很令人疑惑的。你该如何去鼓励女儿欣赏自身的女性美，同时也建立起一种不自我贬低或物化身体的个人风格呢？

一种方式就是和她谈论你自己的审美观。你喜欢谁的风格？很多电影中的女性角色可以扩大女儿对于女性和时尚的视野。你别期待今天她会认同你的品位，虽然她可能会。你是要给她能够放眼未来的眼光。

Commonsensemedia.org 有一个很棒的栏目，叫“拥有强大的女性角色的电影”，里面列出了许多经典电影和最新电影中的各种女性角色形象。和女儿一起观看这些电影吧，在强化女儿自我意识教育的同时，也别忘了享受一起看电影的乐趣。

有什么话不能对青春期的少女说

“奥莉薇亚的妈妈对我说，这个暑假她女儿要上一个大学入学面试训练营。听起来是不是很有帮助呢？”别以为拿其他青少年来作比较可以启发女儿。

“别再用上升语调来结束你的话了！”上升的语调是指句子的结尾听起来像在问问题。(“我们准备在电影院前面碰头，她取消了？那我们要改期？”）大多数女生长大后会改掉这个习惯。

“你听起来就像真人秀里那个无趣的参赛者。”那种沙哑、低沉而单调的说话语气，也叫喉化音，很多大人听来都很讨厌。而年轻人看来却不一样，觉得那样说话代表了权威和地位。

“你知道你常常说好像是，你知道的，还有那个吗？还有话的结尾常常是所以呢？”她爱用什么口头禅或俚语就随她去吧。再一次提醒，这只是暂时的。

“别再咬指甲了，别再用手指卷着头发了，别再弄发梢的分叉了……”心理学家认为，这些行为都是因为年轻人自然的旺盛精力得不到释放。被迫坐在课室里听生物课，而不是外出打猎、采集或追着小孩跑。跺跺脚，课间聊个不停，坐在椅子上向后倾摇，这些小动作都能稍稍释放一下压力。青少年需要动起来。所有这些习惯都会自然消失的。

有什么话要对青春期的少女说

称赞她的选择，而不是她的外貌。

你赞同什么，她大概就会否定什么。跟你对着干使她感觉自己很强大。如果你想称赞她，要称赞那些具体的看得见的事实，而不能只凭你的个人直觉。别说：“你穿那件夹克真好看”或者“我喜欢那对耳环”，要说：“那件夹克看起来好柔软”或者“那对耳环配你的黑头发真的很出众”。

要记住她说过的事情，问她后续如何，但别下评论或给意见。

“我知道上周的微积分课程让你感到很灰心，新的单元感觉怎么样？”

“你决定好给你的碗上哪种釉了吗？”

选择间接的方式。

要谈起令人尴尬的话题或者脆弱的感受时，先拿电影或电视里的角色做例子。别主动指出那些虚构的角色和你女儿或她身处情况的相似之处。如果是她提起了两者之间的联系或分享她的看法，小心地引导她。这些都是珍贵而亲密的时刻，你最好的贡献就是认真聆听，偶尔小声回应一下“哇，有意思”。

保持开放的态度。

“我可没有想到这一点呢”这句话很有力量，也让人很释怀。你可以示范如何去聆听，以及如何改变你的心意，说：“这点很好”或者“我没有想到会有成年的工作人员在场监督这项活动。现在听你这样说，你当然可以去了。”

在青春期少女心中积累善意

有很多可靠而且非常简单的方法可以在青春期少女的善意银行里增加你的信用。

保持谨慎。

女儿觉得和你分享那些丢人、骄傲、伤心、孤单的经历以及对朋友的爱和欣赏是很安全的——也许还会问你意见，听你的建议——前提是她们相信与妈妈和爸爸分享的事情他们会保守秘密。

养家庭宠物。别要她帮忙去照顾它。

和青春期男孩一样，宠物对于青春期的女生也有疗愈的功效。小狗或小猫永远不会批评她的体重或者在背后说她的坏话。它们给她无条件的爱，而且时常陪伴在身边。她可以抱着它，抚摸它，还可以和它一起睡觉。但是，虽然有些女孩很会照顾小动物，有些女孩则不是很热衷，有些甚至会把逃避照顾宠物看作是她们的独立宣言。因此和对待男孩一样，别要求你的女儿去照顾宠物，仅仅感激她提供的情感支持就好。

让她自己装饰自己的房间，别插手。

你没有义务给她买一间梦幻般的卧室，但如果在你的预算范围内，就放手让她自己去布置。把尽可能大的管辖权交给她，因为她总觉得自己没有什么权力。

用小礼物来给她制造惊喜

这有一定风险，因为她的品位总是变来变去，但还是值得的，尤其是当她这周过得不顺的时候。对她说："我记得在逛商场的时候你很喜欢这个。如果你不喜欢的话，也可以拿去退掉。"

要是她为你做了贴心的事情，要尽力表现出欢欣和喜悦。

当你看到她慷慨或善良的举动时，要表达出巨大的感激："亲爱的，看到你这样做我太高兴了。你今天真是帮了我的大忙呀！谢谢你——你是最好的女儿。"

第 9 章

意见人士们

和你的伴侣、前任、祖父母和外祖父母们，及“奥莉薇亚的妈妈”组队

VOICE
LESSONS
FOR
PARENTS

你的孩子通过观察你如何与这些人互动，

从而建立起对人际关系的认知——

人，就意味着不完美，充满希望，

表现卓越，又容易犯错。

要成为更好的人，这项工作永无止境。

VOICE
LESSONS
FOR
PARENTS

我们活在拥有源源不绝的资源的时代，只需在屏幕上一点就可以获得。当我们不再需要网上专家或生活中专业人员的服务时，他们会礼貌地退居二线，等待我们下一次的呼唤。但是孩子的另一位家长或者祖父母、外祖父母却不会。他们总是有意见，而且你一定会听得到。更不用说你每天在游乐场或者学校碰到的其他孩子的妈妈，她们的脸上也仿佛总是写满对你的责备。

公平地说，孩子的另一位家长，在对孩子的教养上有着和你一样的决定权。祖父母和外祖父母通常扮演疼爱和鼓励孩子的角色，他们往往不太担心孩子的成长关键期或考试成绩。而在你认识的其他母亲中，你不仅能看到出于缺乏安全感的炫耀，也能找到聪明、慷慨而忠诚的女士，她们能成为你的终生朋友。这些意见人士都属于你的核心圈子。你的孩子通过观察你如何与这些人互动，从而建立起对人际关系的认知——人，就意味着不完美，充满希望，表现卓越，又容易犯错。要成为更好的人，这项工作永无止境。

与你的伴侣谈你的孩子

在育儿过程中，妈妈和爸爸之间的互动和较量由来已久，而且几乎每十年就会更新一下。核心家庭的角色随着现代压力而不断改变，“现代家庭”的概念也有了扩展，除了一夫一妻制的家庭，还包括了由两位妈妈或两位爸爸组成的家庭，大学生毕业回家与父母同住的家庭，以及妈妈养家糊口的家庭等。虽然变化不少，大部分家庭依然是建立在一对父母的基础上之上，这就意味着有两种不同的育儿观点会以上千种不同的意见表现出来。

从婴儿到高中时代，你的孩子一直都在倾听。回想你的成长过程，你会留意到你的父母在每天工作完成后是如何向对方打招呼的，你能感觉得到他们之间的暖意或紧张，你因而感到安心或慌张。你知道你的孩子也会这样做，因此你努力做一个成熟而宽容的榜样，不管多大的怨恨或失望你都通通咽回去。要是偶尔失败了你会诅咒自己。那么，对自己有什么期望才是合理的呢？对你的伴侣呢？

我们先从成为一个成功的家长有什么是不需要的开始。在孩子的教养上，你的决定不一定要正确。正确的意思，不仅是不要和你的伴侣做比较，你自己也没必要追求，就是这样。其实，没有绝对的“正确”。所谓的完美解决方案，对于这个礼拜发生的危机也许不管用。也许对于某些家庭管用的，但未必适用于另一些家庭。星期一行得通的方法，到了星期二就未必行得通。要知道，家庭是不断进化的有机体。

在孩子面前，父母不必事事保持一致。有人说，只要孩子看到爸爸妈妈之间有裂痕，他们要么会利用这种裂痕，要么为此感到害怕，但这其实取决于你是如何向你的伴侣表达异议的。文明的辩论和妥协是一种技巧，你可以以身作则给孩子示范。

没有必要总是说出你内心的声音。有些家庭热情似火，有些家庭则冷若冰霜，有些家庭总是吵吵闹闹并以此为乐，有些家庭则沉稳安静，有些家庭喜欢以自嘲为乐，有些则喜欢黑色幽默。只要家庭的基础是尊重，每个家庭都可以发展出自己的独特风格。

在养育子女的话题上，什么是适当的风险？乐趣和礼貌的限度在哪里？什么才是丰富的家庭生活？没有哪两位父母拥有完全一致的看法。当其中一位家长十分投入地为孩子发掘最好的选择，同时又为什么是最好的选择而陷入深深的矛盾中，另一位较平静的家长通常就被看作是疏忽和不忠实的，而不是较理智的。在我众多的家庭咨询经验中，我总是在不断重复着：“没关系的。”只是我们身处的时代却让父母们觉得一切都是有关系的——仿佛每个决定都是生死攸关。

为人父母的我们，对孩子的生活质量有着巨大的投入。但是我们的动机并非完全是高贵无私的：孩子的幸福，成了我们对未来的恐惧的代名词，也代表着我们对于自身、伴侣、工作、性生活、年纪、亲戚和金钱等的不满足。这一切都投射到孩子身上，对孩子问题的争论替代了我们应该有的其他对话。我们文化疯狂的节奏使这一切又变本加厉。我们每天都匆匆忙忙，却又习以为常。当我们与伴侣之间产生异议，我们急着要马上解决它。没有空间给我们去反思，没有时间让我们去妥协。我们没有机会问自己：我的伴侣是对的吗？为什么我会有这样的反应？

代理人之争，该如何辨认

在一般家庭中（指没有人有精神上的疾病、上瘾或者虐待倾向），许多关于孩子的争执都是代理人之争。这样的争论通常都是由你童年时期的感情伤害引起的（大部分是无意识的）。你重新搬出你父母犯下的错误，并尝试修正它，而你的伴侣也在做同样的事情。女性（及部分男性）习惯性地把自己看作受害者，因为她们从童年开始就几乎没有得到过权力与尊重。男性（及部分女性）觉得自己被排挤、受限，自信心变弱，开朗活泼不起来，因为他们从童年时代就非常努力地去讨好某位严厉的家长。这仅仅是无数例子中的两个而已。

纯粹靠理智无法清除你的记忆和神经系统里所有过往的经历，并解决孩子的每一个困境。何况，那些记忆并不仅仅导致你精神紧张，心情难受，在你不被它们打击的日子里，它们同样令你成长为如今有启发性、有耐心和充满关爱的家长。同时，你可以学习去辨别什么时候你对孩子的合理关心掺入了你过往所受的伤害或其他无关的事情。要是你能在和你的伴侣展开讨论前，发现自己在这样做的话就最好不过了，但当你尝试大声地解释自己的行为时，你会更加容易看到其中的联系。

语气一直都是第一个警告。你的声调拔高了吗？你听起来是不是在蔑视、侮辱或冒犯别人？你的身体有什么感觉？你的心跳加快了吗？你的喉咙绷紧了吗？你有没有握紧拳头，使劲摇头或是不耐烦地在抖脚？你的呼吸很快吗？听听你说的话，你是不是在说："你老是……你从来没有……我不能相信你……"

当你留意到这些信号时，暂停下来，终止你们的谈话。这也许异常困难，因为你会感觉问题不解决的话就像是灾难降临了，像是你要错过什么了，当你知道你是对的时候为什么要犹豫呢？等待一个更好的时机吧，等你和你的伴侣都休息好了，吃好了，能拿出十五分钟或以上的时间来好好谈一谈。除了有人遭受身心的损伤不得不及时治疗之外，任何事情都是可以等待的。

基本礼仪与父母说话之道

我给妈妈和爸爸同样的黄金建议是：别老担心对方给孩子造成了什么影响，专注你自己的行为吧。例如，当你理解了比起妈妈的粗暴言行，孩子更能忍受爸爸身上更为粗野的行为时，你的精神就会从保持警觉转向反省：嗯，他刚刚对女儿大喊别学猴子一样爬上冰箱，并且马上滚出厨房。我不会这样说话，但他的语气还算轻。等我看看她有什么反应吧。只要伴侣的出发点是好的，学会用一种有幽默感和信任感的方式去看待它，这样可以构建更让人放松的有爱之家。

父母要想更好地保持这种健康的视角，可以通过观察一些传统的礼仪来实现。例如，像刚才妈妈忍住了对爸爸说的猴子的评论发表意见，爸爸也要忍住别把妈妈当下人使唤，取笑她或者更正她。父母之间始终如一地以礼相待。他们不羞辱、咒骂或欺负彼此。这就给孩子作出了好的行为榜样，也表明了父母是在同一团队的，即使有时候他们会不同意对方的意见，孩子依然会感到安心。

无论你是和伴侣共同抚养孩子，或者是分开抚养（假设有一个客观的第三方，就会发现父母双方都是体面而抱有善意的），父母双方都应该以礼相待。你没有必要在孩子面前假装热情地用亲吻和你的前任打招呼，但你至少可以做到尊敬和礼貌待人。好的礼貌体现在行为上，而不是感觉上。

传统上来说，好的礼貌是由许多人为设定的规矩体现出来的，包括如何称呼别人，谁先站出来，谁为谁拉椅子等。虽然这些规则也许看起来带有专制性，但它们默认每个人都知道该做什么。它们润滑了人际交流中产生的摩擦。同样地，你和你的伴侣要想实现更和谐和满意的关系，也可以依循一些基本的行为准则和语言表达规律。

- 说话要让别人听得清楚，但别大声嚷嚷。
- 尽量别从一个房间，朝在另一个房间里的对方大吼。
- 放松肩膀。别用手指指点点，别做无可奈何的耸肩姿势，也别做“你这是干什么啊”之类的手势。
- 养成经常自觉说“请”“谢谢”的习惯。
- 说话或提问的开始或结束都要提到对方的名字或亲切的昵称。
- 当你的伴侣准备离家的时候，跟他或她道别。
- 准备回家时，在车里或者在街上稍停几秒钟。来几个深呼吸，让脑袋和身体充满新鲜的氧气。别把办公室里的摩擦带回家。
- 当你的伴侣回到家，别再盯着电视屏幕，把椅子转向门口，或者站起身来去迎接他或她。拥抱、亲吻或轻拍他或她的肩膀或背部。如果你在打电话，把电话放下来，即使你在和你的妈妈聊孩子的事情。

- 别在伴侣一回到家的时候，就扔给对方一大堆家务活，或者开始数落孩子今天干了什么坏事或出了什么问题。
- 当伴侣在说某件事情时，忍住别打断对方。哪怕你已经听过这件事了。只管听，别急忙阻止对方说一些你觉得孩子不应该听到的内容。别为事情的真实性过多争执，或者抢着说故事的精华之处。
- 吃饭前，给每个家庭成员安排固定的座位。孩子不能坐到父母的椅子上。让他们学会期待这份父母的荣耀，等日后他们做父母时再享受。

语气和身体语言比说话的内容包含更多含义。抱怨、叹气和假笑流露出了你的厌恶、怀疑或高高在上的态度。还有一些行为是要避免的：

- 说话含糊或声音太小以致对方必须走近才能听得见。
- 语义含糊或不置可否的回应："你别担心了！会好起来的。"
- 迟迟不做决定。
- 忘记之前同意过的事情。
- 嚷嚷一些一定会惹怒别人的回答："行了行了！"或者学年轻人的口吻："无所谓啦"。

体面地表示异议

在婚姻里，你的伴侣无时无刻不被置于放大镜下。随着对方的形象越来越清晰，其缺点也越来越容易被看到。你幻想过你的伴侣会永远保持那些你最初爱上他或她时的特点；然而，随着年岁渐长，你们俩都在不断变化成长着，摩擦是难以避免的。

你可以持有异议，但你没必要和对方争执，更没必要在孩子面前假装什么事情都没有。让他们看到你们如何处理分歧也是件好事。你们呈现给孩子的团结，不是咬紧牙假笑的和谐或家规森严的表面做派，而是一种毫不动摇地互相尊重的沟通习惯。

这一切都要从留意非语言信号开始。当你在某件事上和伴侣有不同意见，直接说出来，别在孩子面前偷偷做鬼脸或翻白眼，别抱着头作出你难以相信男人是多么愚蠢的样子，也别等伴侣走开后在孩子面前挑眉张嘴做惊讶状。你可别连同孩子在伴侣背后搞什么阴谋。如果你忍不住对你伴侣说的或做的事情表达惊讶和担心，要当着对方的面说出来，如果可能的话加上一点幽默:“哎呀——你现在要带孩子去游泳吗？你的父母准备来吃午饭了。难道你不想见到他们吗？”要在你假设的情况中表现出慷慨，也许对方只是把你的安排给忘了而已。

当要批评你的伴侣时，首先要承认他或她做得对的地方。要做到坦白，也别留下宿怨。如果你太生气了，或者感觉到这将又是一场代理人之争，可以说:“我知道我们要是继续谈下去，我会说出一些让我后悔的话。”或者，“我们现在是无法解决这个问题的。我太累了，今天忙了一天，我非常希望回头再对付这个问题。我们可以等孩子都睡了再聊（或者明天，或者周末的时候）。”

如果你们有分歧，但不愿意争论或者推迟做决定，可以说:“这件事我先让你作主。我不确定这是最好的行动，但我们试试看吧。”

如果孩子在场时，就对孩子说:“妈妈和我对这件事有不同意见，而这件事非常重要。我们要继续考虑一下，进行更多讨论，我们会让你知道最后的决定是什么。”别把你的伴侣当作一个不愿意向更聪明的你屈服的愚蠢小丑，或一个总是喜欢搞事、破坏别人心情的搅局者。

某些反复出现的情况会促使你把孩子拉到一边，要跟他们谈一谈另一位家长的脾气，此时要注意保持尊重。“你知道堵车让爸爸很心烦，在他开车时最好别和他说话。”或者，“妈妈要为新课备课时的状态，你是知道的。她正在集中精神，暂时不能把全副精力放在你身上。要是你需要帮忙或有问题的话，找我吧。”孩子也许自己不懂得如何辨认这些可以预测的情况或者父母的行为模式，因此通过这样既熟悉又有爱的谈话，能教会他们体贴别人的性情，这是避免感情伤害的有效方法。

当你和伴侣之间的矛盾开始升级时，避免升级到争执的最好做法就是练习主动聆听。这意味着你要把全部注意力放在对方身上，而不是等待时机插嘴或者选择性倾听对方说的某些话去证明他们有多“错”。《愤怒之舞》（*The Dance of Anger*）的作者、心理学家哈丽雅特·勒纳（Harriet Lerner）说过，我们会自动去听负面的东西：“如果你专注去听别人话里的错误，以及那些对事实的扭曲或夸张，而不是去听你会同意的东西时，你就知道你正处于防御状态。”没有必要纠正别人话里每一处你不同意的地方，也没有必要去盘问或挑剔别人。你要假定对方是无辜的。要做到这些，你要练习如何控制自己，别一听到自己不同意的地方就开始发言争辩，而是等到双方都冷静下来的时候再讨论。如果你最终还是说出了让你后悔的话，你总是可以问一句：“我可以重来一遍吗？”

现代家庭中的场景

我们为孩子争论的时候，我们究竟是在争什么？啊，我们无所不争：学习成绩、食物、孩子的朋友、体育潜能、屏幕使用时间、电子设备、几点睡觉、上宗教学校的重要性、我们在孩子们身上花的钱。当孩子进入青春期，压力继续围着以上议题转，再加上孩子的花费，晚上回家的时间，穿着，开车问题和责任感。通常情况下，都会有一位家长为孩子找借口，对孩子的不良行为一笑置之，而另一位家长就会惊讶这位家长为什么看不到孩子的行为模式——孩子的人生正在迅猛地走下坡啊！

要解决育儿的十大争议，是没有固定方案的，但家长可以厘清琐碎的争论，让关于这些话题的对话令双方感觉更加舒服。我见过的大部分的父母都对对方的感受和动机有盲点和猜疑。他们的故事几乎就像剧团里的保留剧目——同样的情节和剧本，只是演员不同而已。有些争论场景直接与睡眠或睡觉的时间有关，另一些是关于孩子一些根深蒂固的习惯，家长没有意识到这些争论堵死了更有成效的讨论之路。以下是一些我常常碰到的情形：

唱歌哄睡和其他睡前习惯

晚上，孩子爬到父母的床上，爸爸则搬到了沙发上，或者孩子睡觉害怕时爸爸爬到孩子的床上。还有一些关于孩子睡觉习惯的难题则破坏了婚姻：

> 爸爸："我们五岁的女儿伊思拉，要是我的太太不在她睡前大费周章地哄她的话，她就不肯睡觉。她要唱特定的歌，还要按顺序唱，要帮伊思拉摆好床尾的一堆动物布偶，要给她念半个小时的故事书，最后还要检查她的床底和衣柜里有没有怪物。这一整个过程每晚耗费的时间越来越多。"
>
> 我问："要多久？"
>
> 爸爸："大概一个半小时。然后伊思拉半夜还要起床几次，跑到我们房间来，还坚持要她妈妈陪她走回她的房间。"
>
> 妈妈："要是睡前我不哄她的话，她就大叫。她很害怕。我不明白为什么杰夫不明白这一点。"
>
> 爸爸："我也很害怕，我害怕我们的婚姻出问题。我不明白你

为什么不明白这一点。”

这里争执的问题在于尊严和互相尊重的习惯。每个人都害怕强烈的感情——仿佛没有孩子该害怕黑暗，没有家长该经历孩子受到惊吓的时刻——因此他们选择了容易的那条路，那就是做孩子的人肉挡箭牌。然后这就成了习惯，父母的睡眠和隐私都牺牲了。在一些婚姻里，大家都同意睡在“一家人的床”上，但找我咨询的夫妻中，爸爸们都对孩子挤上父母的床表示反感。孩子夜里精神紧张的闹剧，还被许多父母顺手拿来掩饰他们日渐衰退的亲密关系。

互相推卸责任

父母常常认为孩子的问题是由他们伴侣的不良行为导致的直接后果，他们还认为这是伴侣有意为之。但是，你伴侣的行为，真的有那么粗心、那么危险或那么无情吗？还是他或她仅仅是做事的方式和你不同？我们的文化引导我们相信，大人走错一步就会毁了孩子一生，因此父母们总是在彼此身上找碴，并且常常在孩子面前挖苦对方：

“做得好啊！你‘诚实’回答了他的问题——死刑犯的脑袋被斩下来后会怎么样——这真是他不能错过的内容。”

“我看到她找你要华夫饼，你就给她了。等她满口都是烂牙的时候，就怪你。”

“你还在帮他穿袜子穿鞋子？认真的吗？”

指责对方是一件很诱惑人的事情，因为你感觉自己在无能为力的状况下采取了行动。父母看着孩子经历每个成长发育的过程，其实是帮不了什么忙的。他们改变不了孩子的性情，也不能改变太多外部的影响力量（阻力或助力）。育儿过程中的一个悖论，就是你能控制的事情很少，但你却感觉全部事情你都有责任。这也就是为什么父母来来回回指责对方的原因。

妈妈最爱她的小伙伴，爸爸备受冷落

妈妈明显更喜欢粘着儿子时，爸爸就变得特别怨恨和拘谨。妈妈那么迷恋儿子的部分原因是儿子是她们丈夫更年轻、更可爱且更有可塑性的版本。按今天的育儿风格来说，家长跟子女在一起的时间再多也不过分，这就掩盖了爸爸和儿子之间由来已久地对妈妈的爱的争夺。妈妈也和女儿非常亲近，但母女间少不了争吵，而爸爸则特别宠爱他的小女孩，如果竞争真的存在，那么它也会因此而减轻。

我辅导过的家长中，存在妈妈过度溺爱小男孩的问题，有时我会对这些太太说："你知道，艾登会长大，以后会爱上另一位姑娘。你的丈夫汤姆也很可爱，而且他才是一直和你在一起的人。"如果你把聚光灯全然都投射到孩子身上，以至于你的丈夫被遗留在阴影里头，那就是时候调整一下你的视角了。

做点什么吧！该怎么做呢？

一位母亲向孩子的父亲抱怨孩子或抱怨一件关于孩子的事情，父亲以为她要他做点什么。他不知道该怎么做，他也并没有完全认同这个"需要做些什么"的想法，于是父母间的争执就开始了。其实通常情况下，妈妈只是想让爸爸听听她发的牢骚。人们的刻板印象是，男人采取行动，女人观察和收集信息，但对于现代父母来说，这些角色通常都被调换了。常常是妈妈想插手干预并把问题立刻解决掉。在这些情况下，爸爸（或者是家长中比较冷静的那一位）更好的选择是做一个安静的支持者或者不表态："我不是完全明白为什么你那么生气，但是我尊重你的选择。"

发短信通报孩子的问题，让人越读越恼火

父母有时会养成互相发短信抱怨孩子的习惯：她把球拍忘在球场里了……斯特拉说莫娜在网上发了一张她很丑的照片……现在发烧到 38℃了……在你还没来得及消化它或者尝试自己解决问题之前，你就通过这样的行为把你的焦虑推卸出去了。这些状况报道点燃了家长内心的焦虑，也没有给夫妻俩想念对方的时间。等到他们结束了一天的工作回到家，他们会聊些什么？都是这些小问题。

房间里的科技产品

沉浸在网络世界中是一场孤独的旅程。你也许偶尔会与你的伴侣分享一段有趣的视频，但很快你又会被各种社交媒体、新闻网站或工作上的沟通拉回去。尽管也许没有人这样打算，一旦习惯了在休息时无视对方，慢慢地一方或双方都会感觉被孤立或被忽略了。

所有忠诚的夫妻必须决定如何在网络世界的诱惑和一个与你相伴终生的人之间找到平衡。一上床就断掉所有网络连接吧，一开始也许会感觉不适应，但每晚你们独处的短暂时刻实在是太珍贵了，不值得你们沉迷在各自的孤独世界里。

评估家里的氛围

我们珍爱我们的孩子，尽力去培养他们的社交技巧、学习能力和创新技能。然后我们看一眼我们的伴侣，疲倦地耸一耸肩，大人实在没有剩余精力去滋养对方的心灵了。

我们要改善家里的氛围，还需要分配一部分精力到你的伴侣而不是孩子身上。我在基督教的宗教咨询文献中学到的一个道理可以作为绝佳的例

子：它建议我们，每天早上，当夫妇俩准备出发工作的时候，互相问一句："今天我该为你祈祷什么？"这让彼此在离开家的保护，走进大千世界或者预备照顾孩子和打理家务之前，能深深地联系在一起。当一天结束时，父母又坐到一起，向对方打听他们今天的祈祷有没有实现。

这个小小的仪式，为夫妇提供了最需要从对方身上获取的东西：一位充满爱的伴侣，全心全意关心自己，但是并不为他们所面对的挑战负责。借助上帝的爱是一种比喻，是一种表达的方式："你心里想的是什么？"当对方回家时，"事情过程顺利吗？"无论有没有祷告，父母都可以问这些问题。

改变你的自言自语是另一种方法，可以微妙地改善氛围。就像你训练自己用像一个人类学家一样客观而好奇的眼光去看待你的孩子那样，你也可以这样看待你的伴侣。这个部落里的人有着什么样的生活方式？从我的来访者们身上发现，不同的观察眼光会引发一些下意识的判断。父亲们告诉我："我的太太对孩子的事情知道得太多了。她无法做到客观，她在夸大其词。"或是干脆说"她疯了。"母亲们则说："他父母给他造成的伤害太明显了。"或者是"他绝对是这个类型的人。"或者是"他从来不陪在孩子身边，他不知道自己在说什么。"相反，当伴侣的一些说法或做法触碰了你作为父母的紧张神经时，你可以对自己说：有意思。然后对你的伴侣说："跟我说多一点吧"或者是"我没这样想过，帮我解释一下吧。"

摆出一副高高在上的表情，或是说一些居高临下的话，会对你和伴侣的关系造成巨大的危害，但一些小小的感激之言也有同等强大的威力。家长们促进彼此关系的方法还有——包括已经离异的夫妻——留心伴侣身上有哪些品质或在哪些事情上，你和孩子都是真心感激的，而且要当着对方的面说出来：

"我真开心他继承了你的歌喉。"

"她回家时告诉我她真的超级兴奋又可以去溜冰了！"

"他很喜欢这部电影——谢谢你带他去看。"

"你教会了她怎么使用电钻！我真希望我爸爸也教过我。"

如果你和你的伴侣已经分开，你也许觉得这些话听起来很虚伪，或者不会造成什么影响。但这些话会使你的前任放下戒备，减少他的紧张心情，建立起彼此间的信任，因此增加了他或她从你的角度思考问题的机会，或者在你的计划需要临时变更时配合你。

关于如何提高家庭融洽的氛围，我最后的建议是，要抵抗不良诱惑，别详细谈论孩子的学习进度，或者他答应过你们什么事情。热烈地谈论与你的孩子无关的话题吧，这比详细剖析他三年级的老师有什么才华更加重要。孩子的老师、朋友和兴趣都会很快成为历史，会被来年的版本取代，你也许需要更少而不是更多地谈论孩子。

与你的前任谈话

夫妇分开抚养孩子的情况已经屡见不鲜，这并不是说现在比起几十年前——当离婚还带着浓重的耻辱感的时候——来得轻松。随着时间流逝，有些前任和他们的新对象一起组成了和睦的重组家庭，有些则一直对彼此抱有敌意，但在新的规矩和生活习惯还没有形成时，大多数家长的日子都很难过。你们还是孩子的妈妈和爸爸，只不过不再是夫妻了，因为你们之间有着持续的冲突、失望、背叛，或难以沟通，以致你们渐行渐远。现在你不用再面对过去的这些难处了。但新的难题又出现了，怎样做到公平呢？准时该如何定义？怎样才算是保持清洁干净？休息时间怎么安排呢？如何保护孩子远离那些不健康的影响呢？

和前任之间的有效沟通，需要高明的外交手段，而外交手段意味着要有策略，哪怕你还处于心碎、晕头转向、仍在舔着伤口的阶段。在与前任谈论孩子的事情时，有一种十分有效的心态可以帮你摆出既不吓人又表现出支持与合作的姿态：假装你们的孩子是一条狗。如果你把你的拉布拉多小狗交给朋友寄养一个周末，你大概会给朋友这样的指示：“马齐最近有点闹肚子，也许是跟它吃的东西有关。它现在看起来好一些了。我今天早上带它出去散了一会儿步。周日晚再见了，谢谢！”

有些家长有个习惯，就是不会对前任坦白孩子的一些小危机或小毛病。没人想让对方觉得孩子是在自己的看护下出问题的。还有一些家长，喜欢过度指挥。把孩子当作一只拉布拉多这个小策略能帮你把有用的基本信息都告诉对方，并且放手让对方去管：“我想让你知道她每晚都为了和卢卡分手的事情哭泣。也许这种情况还会继续下去，或许换个环境她心情会好点吧。”或者，“她看起来那么紧张是因为她非常担心历史课的期末考试。”但别说：“因此你要确保她每晚至少学习两个小时。我准备把复习的卡片给她。把它们分成两堆，确保她每天至少复习一遍。”

别让你的孩子做信使或密探

离婚的夫妻有时会通过孩子来沟通，从而避开直接联系对方。每个婚姻和家庭辅导员都警告说别这样做，但这需要超人的自律。你会很容易说出：“记得提醒你妈妈，我下个周末会出差。”这会有什么问题呢？问题可多了，第一个问题就是：你的孩子也许会忘了说。

发短信也是很有效的沟通方式，但记得只发一些大家之前同意过的信息：接送时间，孩子去朋友家玩的地址，或者——这其实已经超出适合短信沟通范围了——用尊敬的口吻告知对方自己的计划有变。永远别发带感情色彩的信息。我总是看到前任之间的短信大战—— 一边是前夫和他的新女友，一边是前妻和她的闺蜜团或她的妈妈。他们总是对短信的意思仔细分析。短信容易让人冲动，而电子邮件则较为冷静。因此，如果你控制不了自己短信的用词，还是坚持发简短而友善的电子邮件或者打电话吧。千万别让孩子作为信使。

当孩子从另一位家长的家里回来时，很多人总是忍不住假装好奇地打听，实质是在审问孩子："那你们去哪里吃得晚饭呢？点了什么菜？妈妈的新男朋友有没有留下来过夜呢？"无论你如何漫不经心地问，孩子们并不傻，他们知道你是拿他们做探子，这会让他们觉得自己背叛了另一位家长，并陷入困境。如果你批评前任，会令孩子为他们的妈妈或爸爸辩护，过早地将他们推入成人的角色。

向孩子吐露像是分居、离婚或夫妻间持续的紧张氛围的内幕，同样会带来不良的影响。即使孩子永远不会反对，可能还会给出一些有用建议，甚至会感觉自己很特别、很成熟，但把他们放在这种角色上是增加了他们的负担，偷走了他们仅剩的无忧的时光，因为他们在家庭破裂时已经失去了一个无忧无虑的童年了。

别打扰，多陪伴

当你的孩子和前任在一起的时候，如果你能忍得住不打电话，不发短信的话，你会赢得他们的感激。虽然平常的问候可以被理解为安抚人心的爱的表现——晚安，甜心！——但这也可能是一种打扰。你不清楚这个时刻孩子的节奏或者你正在干扰的活动。联络孩子的举动说明你对他缺乏信任，有时候你无意识间的嫉妒或忽然侵袭的寂寞感会把事情变得更糟糕。况且，联络孩子是没必要的举动，因为有坏消息的话，你会很快知晓——你能感觉到他们是不是需要你。

有一种习惯可以培养前任和孩子的善意：在接送孩子的时候，抽出一点点时间来聊个话题，一个和孩子或接送安排无关的话题。只要你们双方都保持友好的语气，你们可以喜欢聊多久就聊多久，三十秒或三十分钟都无所谓。当你要离开的时候，你还可以留下一些对孩子的真心赞美："你相信吗？这孩子造的街道模型太精美了，看来她遗传了你作为建筑师的才华。"

和祖父母及外祖父母结成联盟

大厨师马西莫·波图拉（ Massimo Bottura ）把他对厨艺的热爱，归功于他挚爱的祖母。当他的哥哥们捉弄他、取笑他的时候，他回忆说："厨房就是我的安全之所，我会躲到厨房的桌子下面，我的祖母在一旁揉面。"她会用家乡特有的 90 厘米长的擀面杖打发哥哥们离开，嘴里还喊着："别欺负他——他是你们的弟弟！" 桌子底下的马西莫看着面粉洒落，当祖母转过身去拿配料做菜时，他会钻出来偷吃刚煮好的意式饺子 [51]。

听到波图拉把这张厨房的桌子当作他的避风港和养料来源，我想到了家庭中的情感分工情况。他的奶奶没有感到她有义务去培养孙子的性格（"孩子们，坐下来，听我说，吓唬你们的小弟弟是不好的。要是别人这样对你，你会有什么感觉？马西莫，你不应该偷吃东西"）。相反，她只是继续干她的活，以爱与自由的名义在需要的时候站出来保护弱小。

最好的情况是，你的父母住在你家，与你的家庭保持着良好关系，并且头脑清醒，他们会为孩子提供忠实而简单的爱。然而现实往往没那么简单。两代人对于健康与安全的价值观和态度的改变，使得双方都不好过：祖父母觉得父母担心的事情和定下的规矩都很奇葩，而父母则觉得祖父母疏忽松懈的态度很危险。当你漠视你父母的意见或坚持要他们遵守你的规矩时，他们也许会感到很受伤和不解。"为什么我们的女儿这么暴躁死板又固执呢？只能吃有机食物？还只能穿有机棉布？" 随着孩子长大："直接喝花园水龙头里的水又怎么了？用木头和钉子建一座城堡又怎么了？到街上混混学点小聪明又能怎样？"

最好的情况是，你的父母住在你家，与你的家庭保持着良好关系，并且头脑清醒，他们会为孩子提供忠实而简单的爱。

还有些具体的事情——例如食物过敏，家教和技能特训夏令营——特别具有争议性。祖父母不解为什么他们的孙子孙女那么“娇气”，而父母又那么“精神紧张”。请家教或参加夏令营的不菲价格会让一些祖父母生气：有必要吗？他们很怀疑。还有特别惹争议的是孩子生病时的治疗方法和要吃的药。祖父母有两种态度，但无论哪种态度都不体谅父母。不是“你怎么不早点做些什么呢？”，就是“你疯了吗？孩子就是这样子的啊，是你处理的方法把他的病情变严重了。”同时，父母却认为，祖父母根本不懂现代育儿要面对的各种挑战，他们的意见已经几乎没用了。

诚然，你成长的那个世界，和如今孩子成长的这个世界已经大大不同了，而变化的挑战很容易令祖辈们摸不着头脑。他们以为你在夸大问题，虽然某些情况下他们也许是对的，但通常他们都是错的。在两代人的冲突之中还是能找到一丝希望的：祖父母和孙子孙女的关系通常都是最好的，因为他们有一个共同的敌人（你），而且他们不会花太多时间担心是否吃太多糖或者洗发水有没有添加防腐剂。再加上，他们爱着对方。你可以从祖孙之间的爱中收获很多好处，你的孩子也同样可以。

如果你不抗拒你父母的育儿理念和你并非完全一样这个事实，大部分的祖父母其实都能完美地承担起他们的角色。他们有耐心去聆听学前儿童叽里呱啦地讲述没有逻辑的故事。他们对于孩子的期望相当地低：“和我一起坐在沙发上吧，小宝贝，跟我说说你新养的仓鼠的所有事情。”祖父母会聊一些你小时候的秘密——你的恶作剧、你沉迷过的事情，还有几乎酿成大灾难的事情，“那时候你爸只有七岁，就像你现在那么大！”他们还会慢悠悠地说起往事和他们成长的经历：“以前没有电脑——也没有互联网。我们整天都可以在家附近疯跑呢！我们也没有手机，妈妈们会站在街上，大喊孩子的名字，叫他们回家吃饭。”

孩子和祖父母一起相处，还有一个隐藏的好处。即使是那些喜欢爷爷奶奶或外公外婆的孩子们，经过了在爷爷奶奶或外公外婆家度过的一个下午或一个周末，他们会学会重新欣赏自己的父母。你可以看得出来，他们坐上爸爸的肩膀时，脸上写满了愉快，即使他们同时也盼望着下次再来祖父母家玩。

如果奶奶没有遵守你的规矩，这要紧吗？

有一次我在机场候机时，偶然听到了一位男士与一对夫妇的对话。这对夫妇正要去照顾他们五岁的孙子。他们好些日子都没有照顾过一个小男孩了。那位男士说：“这很简单。你们要这样做：男孩的父母会给你们一张清单。仔细研究这张清单，就像你们阅读宪法那样认真。当男孩的父母给你们讲细节的时候，使劲地点头。而当他们一走出家门，你们就把清单扔掉，该干什么就干什么。”

这建议实在太好了。为什么？因为孩子们是会说两种语言的。他们很容易就能适应不同家庭的不同规矩，就像他们在学校时知道如何与不同的老师、同学说话和相处。即使是离异家庭的孩子，他们也能学会不同家庭的规矩。因此，如果祖父母不按照清单上的事项去做，也不会对孩子如何对待你有任何影响。孩子们太聪明了，他们不会说“是奶奶让我这样做的！”不过如果他们回家后要求改变规矩时，你可以简单地回答：“我知道，那听起来挺好玩的，但我们家的规矩不一样。”

当然，也有例外。要是祖父母酗酒（或者如今的伴侣酗酒），或者说家里有没有围栏的游泳池，还养了条性情无常的狗，如果外公习惯性地口头侮辱外婆，或者他们随意地忽视孩子的健康问题，他们是不能被允许在没有别的监护的情况下和你的孩子相处的。要是他们是通情达理的人，而且喜欢在看无聊的电视节目时吃巧克力豆，就随他们去吧。你也要记住，相比你来说，他们是老一辈人，长时间照看小孩会让他们感到疲倦。所以他们才看那么多电视呀。

如何处理祖父母的讨厌评论

祖父母的建议、纠正或彻底的否定听起来会很刺耳，而女儿对妈妈的批评尤其敏感。与其让自己被来自祖父母辈的评论惹火，你可以学着去控制它。试着用一种表达尊敬的语气，带着愉悦的自立感，对祖父母的建议表示开放和包容的态度。以下是一则典型的外婆和成年女儿的对话，其中用到了一些外交策略：

“杰西，我很担心，你把玛雅抚养成一名素食者是在教她成为过分讲究的人。她会因此得罪人，或者等到以后有人给她一个汉堡时，她会因为肚子饿而屈服的。你真的确定你要这样做吗？”（留意她使用了令人反感的反问句结构。）

“妈妈，我明白为什么你会担心，不过我们有让她接触各种各样的食物。我们并不担心这一点。你是不是读了什么，或是听到了某些说法，说儿童素食者长大后，一辈子都会挑剔饮食之类的？”外婆应该不太可能拿得出科学依据来支持她的观点。然而，她的回答也许会用到这些语句“任何人都看得出来……”或者“每个人都知道……”也许她只会摇头。你可以友好地肯定她的担心，但不必展开激烈的争论。她已经没有机会再养一个小孩，或者毁掉自己哪个小孩的人生了。

另一种方法是向她寻求指引：“你记得我小时候有哪些食物是怎么也吃不够的，哪些又是怎么都不肯吃的吗？你是怎么处理的？”如果你曾经是挑剔的吃货，这也许会让你们展开讨论，你的妈妈采用过的哪些方法是无效的（例如强迫你吞下青菜），或者你的妈妈可能会给你提供一些有启发的建议。如果她想不起来当初抚养你的时候有对付过类似问题，这可能会让谈话暂停，而她会默默地对自己承认，她没有第一手的建议可以提供。

你和你的妈妈也许还会聊着聊着就聊起了你小时候吃饭的一些趣事，

或者是你的妈妈小时候吃过的食物。她对孩子饮食问题的担心，也许来自埋藏在她心底的童年记忆，因此饮食习惯在某些家庭中可以追溯到好几代人之前。

通过练习，你有可能学会聆听祖父母的意见，而不是和他们争执或加入你的评论。别期待去改变他们或教育他们，但不排除你有机会从他们的经验中学到些什么。

消除你和父母之间的宿怨

当你和你的父母谈话时，其实是有两场对话同时发生。其中一场发生在你的脑海中，来自你童年时对家庭的记忆。在无意识的层面上，当你受伤、生气或觉得受到不公平对待的时候，你也许就被拉回到了你的过去。你没有意识到，你依然在尝试把那些错的事情纠正过来，有些事情可能被你夸大了，而有些事情你是有道理的。

这种内心叙事影响了你与父母的外部交流，影响了你用的词、语气、语速，还有忍住不说的话。过往的宿怨变成了根深蒂固的成见。直到你有孩子之前，你和父母之间的矛盾主要影响的是你、你的父母以及你的兄弟姐妹。但当你成了家长时，你就有了提高谈话质量的新动力。多年来的怨念，就让它消失吧，这样你就给孩子做了个好榜样。有了孩子，你也有了新的动机去设定家人之间的界限，坚持要受到父母的尊重，要是你的父母不认为他们在过去对你和你的伴侣，或对你的孩子有不公平或不友好对待，那你应该和他们保持距离。无论你与父母的关系如何，都要用一种文明的态度和他们说话，这是为你的未来投资，因为你和父母谈话的方式很可能会成为孩子成年后和你谈话的方式。

和你父母之间持续的摩擦会影响你成为一个充满活力和关爱孩子的妈妈或爸爸的能力。你的情感精力是有限的。精力耗尽或者恢复，取决于你的睡眠、饮食和锻炼习惯，你是否享受每天的活动，还有你的人际关系质量如何。孩子有权享有你多数的精力。要是你把精力都花费在怨恨别人，咀嚼压力或被你父母的要求榨干，你就没剩下多少精神去给孩子讲睡前故事，或者是聆听孩子讲他最好的朋友新养的狗狗了。

如果你搞不清自己对父母的感受如何，做一下这个测试吧：当你看到电话上显示父母的来电或发来的信息，你的第一感想是什么？你的身体有什么反应？接完了电话，你是感觉整个人放松了，感恩父母的陪伴，还是你感觉愤怒、羞耻、疲劳或难堪？如果是后者，那就要考虑做一些改变了。找一位心理咨询师聊一聊，或者通过划清界限来减少你们之间的紧张氛围："妈妈，除了紧急情况，请别在我工作的时候打电话或发信息给我。我很乐意和你周末的时候再聊。"有些家庭，无论用多么小心翼翼地措辞或节制的语气去沟通都无法改善彼此的关系，那你就要尽量减少和你父母的接触。

附加条件

接受祖父母的金钱和他们照顾孩子耗费的时间不一定有问题。有些祖父母还帮孩子出上大学的学费，因为他们给得起，而且大学的学费实在太高昂了。有些祖父母乐意主动帮忙照顾孙子孙女，是因为他们喜欢花时间和孙子孙女相处。但在许多家庭中，这种心理也可能更为复杂。我见过的一些来访者，接受了他们父母给孩子的学费，因为他们相信让孩子念精英私立学校或参加昂贵的夏季训练营活动，是为了培养孩子的社交能力和为学业成就做的必要准备。我问这些家长："你为了父母给的钱而出卖了自己一部分的灵魂吗？你放弃了你的尊严和权力吗？"

这些家庭的祖父母有时觉得孩子的父母很软弱无助，因为他们需要依靠长辈。比起自己的孩子，他们更尊重自己的孙辈。这不仅发生在富有的家庭中。如果祖父母长期带孙子孙女，或者在家长外出旅行时让孩子留在祖父母的家中，哪怕做得很节制，类似的权力斗争也会继续发展下去。如果经过以上的电话测试，你发现你的身体和心理都对你的父母有负面的反应，那就说明你的父母给你的那些附加条件把你束缚得太紧了。

另一对祖父母

在人类历史上的大部分时间里，婚姻都是包办的。如今西方社会的成人可以想和谁结婚就和谁结婚，这对于双方父母来说都是很可怕的。也许是源自保护子女的本能，父母一开始总是对孩子要嫁娶的另一方抱着怀疑的态度。等到孙子孙女出生的时候，这种情绪又会复燃起来。

要促进和维持与伴侣父母的关系，我建议家长把他们想象成是外国来的显赫人物。遵守适当的礼仪规矩。当你在他们的地盘时，把你个人的小怪癖都放到一边去（“这房间里的空气清新剂闻得我头疼”，“我们不喝苏打水”），即使是你的合理抱怨也要忍住（“拜托了，能不能把电视关小声一点？”）。当他们来到你家，用同样的心思多做一些安排可以帮助你走得更远（例如准备零度可乐）。

当我在北京举办为期一周的育儿技巧培训营时，我从一群中国女性商人那里学到了一些高明的技巧，可以用于与伴侣的父母周旋。她们许多人都和丈夫的妈妈住在一起，这些婆婆们都在帮忙照顾她们的孙子孙女。我让她们模仿一下她们婆婆的样子，她们马上就入戏了：

> “你怎么可以给我儿子做那样的早餐？你明知道他早餐喜欢吃鸡蛋！你知道怎么做鸡蛋他才爱吃。他工作多辛苦，而你都不用心留意一下他喜欢的东西。很明显，能一直明白他的人只有我了！”

这些女性都是卓有成就而且高度自律的人。她们能坐在酒店的大会议厅里听八个小时的讲座，出于对我的时间以及作为导师的尊重，她们没有看过一眼手机，也很少借故去洗手间休息。她们对于她们的婆婆都有同样的感受。如何应对婆婆指责自己做的早餐，她们会这样说："我太荣幸能跟您学到那么多，我得好好学学怎样才能成为您儿子最好的太太。"表面上听来很谄媚，但从个人层面来看，听着就很舒服。

这些中国女士向我解释，这样说能解除婆婆心中的戒备，消除彼此间的紧张氛围，她们理解这是由于婆婆妒忌儿媳妇既青春靓丽又拥有大把机会。许多婆婆来自农村家庭，小时候家境贫困。在中国，两代人之间的差异实在太巨大了，年轻女性更容易对上一辈抱有慷慨和同情之心。

而在西方国家，可以使用提问的形式以尊重回应批评。就像你自己的妈妈批评你的做法时一样，你可以用一种不是在挑战她的权威的语气，把你婆婆的评判转移开来："那您养育乔恩的时候，您是怎么做的，告诉我吧。他要做家务吗？您惩罚过他吗？如果重做一遍，您会改变什么做法吗？"

这样一问，长辈就有机会分享她们的经历，还可以反思她们的观点。如果你说："我丈夫七岁的时候，他做功课的样子是怎么样的？您是怎么鼓励他学习的？"她们也许会回答："哈哈，以前，学校才不会给七岁的小孩布置功课呢！"这样你的观点就很清晰了。她们就会有点理解到你如今要面对的是什么了。

在祖父母心中积累善意

孩子吸引了众多注意力，祖父母有时会感觉到他们的帮助被看作是理所当然的，或者他们就像是被雇佣来看孩子似的。要肯定祖父母的付出，表达你对他们的感激之情，去培育他们心中的善意。

给长辈们送纸质的生日卡（而不是电子贺卡），上面附上温馨的童年回忆。

如今你也为人父母了，这些回忆会自动涌上心头。祖父母可以反复阅读这些卡片，向他们的朋友展示，还可以把它展示在家里的床头柜上。

让长辈们示范或教你的孩子学一种技能。

最明显的例子是让长辈教做一道家人喜欢的拿手好菜，不过，你父母丰富的人生经验里还包含了许多生活小技巧和智慧：爷爷会扎好看的领带，还会给吉他调音；奶奶知道怎么赶走蜘蛛，还洗得一手好牌。

当我的女儿艾玛上高中的时候，她和她的朋友会开两个小时的车去拜访我的父母，让他们教跳舞。孩子们正在为摇摆舞派对做准备，她们知道去哪里找专家来教她们舞步。我的父母是相亲认识的——他们一个共同的朋友觉得他俩很般配，因为他们都很会跳舞。我知道艾玛很欣赏这种有趣的家族传统。

让孙子孙女录一段采访祖父母的视频。

如果奶奶和爷爷不愿意出现在镜头前，就建议他们只对着麦克风说话。几乎每个人都喜欢回忆自己的人生。除非长辈受疾病影响，否则他们的长期记忆会保持清晰直至终老。孙子孙女可以成为长辈的新听众，也不会对他们指指点点，因此祖父母也许更能敞开心扉。即使孩子还小，依然可以做这种访问，开始前可以上网查找一下提问清单。

找机会让祖父母们参与（别忘了爷爷和外公）。

除了让长辈照看孩子，你的父母还会哪些技能可以为家里做贡献？外公和爷爷也很疼爱孩子，但他们常常在妈妈、外婆、奶奶的关爱大派送或持久的斗争中被忽略了。我留意到，许多爷爷和外公比起当年和自己的孩子玩，现在更愿意和孙辈们玩（也许是睾酮水平和竞争心态的下降带来的额外好处）。这些上了年纪的男士们常常有很厉害的直觉，知道什么能逗小孩子开心。我的女儿们还很小的时候，她们很喜欢站在我父亲的脚上一起走路，一起哼着歌儿，“吧嗒，吧嗒。”当他停下来时，她们会说：“继续吧嗒！继续吧嗒！”

与“奥莉薇亚的妈妈”谈话

有了孩子后，就像打开了一扇认识新朋友的大门。你会在卖亲子装的店里，学前班的操场上，或是在耐力测试的陪同旅行中认识其他孩子的妈妈。其中一些人会成为你终生的同盟，你们的友谊甚至超越了你们孩子之间的友谊。有些家长会成为你可信赖的顾问以及可靠的支持者，还有一些人会使你感受到你中学以来都没有感受过的自我怀疑。（我在咨询中听过一些来访的妈妈说，她们常常为去学校看孩子演出的时候该穿什么、该坐在哪里而苦恼，因为要是选错了，她们害怕主流的妈妈大军会不欢迎她们。）

我的女儿们上学的时候，好像学校里每个女生都叫作奥莉薇亚。你也许会听到其中一个“奥莉薇亚的妈妈”在说：“我不知道奥莉薇亚是怎么做到的！我们都准备睡觉了，她还在学习。而我们早上起来时，她已经给全家人做了早饭，而且还带狗狗出去散步了！她组织发起了一个小型非政府基金组织，帮助哥伦比亚的原住民妇女（注意‘哥伦比亚’的发音，奥莉薇亚的妈妈把它念得带有浓浓的西班牙口音），还有我们觉得达特茅斯学院准备招募她成为潜水员。”奥莉薇亚的妈妈并不完全是在吹牛。也许她的女儿曾经给家人做过一次早餐，也遛过几天狗，然后就放弃了。她的家人希望她会被某所大学录用为潜水员。要不是我从事家庭咨询事业，听过许多家庭故事的内幕，我会忍不住拿自己的女儿跟奥莉薇亚比较然后觉得心灰意冷。

如今，学校社区往往比过去更成为父母社交生活的中心。彼此间的亲近强化了不安全感和竞争意识。其他家长看起来就像是检验你的育儿能力和社会地位的测量仪，他们的孩子一个接一个的成就成为你评判自己孩子的标准。我从业多年后得出的结论是：人们对自己家庭的描述，就像他们展示在朋友圈上的生活一样“真实”。

孩子上中学前，你很可能每天都要和别的家长打交道。学年第一天等在校门口的时候，或者是返校之夜走在校园的时候，你也许有和孩子一样的紧张感受。由于急切地想被其他妈妈喜欢和接纳，你可能会放弃你的观点。给你一句有价值的经验之谈：当你认识另一位家长时，就当作是认识任何一位新朋友一样去打量她。如果你急急忙忙和对方靠近或博取好感，你会忍不住透露太快太多。别为了获得友谊而出卖孩子的秘密。测试一下：如果你的孩子无意间听到你们的谈话会怎么样？我们都需要朋友来帮助我们衡量孩子的行为，但要看这个人是否是值得你信任的。你相信她不会向你的孩子告密吗？因为要是她这样做，你的孩子很可能会发现的。

最后，不要因为不满意学校的决定、老师的不完美行为或者某位问题学生而和其他家长结盟，或者参加抗议活动。抗议的兴奋劲儿过后，你只会破坏学校里的氛围，或让其他孩子过得痛苦。这是不值得的。

我们需要和其他父母组成社群。我对来访者们说：“找这样一位家长，他的孩子比你的孩子稍稍大一些，而且成长得挺好：是个脚踏实地和对生活有热情的孩子。当你为自己的孩子做某些决定稍有犹豫时，就去向那位家长请教，而不是在操场中让所有妈妈投票决定。”即使你没有和其他家长成为好朋友，他们依然可以成为有价值的资源，可以让你获得关于老师、教练、辅导员和其他照顾你孩子的大人的资讯和反馈——他们组成了我们在下一章将遇到的受托人理事会。

第10章

受托人理事会

从保姆、老师、教练和孩子生活中其他

大人身上获得对孩子最好的东西

VOICE

LESSONS

FOR

PARENTS

与这些托管人对话，

你心里都应该有默认的设置：

这个人希望我的孩子得到最好的东西。

你内心还应该不断默念：

我的孩子并不是特殊案例。

VOICE
LESSONS
FOR
PARENTS

养一个孩子要倾尽全村人之力……村里的人有粗心大意的，有乐呵呵的，有毛毛躁躁的，也有能启发人的。有些看起来对你孩子的未来还会有不可估量的影响，其他人则是有爱的盟友和导师。这些都是你的受托人理事会成员，孩子的心理、情感和才华发展的临时导航人。当你的孩子看着你和这些大人的来往互动，听着你们在家讨论他们的事情时，你都是在教孩子如何对待权威人士，以及如何应对挑战和接受荣誉。与这些受托人对话，你心里都应该有默认的设置：这个人希望我的孩子得到最好的东西。你内心还应该不断默念：我的孩子并不是特殊案例。

你用的方法，你的态度还有你的意见，都足以让这些受托人觉得你好相处，或者给你贴上难缠的标签。你可不想要这种标签，因为一旦贴上了就很难甩掉。

保姆：一份有爱的职业

如果你雇了一位保姆，你和她或者他的关系是独特的。看看录用过程就知道了。来应征的人不必提供执照、学位或者有客观考察标准的技能。家政机构会为你做背景调查，你朋友家的保姆也许会给你介绍另一个保姆，你会给他们的前雇主打电话了解情况，但主要还是凭着直觉，就把照顾家中最珍贵且最脆弱的财产的重任交到了一个陌生人手中。通常结果都是好的。有了保姆，父母两人就可以外出工作，也省了每天把孩子送到日托机构的通勤。但保姆这个角色还可以为孩子和父母带来其他丰厚的好处，所以我才会把保姆包括进这份尊贵的受托人理事会名单中。

当保姆走进了孩子的世界，孩子的世界便扩大了。彼此从陌生渐渐到接纳与欣赏：会认识新的朋友（游乐场上其他的保姆和孩子）；会品尝到新的食物和味道；会听到她的口音，以及她热情洋溢的喜爱的表达（我的小心肝，我的命，我亲爱的）；会玩新的游戏，唱新的歌曲，学到新的知识。这些都可以视为一种练习，为的是让孩子在进入学前班或幼儿园前，体验与家人分开时的感受，并培养她应对各种环境的适应性。

你与保姆的相处也让孩子首次接触到雇主和雇员的关系。也许这是你第一次当老板。孩子好奇地看着你是如何去商讨事情，处理冲突，发出指令，纠正过错和赞美别人的。然而这位并不是普通的员工，而是每天都在你家的保姆，她能在极近的距离观察到你的整个家庭。你们之间的权力平衡有些古怪：许多家庭中，父母和保姆之间都有点“偏执”。保姆害怕惹怒家长而饭碗不保，而家长却害怕保姆会撒谎，会偷东西，要么就是担心保姆忽然离职，让孩子感到伤心，父母又被迫匆匆忙忙雇人代工。（尽管孩子会因为失去了一位亲爱的保姆而闹别扭，但如果你解雇她是事出有因的话，你实际上是在保护孩子。如果她的离职是因为她个人生活中的变故，你可以邀请她与孩子保持联系，以后还可以拜访或赠送生日卡片。）

由于这份职业与你们家的关系非常私人化，许多界线都变得模糊起来，而且通常对保姆们是不利的。妈妈们试着努力控制自己，让保姆工作得开心，但过度拘谨的言辞常常造成许多保姆听不懂指示。要是把保姆当成闺蜜——谈及你的婚姻、健康、朋友或工作——那就会削弱你的权威，也侵犯了保姆的隐私，哪怕你听起来是在跟她拉家常。对你自己说，保姆就像“一位家庭成员”，这会为你们与她的相处和她对孩子的爱打开一扇门。

在你雇佣保姆前，设定好期望

如果你在面试保姆的时候就设置好心中的期望，后来的许多闹剧都可以避免。这并不像听起来那么简单。因为家长在结束了漫长的搜寻后，或是在面试中与面试者有那么一刹那觉得蛮投缘的，又或者是推荐人朋友不断煽风点火，以为终于可以松一口气了，恰恰这个时刻你有可能被表象蒙蔽。坐在你面前的，是一位温暖睿智且富有经验的人，可以马上开始投入工作，而且你这时候也不想对她说一堆规矩来吓跑她。但是，与你的担心不同的是，雇主要是能把工作介绍得十分清晰，保姆会更加安心。包括工作时间和住宿安排（如果她是住在你们家的话），你可以概括一下你期望她做些什么，以及你自己要负哪些责任。作为雇主，要做到公平对待保姆，通常有以下一些做法：

- 别在下班前一分钟才提出让她加班（除非在不得已的紧急情况下）。
- 要是她超时工作了，要额外支付加班费。
- 如果你们准备外出度假，就先把工资付给她。
- 要提前告诉她你们的假期安排。
- 给她信用卡和现金支付与孩子有关的支出，而不是过后再给她报销。
- 你要按时回家，让她可以结束她的工作。

你要是在面试中把你的规矩说得清清楚楚，然后如果你真的雇用了她，日后执行起来就会更加容易。例如使用电话的规矩，你可以说：“我们和米拉玩的时候，还有给她洗澡或者哄她睡觉时，都会把手机放到一边去，我们希望你也能这样做。你们在公园玩的时候，我们希望你能盯着她，而不是在用手机玩游戏或者和朋友家人联系，因为随时都有可能发生意外。只有在安排有变或者紧急情况下，我们才会给你发短信或打电话，同样地，我们希望你也这样做——要做一些小的决定时，你不需要和我们商量。”

“非常困惑”

几年前我在圣塔莫尼卡市举行了一场保姆咨询工作坊。参与者中多半女性的母语都是西班牙语，但全部都能用英语交流。我打算讲一讲有效的规矩策略和如何与孩子家长沟通，听众很赞许关于规矩方面的建议，然而她们真正有共鸣的是有关如何与妈妈沟通的部分。她们最常抱怨的是：“要是她直接告诉我她想怎么做或者她希望我怎么做，我是很乐意照着去做的。”我听到许多人用西班牙语说“我很困惑”和“我很灰心”。

在谭米·高德（Tammy Gold）的书《保姆低语的秘密》（*Secrets of the Nanny Whisperer*）中，她列出了最令保姆们头疼和令人混淆的表达类型。我把它改编了一下，以下是她的六条建议：

1. 永远不要用疑问句来给指示。

别说“你觉得今天你可以把床单给换了吗？”，就说“今天请把床单给换了”。

2. 永远别用“如果”这个词。

“如果你有空，你可以……吗？”这样听起来，这件事就显得是可做可不做而且并不紧急。

3. 当你想让保姆做某件事时，直接告诉她。

女性在沟通中有一种习惯，就是把她们想要的事情用建议的形式说出来——回想一下你妈妈一直说的“没穿外套出去不会觉得冷吗？”别提问或者暗示，直接说："请做三份三明治，带到公园去，那么萨米就可以和他的朋友们一起分享了。"

4. 不要把你的需求或要求归咎于别人（或别的事情）。

家长有时会这样做，是为了让他们给的指令更有说服力，但有时这样做会适得其反。告诉保姆说有一项新的研究指出宝宝十二个月大的时候就不应该吸奶嘴了，这听起来只是像一条新闻，而不是一条指令。保姆会想，我照顾宝宝二十年了，没见过这对任何人不利。你应该自己承担自己做的决定："我们正在训练柯拉戒掉奶嘴。请别让她继续吸奶嘴了，谢谢！"

5. 别常常用邮件或短信的形式给出反馈或指示。

要忍住别打扰保姆和孩子相处的时间，或者她工作以外的时间。发短信通知她安排有变，那是重要的，但是，尽管即时的信息沟通非常高效，别用信息的形式给她发负面的反馈或者复杂的指示。这很容易被她忽略掉或者误解你，尤其是对于那些母语非英语的保姆来说。

6. 你的保姆不会读心术。

哪怕你觉得保姆明白你的价值观和日常作息，还是大声明确地告诉她你希望她做什么和不做什么吧。所有保姆都认同这种做法，尤其是那些来自和你不同文化背景的保姆。别自以为保姆明白你的意思，了解你的打算或你的偏好。

每周一查

我建议所有雇佣保姆的父母安排每周一次的简短汇报。不一定是安排在周五下午，但是你要遵守约定，认真对待。与其他的沟通策略一样，这种沟通是为了减少家长——保姆关系中的紧张感，也能让你尽早察觉任何问题——通过聆听保姆的汇报，观察有什么东西是她没有说到的。对于值得担心的事情，保姆们倾向于轻描淡写地带过甚至完全不提。你需要通过冷静的反应逐渐赢得她的信任，当她给你一些不太理想的反馈时别马上就忙着指责（等孩子大一些，你也该学着这样去对待孩子的老师）。

每周一次的检查汇报也能让你了解保姆和孩子的关系。这不是通过她向你报告了多少项关于孩子的值得担心的事情反映出来，而是从她聊到的关于孩子的细节中看出来的。你们的谈话可以这样开始，你先问："这周过得怎么样？有没有一些事情是我该知道的，你有留意到德里克的行为有什么不寻常的地方吗？"也许她会笑笑，然后说："他开始非常注意拨弄他的头发，还对着镜子照好久。他还说他挺喜欢凯莉的。"这样充满关爱、敏锐而又新鲜的观察，反映了保姆非常留意你的孩子，而不是在工作时间中玩手机或与朋友发信息。要是她只给你模糊而想当然的答案，那就代表着相反的情况。

要是你的保姆没有告诉你像这样的故事，而是在担心她的私人问题，你可以说："你最近看起来有点担心。告诉我会不会好一些呢？"如果她坚持说一切都挺好的，而你还是不放心的话，稍微调查一下。忽然提前回家，叫朋友不请自来，或者在公园里出现（"我今天提早下班了"）。别无视你的直觉。

和保姆在一起时，孩子也许会表现得比和你在一起时更好。这也许有点令人不解，导致你担心他们喜欢保姆比喜欢爸爸妈妈更多。但这和你看到的他们从学校里回来时，一脸郁闷的模样，耍小孩子脾气或者充满敌意的原理一样：他们已经在学校里度过漫长而艰难的一天了，他们会在最爱的人面前表现得最差劲。如果孩子也很喜欢保姆，那么你就成功了！保姆、家长和孩子三方的良好关系，给了你绝佳的锻炼机会，来为你日后和孩子的老师打交道做好准备。

试用老师

在我们许多人的成长过程中，我们的父母不太担心老师是否处事公平或者能否启发学生。他们也不盲目崇拜分数。父母只忠于一件事情：听大人的话。如果我们被叫到校长办公室，父母愤怒的矛头会直接指向我们。我们会坚持，这样不公平，也得听听我们的说法对不对？但即使他们听了我们怎么说，大部分家长还是不愿意给我们辩护。他们的回答通常都是："你说的也有可能，但我要告诉你一个道理，人生就是不公平的。长点儿记性吧。"

但这种情况已经成为过去了。家长和老师之间的伟大同盟已经破裂了，今天，面对课堂上的纠纷，许多家长本能地站到自己的孩子那边。他们演起了木偶大师，给老师打电话又发邮件，要求老师多催促学生，语气都是最礼貌的那种，让老师多给一次机会，请求老师把规矩再定得宽松一些，经常用"他是被其他人煽动的"或者"他再也不会再犯了"这些说辞替孩子搪塞过去。这是家长对孩子的爱的黑暗面，而且它可能会导致家长意想不到的相反效果。

我们知道，当孩子没准时交作业，玩电子游戏而不是学习，或者破坏规矩时，我们却保护他们不用承担后果，他们眼中的生活就会被美化，这使得他们长大之后的成人世界更加难以掌握。那么，为什么家长还这么热衷干预孩子的生活呢？本书一直在讨论，孩子在学校的成绩所带来的安慰促使父母卖力地插手。父母看到学习报告卡或成绩单，仿佛是看到了通行证似的——这是为孩子面对不确定的未来而构筑起的坚实基础。要是孩子打破一些社会规矩呢？这不过是孩子无知的行为偏差，以后不会再犯了。孩子获得奖杯和赢得胜利呢？这都是父母的功劳的证明。在这利害攸关的节骨眼上，家长的情感往往都盖过了他们的常识。

在这种紧张的氛围下，老师们不再被视为给孩子的生命篇章添画色彩的支持者，而是成了善与恶的代表。家长一边仔细地审查老师，另一边又拍老师的马屁，背后说老师的八卦，当面又极力游说反对。今天很少能见到哪位老师既能专注于她的工作，也能获得家长合理放手的信任和支持。私立学校和高税收地区的教育工作者与家长们争论不休，后者认为他们付的学费就足以买到全年无休的教育机构的服务。而欠发达地区的教师们又面临着别的挑战：父母不愿过多参与到子女的教学里，因为他们本身英语就不好，或者是自己的受教育经历也不太愉快。每天要打好几份工已经令他们疲惫不堪，他们也没有意识到参加家长会给孩子带来什么好处。这里的家长比较少插手，但他们的不参与使老师们失去了与家长的沟通机会，无法给孩子的学习带来有力的支持。老师们发现自己处在两种极端的状况之中：不是要驱赶那些时时刻刻都围在孩子身边的“直升机家长”，就是自己孤立无援。

直升机家长的育儿之道的流行，在过去二十年间有上升趋势，足以给老师的教学带来持久的影响。这里头有积极的影响：学校管理者和教师对于学生表现出来的可能代表有学习障碍的征兆更加警觉；对于学校霸凌带来的长期影响也了解得更多；也更加尊重不同的性别取向、种族和多样的社会阶层，了解了社会偏见带来的压力。过去，家长自动地站到学校那一边，毫不考虑和尊重孩子发自内心的抱怨或合理的学习困难，这些都曾经带来过不好的影响。

在这些巨变发生的过程中，教师和父母对彼此变得越发小心谨慎。每当家长前进一步，有些老师就会退后一步。他们会重新考虑该对父母说些什么，或者该给学生推荐什么。讽刺的是，当家长越给老师施加压力，老师就越难以在孩子身上发挥最好的作用。

最显眼而普遍的例子就是分数的膨胀及其副作用，它降低了人与人之间的坦诚度。我给我的上一本书起名为《牵手孩子》（*The Blessing of a B Minus*），是因为太多父母看到 B- 这个分数时，都会抓狂，赶紧请补习老师，整天围着老师身边打转和哀求。父母的慌张已经扭曲了评分制度的意义。一位有能力但不认真学习的学生，他常常缺课，不按时交作业，也没有为考试复习，但他也不会得一个 D 甚至 C。老师不值得因此去招惹家长，后者也许会向学校抱怨，自己的孩子没学好是因为学校教学太差。

老师们不仅使用虚荣的评分制度，要他们对学生给出坦诚的评语，他们都会犹豫。他们眼睁睁看着孩子挥霍他们的天赋，或者随随便便就放弃了有难度的作业。这些老师们没有说谎，但许多人学会了少一些直言不讳，因为他们试过这样做的后果。结果，是家长们再也得不到关于他们孩子的有用信息了。

偷偷摸摸请家教，家长帮忙重写作业，以及其他通往永劫不复之路的标志

> 你不能用直升机把孩子送到顶峰，把旗子塞到他们手上，然后说他们征服了这座山。
>
> ——朱莉·里斯克海姆斯，《如何抚养一名成年人》

最具有破坏性的家长干预行为，是家长帮忙造假到了越过底线的程度。来找我咨询过的许多家庭，都给孩子请了一个或多个科目的家教，作为孩子成绩提升的保障。有些是“偷偷摸摸地请家教”，意思是让孩子别告诉老师他们有请额外的指导。让孩子在老师面前保守秘密，给孩子传达了一个令人疑惑的信息：要是你得到了比同龄人更多的好处，向另

外一位大人说谎是没有问题的。这样的例子也说明，规则不是公平地适用于每个人。保守这样的秘密对于任何孩子来说，都是不公平而且不道德的。

另一个让道德底线变得模糊的东西就是作业了。当我和老师见面时，我总是建议他们在每学年一开始，就对家长说明白，究竟他们能接受家长如何参与孩子的日常作业或者整个学期的大项目。要是孩子的老师没有在返校之夜给你指示，或者在“欢迎升上四年级！”的博客或信息板中没有提及，你要直接问她。要是双方的期望不清晰，出于好意的家长会很容易给孩子过度的帮助，尤其是面对今天的情况——许多学校的作业，再加上体育练习和其他课外活动，实在是太多了。

随着孩子长大，他们的社区服务职责，各种排练和运动队的郊游会排得越来越多，上述这个问题会更加显著。如今，妈妈或爸爸出于同情心，还混着合一点野心，帮孩子重写了一份作业，并再次暗示了家里的秘密不得外传——孩子不应该告诉老师。然而，基于这次作业的课堂突击测验被孩子搞砸了。老师拿着着孩子交的作业和考的分数给家长打电话。家长可以坦然承认，或者临时编一个借口出来：“哦，对，测验那天她得了流感，整个人都不舒服，因此她就集中不了精神。下周让她再考一次怎么样？”要是这样撒谎成了习惯，是骗不了任何人的，而且老师会对这一家人彻底失望。不仅是对这位学生，而是对这位学生的一家人。

学校的教学和管理人员都很清楚他们（表面上看来）最优秀的学生面临的压力有多大。父母总是在出差或者工作；妈妈或爸爸的压力也很大，他们也许还沉迷别的东西；或者正准备分居；家里还有经济上的问题。在重组家庭中，孩子会感觉迷失或被忽视。因此老师们知道，他们也许可以给孩子从别的地方得不到的宝贵的关注和关爱，他们当然想成为孩子生命中的良师益友。

老师不会因为家长的行为而责怪孩子。然而，当老师感受到他们给的建议只是得到了表面的敷衍顺从，而家长实际上是深深抗拒且不会跟进，或者家长持续地撒谎为学生掩饰，许多老师就会不愿再在这家人身上花力气。这种放弃通常表现在老师向家长汇报情况时不太认真，或者对于孩子学习上的问题不太积极地为他寻找解决方法。

在公立学校里，也存在着同样的问题，但老师们常常需要在一间教室里面对数量更多的学生，也没有多少耐心附和家长的各种把戏。他们也许会耸耸肩，随它去（这样对学生来说是坏事，他们会以为作弊是有用的，因为老师们都笨得看不出来，或者根本不在乎学生，或者两者都有）。但是，即使老师把学生拉到一边，要求他说出是怎么回事，结果也是强迫学生承认这份耻辱或者继续撒谎。她也许会把学生家人都叫来，与校长一起开会，家长会被质问，而学生会感到更加尴尬或得到更大的惩罚。

对于许多家庭来说，等到孩子上了大学，坏习惯还会继续下去。家长给孩子论文的“润色”实际上就是重写。为犯错找借口或找掩护，此时已经深深融入孩子的道德观。作弊是没错的，别被人抓到就好。每个人都是这样做的。

偷偷摸摸的辅导和家长插手的欺骗行为会带来预想不到的后果，包括：

- 孩子失去内在的动力。（我做这份功课是为了我的父母和老师，而不是为了我自己。）
- 孩子得不到满足感和骄傲之情，因为那是靠自己的努力来战胜学习和创作上的挑战才会有的感受。
- 孩子的自信心下降。（我的父母不得不高薪请家教来辅导我，还在老师面前替我找借口，我肯定是很差劲或者是有什么毛病。）
- 愚蠢地教孩子以为只要大把花钱就可以很快解决问题。

好的父母也会做坏的选择，因为他们希望改变现实。我对他们说：“请别把你的孩子和现实隔离开来。现实就是一位完全免费的好老师。你不需要为现实交学费，而要保护孩子远离现实的话则需要花很多钱。”

如何在家长会上（以及任何其他地方）和老师谈话

你与孩子老师交谈的目的就是构建良好的合作氛围。你希望她对你坦诚。你想要通过你在家里的行动来强化她在课堂上的努力。为了给她信心，让她对你诚实，你需要与她沟通，告诉她你会接受她的建议。如果你真的想得到她的信任，你也许需要向她坦白，当你听到不利的反馈时，你本能地会慌张和否认。任何一位母亲都可以这样说，因为这再真实不过了。然后，告诉她你多么重视她的意见，并且希望她对你畅所欲言。

你的话和你的行为都应该谦虚，强调在教育上你还只算是业余人士。这并非在拍老师的马屁，你是在承认她在教育领域的专业技能，而你只是略懂皮毛，哪怕你读过很多书。如果你是一位儿童发展方面的专业人士，你依然不在孩子的学校里给他上课；即使你是孩子学校里的教职工，你也不知道孩子某节课上的具体表现。

从一开始和老师沟通就明确表达你尊重和开明的态度是十分重要的。这么说有两个原因：首先是大部分家长都倾向于与孩子站同一战线。老师因为和许多家长开过战，已经疲惫不堪了，因此会自动假设你的立场也是一样的，除非你向她确认你不是；第二个原因是老师也许会怕你。如果你的孩子上的是私立学校，很可能你们家的经济和社会地位比她的高很多（在私立学校和高税率地区的公立学校里，你可以一眼就看出哪里是老师的停车区域，哪里是为高中生预留的停车区域。哪个区域里的车更新、更贵？那就是学生的。）在谈话间谈起你没有的东西来平衡一下双方的地位，比如：她对孩子的了解。只需要一句用心的话，例如“能来到这里真好。二年级对于我们来说又是全新的领域，我希望我可以学到更多，来帮盖比

你与孩子老师交谈的目的就是构建良好的合作氛围。你希望她对你坦诚。你想要通过你在家里的行动来强化她在课堂上的努力。

实现你给他和全班制定的学习目标。”

在返校之夜这一天，许多老师都会给家长讲处在这个成长关键期的男女生的典型行为，并告知随之会引起的典型的社会问题；还有哪些科目是学生们通常会觉得难的。除非你有惊人的记忆力，还是记点笔记吧，这样你就可以在与她当面聊的时候提到她说过的事情。你与老师的首次交谈很可能是在家长会上。家长会通常都很简短，十二到二十分钟，因此要做好准备。

- 如果学习进度报告已经发下来了，记得带上，好让你可以参考。
- 如果不确定你怎样才能最好地帮孩子解决现有的问题，请让老师来给你说明。
- 如果孩子正在或者将要面对情绪方面的挑战，让他的老师知道。不必过度描述细节，但要把坦诚放到隐私或尴尬之上。告诉老师，要是她看到孩子的行为或情绪出现任何变化都能及时通知你，你会很感激她。这会给她更多的信心去相信你说的“我可以接受”的态度。一般会影响孩子行为的问题包括父母正在离异，父母一方生病，兄弟或姐妹出了问题，家里准备迎接新生儿，或者是亲爱的保姆准备要离开这个家庭了。
- 告诉老师，孩子之前有没有被诊断出有情绪或学习能力上的问题。我理解你也许不愿意这样做。我们希望保护他，不让别人对他有负面的印象或贴上标签。新的老师和班级给了我们一次机会来测试问题是否是由他所处的环境引起的。不过，要是老师不知道孩子会面临的挑战，你就破坏了公开合作的精神，剥夺了老师关怀孩子并用她的专业技能去帮助孩子的机会。
- 有些学校采用了家长会也邀请孩子参加的模式。让每个人都听到同样的反馈，共同来欣赏孩子的成长（家长也许更会记得任何关于孩子缺点的报告，而不是一长串的充满热切称赞的优点清单），这样是有好处的。要是孩子正处于成长的艰难时期，让每个人都参与到目标的设置中来是有帮助的。但有些话题最好还是一开始就别让孩子在场参与，例如，对孩子精神健康或者可能的学习障碍的担心。家长会结束后，联系老师，再约她下一次会面，并问她是否觉得请学校里的辅导员来观察孩子在上课或在课外玩耍时的表现会有帮助。

把和老师的关系提升到新的台阶

在家长会上，你要强调你对老师的支持，避免说或做一些让老师对你有戒心的事情。在此框架下你依然可以表达你的担心，老师也会对你的担心更加宽容，因为你已经对她的工作和敬业表现表达了尊重。为实现这一目标：

要了解你的职业病。

一位当过 FBI 特工的家长对我说："我的工作就是寻找线索，找出谁是犯人，所以作为一名母亲，这对我来说很困难，因为我总是怀疑女儿藏了什么东西。"家长也会用同样态度对待老师和其他受托人。一位当律师的妈妈会质问老师；当心理咨询师的爸爸会对老师进行心理分析；当市场经理的家长会尝试奉承和利诱；当行政总裁的家长则会倚势凌人。我们都有职业病，因此要认清自己的职业病在哪里。如果你很难甩掉自己的职业毛病，要事先友好地给别人提个醒，例如："我是一名律师，要是我不小心对你像对客户那样盘问起来，请告诉我。你的意见我非常重视。"或者让另一位家长参加家长会。我常常告诉家长，在准备与老师的会面前，知道谈及某些话题会让老师变得戒备起来，那就让那位感到紧张却熟知内幕的家长提前准备一张谈话的要点清单，而会面时让另一位更温和、更镇定的家长去谈。如果你是单亲家长，又担心会触碰敏感话题的话，那就先找一位朋友来角色扮演一下，注意你的语言表达风格，说话的内容和语气。

与老师建立同盟。

如果你同意老师的观点，说出来。例如，如果她表达关于学生按时到学校的重要性的观点，你就说：“我明白这很重要，因此我们正在制订一套新的早晨计划。我们准备把每个人的起床时间提早十五分钟。我们还考虑交换开车的安排。”当谈到有关孩子的反馈时：“哇，这真的使我大开眼界。我是当局者迷，有时真的很难看得清。”

用赞赏的话作为家长会的开场白。一字一句地重复孩子说过的关于老师的一件真实事情。

老师也需要被认可。正如她绞尽脑汁和搜肠刮肚地找话来给你的孩子正面的评语，你也要用赞赏的话作为家长会的开场白。尽管老师关心你对他们工作的评价，但一句来自孩子的话意味着更多的肯定。通常孩子们都有好多关于他们老师的话要说。如果你的儿子或女儿没有与你分享太多，或者主动表现出不喜欢老师，尝试去问他一些开放式问题，找出关于班级旅行、各种活动、教室的装潢或者任何孩子喜欢的东西的更多细节。细节决定成败：

“玛丽亚说，‘多项式长除法其实非常简单。加扎老师给我们解释得非常完美了。’”

“安德鲁说你对同学们说你放假时去玩了滑索，他觉得可厉害了！”

“加布里埃尔对你上课时演示的植物繁殖模型很入迷。你真的启发了她。”

长和你的谈话时间。要给自己预留充分的时间来灵活应对。

别老是看手机或者把它放在桌子上。

在谈话过程中，把手机调成静音，也别拿出来。

别拿其他学生当替罪羊。

“不是我儿子的错。他在家时从来都很配合我们的。（她知道这是在吹牛！）麦克斯影响了他。要是你把他俩分开，我保证你看得出区别来。”要是这是真的，你难道以为老师不知道一早就把他俩分开了吗？当老师觉得有必要和你谈谈孩子的行为或问题时，她能做的都已经做过了。把责任推到其他学生身上是出于你保护孩子的本能，因此要留意自己的条件反射行为。

别说其他家长的八卦。

为了拉近和老师的距离，你也许忍不住对她说一两句流言蜚语（“你听说戈登的父母正在闹离婚吗？”）。这样做会令老师很尴尬。你还是只跟老师说说你自己或你们家的事情就好了。

别在平时接送孩子时临时抓住老师聊。

这常常发生在放学后，老师正在准备晚上要完成的功课（要批改的作业，要评分的试卷，要准备的报告）。她的工作还没有结束，你的突然到访只会延长她的工作时间。

别把老师当作朋友或者同谋，要把她当成专业人士。

家长常常把学校当作他们的社交圈，尤其是私立学校或是搬进学区房的家长。这种情况下，每个人都需要营造出一种互相友好的文化，因此想说什么就说什么。如果你希望孩子能受益于老师的智慧和技能，要尊重彼此间的界限，把老师当成专业人士看待。

别不假思索就给老师发信息。

夏洛特告诉你，洛根在课间小息时想掐她脖子。你检查了她的脖子，没有看到任何抓痕。然而，还是做到谨慎为上，好过事后懊恼。哈里森太太难道不想在明天上课前知道这件事吗？强大的十二步行为疗法口号告诉我们要“等待”（WAIT），它提醒你要自问“我为什么要说话？”（Why am I talking？）在家长和教师的关系中，这句话可以翻译为：为什么我要在老师远离校园闹剧的休息时间里，给老师发短信 / 发邮件 / 发语音信息呢？许多人都常常冲动地把自己的担心发泄出来，然后你就成了喊狼来了的那个小男孩。这样有什么危害呢？老师们会把你重要的沟通归类到他们脑海里不重要的角落，还加上标志：不重要的事，夏洛特的妈妈又来了。要尊重老师需要休息时间，他们也需要用周末来给自己放松加油。

小心翼翼地接近：学校领导和校长

一所著名私立学校的主管告诉我，在一次入学面试中，一位家长宣称：“我们很乐意让女儿来贵校就读，只要你们不给凯尔西 · H. 提供一份再录取合同。”再录取合同是一种比较好听的说法，指的是学校允许孩子第二年重新回校上学，而不是把他赶出去。

这样的故事我听过几十个。家长有时候怀疑或不信任老师，他们会把自己看作和学校领导、校长处在同一高位上，尤其是那些财力雄厚、给学校捐献很多的家长们。他们的孩子进了学校后，如何让他们守规矩成了学校行政人员每天的挑战。为了增加录取那些父母头脑比较清醒的学生的概率，教学主任和录取办公室的工作人员会寻找以下信号。

家长之间在开战吗？

当家长（不管他们结婚了还是没结婚）之间发生争执时，他们的身体语言和非语言线索是相当明显的。他们的异议常常在学校里爆发或者投射到老师身上。很多有争执父母可能已经离婚了，学校也并非对离异家庭有偏见，他们只是不想被卷进家长之间持续的斗争中罢了。

他们对孩子情况的了解一致吗?

即使家长之间的关系很牢固，但他们也许对孩子的能力或性情的理解很不一样。这通常意味着，家长中有一方比较务实，而另一方却执着地对孩子的潜力抱有幻想。无论孩子是哪种情况，对于学校而言都不是最重要的，学校更关心的是在家长对孩子有不同认知的冲突下，他们有没有可能对学校抱有不切实际的期望。

他们从一开始就咄咄逼人吗?

学校的行政人员鼓励家长就学校课程、校园文化和办学理念提出问题。但在最初面试时，问出一些具有挑战性的假设问题前，要仔细考虑："要是我的孩子错过了某次考试或者少交了一次作业，学校会不会给额外的学分来弥补失去的学分呢？""每年春季我们家都会出去旅行三周。莱利之前的学校都会把他的功课打包一份给他，这样他就不会错过任何的学习材料了。这里的老师也会给他做一份吗？"要记住，学校有权选择他们接不接受某些家庭，而不仅仅是接受一个学生。要是你傲慢地介绍自己，给学校制造挑战，或者暗示学校招收你的孩子可以提升学校地位，你的做法很容易适得其反。这就像在你的脑门上贴上了一个"此人很麻烦"的标签。

他们看起来信任学校吗?

主管们都在寻找线索，看家长是否相信学校知道自己在做什么，并且把孩子的最大利益放在心上。他们需要得到保证，家长们通常不会干涉老师的教学，让老师安心工作。

他们有没有思考过，抛开学校的名气，这所学校为什么适合他们的孩子？

每个人都想考的学校是否就能给你的孩子提供适合的环境呢？家长施加的学业压力，过度依赖补习老师，这些都会掩盖孩子对某所学校在情绪上或者认知上的准备。孩子入学考试得到的高分是否只是过度复习的结果，甚至那些不要求入学考试或其他正式的评估形式的学校，有经验的招生主任都能敏锐察觉出学生的能力和学习动机是否和本校的教学要求相吻合。招一个应付不来学校功课的学生进来，几乎等于让这个学生准备接受失败。

即使判断出某些家长会带来麻烦，公立学校的校长也没有拒绝招收他们的孩子的奢侈机会。但是，就像任何人际关系亲密的团体一样——你的办公室，你的教会——学校的负责人会评估每位成员的精神是否与团队相合，从而调整他们的工作灵活度和奉献精神。至于日后你和教学管理人员打交道究竟有多频繁，除非是有特殊的情况或者你的孩子惹上了麻烦，不然你不用期待这些行政人员会对你们家关怀备至。

聪明的父母不打老师的小报告

从学年开始，学校就在那本没有人去读的学年手册里，以及在许多不同的场合中，都告诉家长，要是孩子出了什么问题，要先去找老师。然而，许多人依然无法理解或者尊重既定的投诉层级结构。有些人觉得他们更愿意与最高负责人谈一谈。其他人则不愿意破坏他们以为的自己与老师建立的友谊：“我们关系好着呢！我可不能因为这件事找她。”因此他们避开了与老师的艰难对话而直接跑去找校长。

父母们总是摆出家长的身份，直指事情的紧急。“我本来可以找老师的，但她处理得很糟糕！我的孩子告诉我……”孩子们编故事可厉害了，故事里他们总是冷血老师的无辜受害者。像所有电话传声的游戏一样，当家长把孩子说的关于老师的话告诉行政人员时，故事已经被扭曲了。

这是搬弄是非——是你要训练孩子别去做的事情——的一种形式。你希望他锻炼出勇气，去面对正在伤害他或其他人的人。

什么时候去找校长或主管合适？当你和老师僵持已久，你也打算让你的孩子退学的时候再去找校长或者主管。我能听见家长对于上述提议的抗议：“这太荒唐了！只是这个老师太无能（是偏见也好，太年轻、太老或太刻薄也好）。她还凶学生！我必须找她的上级，何况我们全家搬到这个城市来就是因为看重这里教育的质量。”

但学校就像你的公司。如果你与你的上司有不同意见，你会找她去评估问题和想办法解决分歧。只有当情况极其严重时，你才会越级找到总负责人，因为这位总负责人回头就会找你的上司或老师说：“凯蒂的家长告诉我你把凯蒂孤立了，还挖苦她，罚她站在教室外面两个小时还不给她上洗手间。”即使这样一闹过后，你的孩子依然在这个班上，只是现在老师对你已经失去了信任，问题因此变得更加复杂。

什么时候你该担心

不管你花了多少学费或者处在哪个学区，都会碰到各样的老师，有些老师才华出众，有些老师心地善良但能力平庸，但很少会有真正的坏人或有虐待倾向的老师。我经常在咨询或文章中指出，孩子在小学阶段时遇到能力平庸的老师是件好事，因为这能令孩子适应力更强。我坚持这个观点。但是，要是你的儿子或女儿因为老师虐待而感到很痛苦，那你就是时候转换保护孩子的模式，强烈要求孩子换班了。

在非常少见的情况下，你会遇到一位资历深厚的老教员，在学校里也有很支持她的同事。遇见一位匆忙招来填补空缺的新手同样少见，她非常不敏感，甚至正在经历情绪问题而导致她不适宜上课，或是缺乏热忱，在学生身边散发出恐惧、痛苦的情绪，或给人极端无趣的印象。年幼的孩子刚踏进学校，没有任何经验也不知道该期待什么。当老师的行为持续让人感觉不快、不友好，或者超越底线，孩子也许没有意识到他们其实值得获得更好的学习体验。有些孩子也许还没掌握可以描述在气氛阴沉或紧张的课堂上发生了什么的语言能力。对于家长而言，这就表示着挑战：如何区别孩子是否是在正常地慢慢适应严格的学校生活（与在家的生活以及日托或学前班相比），还是他正承受着一位差劲的小学老师带来的痛苦？

开始的第一件事，是要诚实地列出其他可能导致孩子难过或出现倒退现象的原因。最近有没有搬家，家里有没有人生病，有没有碰上什么麻烦？有没有感受到孩子还没有预备好全天都待在学校里？如果这些都没有，第一个要思考的证据是孩子表现出来的厌学情绪："我不想起床，我不想上学，我讨厌学习。我的老师很令人讨厌，她不喜欢小孩。"更多微妙的迹象还包括，之前已经学会了自己上厕所的孩子，晚上还是会尿床，会惊醒且抱怨做噩梦，会咬自己的衣服，或者抱怨说自己常常胃痛或头痛来逃避上学。

如果你发现了这些孩子有压力的表现，要找学校行政人员或者学校的心理咨询师或辅导员去观察孩子和老师在一起时的行为，以及在吃午饭、在操场玩或上其他课时的表现（例如美术课、音乐课或体育课，这些不是主要的老师教授的课）。观察人员可以告诉你，孩子来到学校后，是立马精神起来，还是表现得畏畏缩缩，毛毛躁躁，与其他孩子在一起时是否很容易被挑衅等。

当孩子长大一些的时候，当他向你抱怨老师常常骂人，或者有个老师"恨"他，首先要排除的因素是，他是否在家里不被认可或被家人忽视：学生与老师发生冲突，而真正的原因是他们对自己的父母或继父母的恐惧或愤怒：许多青少年都会公开谁是他们眼中的坏老师，不断说他们的坏话——你不用找线索。只有一些学生是例外，他们之前曾经与权威人士，尤其是老师闹过矛盾，如果再抱怨别的老师很坏，他觉得父母可能并不会相信。这些与问题斗争的学生和伶牙俐齿的学生会主席一样值得被保护。

孩子上到高一点的年级后，他的成绩，学习进度报告里的评语，以及他对某一位老师的长期抱怨和失望（而不是针对全部老师或学校本身），可以让你找到更多线索，知道何时该插手，要求给你的孩子换班。

不是每个人都有才华

我的父亲在布鲁克林的布莱顿海滩上小学的时候，开学时，所有的学生都要参加一次唱歌考试。每个孩子都被安排进三个不同组别中的一个：高音、低音和听众。听众的职责是什么呢？学会所有歌的歌词，参加所有的排练，并且安静地默念歌词。

要是把这个唱歌考试挪到今天，你会看到家长们围在学校外面，举着牌子抗议："不是每个人都有绝对音感！"或者"独唱部分是歧视！"随着分数的膨胀，对孩子天赋的错觉出现了，也引发了一些有意思的困境。戏剧老师要找的戏剧包含 35 名角色，每个角色几乎都同样重要［是的，又在排练《安妮》（*Annie*）了］。一名巴吞鲁日市的小学老师告诉我，她准备排一部《101 斑点狗》（*101 Dalmatians*）。每个角色不仅有对白，而且还有名字。压力使她失眠："昨晚我两点钟醒来，还在想着排练的事情，1，2，3！这儿有三位！"

许多父母表现得就像狂热的粉丝，因为他们深信自己的孩子有杰出的才华，他们又害怕当孩子认识到自己没有才华的话，会因为接受不了而崩溃。其他人视运动、音乐或任何形式的创造型艺术为潜在的申请大学的良好素材，值得下苦功培养，但并不一定要乐在其中。每当一位家长说："我儿子在俱乐部打篮球。他打得不是很好，但他很喜欢。”我会暗暗地为他们鼓掌。他们省下了三千美金的心理测试费用——因为我知道了这是一名健康的孩子，有着讲道理的父母。

课外活动是非常理想的获得人生经验的方式。能让别人帮你说出真相，对你来说是一件好事。要是学校告诉你的女儿，她的裙子太透了，或者学车的教练责备你的儿子总是不看后视镜，这意味着你不用这么做。同样，你可以坐到一边去，看着孩子参加足球队的选拔或者《律政俏佳人》的音乐剧（*Legally Blonde: The Musical*）试镜，你可以给孩子打气，但不要过度狂热。让教练或戏剧老师主导大局，你要做的是和孩子排练对白，或者带他去球场，给他打气，或者理智地安慰他们。什么才算理智？想想，只有 2% 的大学毕业生拿到了体育奖学金[52]。这也可以给你一个标准去为你念高中的孩子设置合理的压力水平。

遗憾的是，老师和教练报告说，许多家长都很难控制自己。戏剧老师回忆起一位家长的抱怨：“我的女儿唱歌就像阿黛尔！在《美女与野兽》（*Beauty and the Beast*）里她怎么可以只演一个茶碟的角色呢？还有，她的日程都排得满满的，还有很多活动要参加，她参加不了所有的排练。”一位体育教练告诉我，一位高中一年级学生非常想加入大学的棒球队。他很有才华，但加入之后，因为是最年轻的球员，所以常常要坐板凳当替补。他的爸爸直接去找教练投诉：“我们都知道卡梅隆是一名天才的投球手。所以，问题出在哪里呢？你们为什么不多让他上场呢？”

演小角色，做替补球员，这些都能教孩子学会在挫折中忍耐，向更优秀的队员学习更多的技巧，以及敦促自己多加训练。这也是唯一的方法，让他日后获得更重要的角色或更好的上场位置时，更加珍惜来之不易的荣誉。不要去骚扰教练，也不要让孩子觉得自己被冤枉了，你可以表达你的同情和理解。这样做并不是让孩子继续关注自己的失望情绪，而是和他分享你自己的失败经历、目标和成就。

最近我和一名成功的艺术家母亲聊天。她年轻的女儿也是一名有前途的画家。而这位女士却一边叹气一边告诉我：

“我在年度双展上展出了我最新的作品——”

我打断了她，用一种鼓舞的语气说：“然后你的作品被拒绝了。”

“嗯，是的。你为此而高兴吗？”

“是为了你女儿的缘故。现在你可以对她说说你的感觉，当你失望时你会做什么来鼓舞自己，还有你计划如何提升你的技能，以增加下次作品被接受的概率。”

当我们想保护孩子免受失败和失望的打击时，我们就给他们传达了一个信息，就是失败有着难以承受之痛。在老师或教练面前给孩子找借口开脱，进一步给孩子传递了悲观的信息：他们太弱了，靠自己是无法承担这可怕的创伤的。通过与孩子分享你的经历，你把孩子摆到了和自己同等的位置，这样尊重的举动就是一贴强大的疗伤药膏。你也在教她学会如何熬过生命中不可避免的低谷。

要和孩子的教练、戏剧老师或辩论队队长谈话的话，什么时候才是合适的时机呢？他们上了中学以后，除非孩子得了重病，不得不由你代她去取消排练或会面，否则都让她自己去做。毕竟，这样的谈话是孩子自己的事。如果你插手干预，你就剥夺了她练习这种重要技能的机会，这项技能远比你忙着替她解围来得有价值。

受托人理事会可能会发现你看不到的东西

父母僵硬地坐在沙发上，开始了他们的第一次咨询。“我们是为了女儿而来，”妈妈开口说，“老师对我们说，她在课堂上情绪崩溃了，为了一次测验哭个不停。她才十岁啊！”

作为一个心理学家，我的触角伸了出来，感应到情况的不寻常，因为通常孩子都是在家里而不是在学校里出现情绪爆发，她的情况刚好反过来。

“你有女儿的照片吗？”

妈妈从手机里打开了一张女儿的照片给我看，是一位年轻的女孩，穿着宽松的斯沃斯莫尔学院的运动衫。

“你们俩有谁在斯沃斯莫尔学院念过书吗？”

“我们俩都是那里毕业的。”妈妈说。

“我们是在那里认识的。”爸爸说。

“因此她就是双学霸的后代咯？”

他们点点头。

“她是不是已经开始担心自己能不能考上斯沃斯莫尔学院这所名校了？”

“噢，也许吧，但没问题啊。我们跟她说了，如果她不愿意去斯沃斯莫尔，我们完全可以不报那所学校。”

“她最好别去州立大学。”爸爸低声抱怨说，妈妈瞪了他一眼。

我提醒他们：“孩子是看不出那么多细枝末节的。和大人相比，他们的认知能力的发展程度很不同。你们的女儿不会明白同时申请好几所学校的概念，也不理解即使你给了她你的校服，你也不会因为她考不上你的母校而失望。你可以试着修补局面，说，‘读五年级的好处就是你一秒钟都不用去想将来会念什么大学。你还有好多好多时间来决定你想去哪里上学。因此，你喜欢的话，可以穿我的旧校服，不喜欢的话就不穿。你怎么选我们都没问题。’”

这位女生的老师足够警觉，能留意到她的眼泪，并立刻通知她的父母，这或许让孩子避免了陷入之后多年的苦恼。老师和其他受托人可以在孩子和他们父母的期望、投射和无意间表达的令人混淆的信息之间发挥防火墙一般的作用。

让你的孩子散发另类光芒

有一天，一名害羞而好学的七岁小学生早早来到教室，坐到了她的座位上。教室里还有另一个人，那就是她的老师沃德太太，“一位棕色皮肤的女士”。后来在她的回忆录《天生聪慧：一位年轻女孩从无到有的美国成名之旅》(*Born Bright: A Young Girl's Journey from Nothing to Something in America*) 里，C. 妮可·梅森（C. Nicole Mason）回忆起当年的沃德太太抬起头来，跟女孩打招呼：“过来。”

> 她继续改她的作业，而我站到了她的面前，做好了回答她的任何提问的心理准备……她放下笔，抬头看着我。
>
> “你很聪明。你知道吗？你长大了想做什么？”她的眼睛一点也不眨，专注地看着我。她想我理解她说的话。
>
> 我耸了耸肩。以前从来没人问过我这个问题，我没有答案。
>
> “如果你现在还没想好，没关系。你是个聪明的小姑娘，你可以走得很远，继续加油吧。”

我站在那里，双脚像被胶水粘到了地板上，还在等着她说些什么，但她没有再说话。她继续改她的作业。过了一会，我坐回我的座位上。她说的“加油”还有我可以“走得很远”，都是什么意思呢，我想不明白。去哪儿呢？

对于梅森来说，这次简单的交流在她心中燃起了一把好奇的火焰，让她开始自我觉醒，一直伴随着她成长为一名教授、作家、评论员和公共政策的专家。

这些慈爱的受托人是每个孩子生命中珍贵的资源。当一名新的来访者告诉我，她给她的父母评分都不高——因为父母俩都太暴躁、太忧郁、太专注别的事情，连自己的生活都顾不好，别说给孩子关爱了——我总是问："那谁疼你？因为我能清楚地看出来，你是有人疼爱的。"对于这个问题，没有一个人需要思考很久。最疼我的人，是露易莎姑妈！或是一名邻居、教练、老师、奶奶、小学里的图书馆管理员。总有一个人能够懂得孩子的心，而且在某种程度上让孩子知道，我懂你，而且我喜欢我认识的这个你。

受托人可以为孩子提供宝贵的财富。有时候，是包容而持久的关爱；有时候，是孩子需要的一记当头棒喝。他们能发掘孩子的天赋，或者向父母说明白，尽管孩子有演奏双簧管的才华，但她讨厌双簧管。老师、补习老师、夏令营的辅导员、保姆——要想从他们身上获得对孩子最好的东西，只需要假设他们都会为孩子考虑。你常常都是对的。

后 记

贯穿全书，我都在呼吁读者把自己想象成一名文化人类学家，一名沉默的管家，或者是一位坐在扶手椅上的神游旅行家。我要读者把自己的孩子看作一位远道而来的远房侄子或侄女，或者是从哈萨克斯坦来的交换生，一位眼尖的时尚家，甚至是一条狗。为什么呢？因为每一天，我都看着父母和孩子像是锁住了对方一样紧紧地相拥，没有留下余地和对方好好谈谈。我在书中分享的，是教你如何转变思维，改变相处的方式，还有一些屡试不爽的招数，来让家长放松一点对孩子的紧紧拥抱，退后几步。

诗人赖内·马利亚·里尔克（Rainer Maria Rilke）在一封写给学生的信中，描述了青少年对于独立的追求是如何帮助他们更好地理解和关爱他人的：

> 一旦觉悟到人与人之间，哪怕是最亲近的人，也会有无限的距离，如果他们能成功地爱上彼此之间的距离，那他们就会在更广阔的背景下看到完整的对方，美好的生活就会慢慢到来。

要学会爱上你和孩子之间的距离，你只需要尊重自然之道：孩子正常的成长过程，就是要成长为独立于父母的个体。通过你的话，你的行动，你会教孩子学会如何理解这个世界，又如何找到自己在这个世界上的位置，然后回头向你解释这一切。他的宇宙与你认识的世界都大不相同，这正是它的美丽之处。然而，年幼的孩子缺乏词汇去描述那完整的图景。小孩子被他们的感受和看见的一切迷住了，他们需要提醒、耐心，以及一位生动的翻译者。

年纪大一些的孩子心中已经塞满了词语。他们需要家长一边遛狗一边聆听他们的奇思妙想；他们需要家长就他们喜欢的电视节目提出机敏的问题，而不是去打听女儿的私生活；他们还需要家长能够在青春期的儿子被感动得想分享他的骄傲或痛苦时耐心地聆听而不是打断他。毫不夸张地说，最有价值的说话之道，就是懂得什么时候该保持沉默。

每一天，你的孩子都在成长为一个全新的人：身上分裂出更多的细胞，看见了更多奇妙的事情，也感受到了更多的苦与乐。当你慢下来，放下手机，放大你的好奇心和热情，你就可以让亲子关系更加紧密。你就像一位护送者，要把孩子从现代科技的引力场带到童年的“伟大的圣地”。在那辽阔而神圣的天地里，孩子们可以说出自己的心声。他们聆听你的时候，会学到要对自己和他人抱有同理心。你的世界和他们的世界都会更加丰盛，更加神奇。你们就会在更广阔的背景下看到完整的对方。

致谢

没有林内特·帕德娃的编辑才能和支持，本书不会面世。她总是让我的写作跟上进度并紧扣主题。而且，她是个有趣的人，耐心又冷静。比起发长长的邮件，林内特更乐意打电话和我直接聊，或者建议我们出来聚聚顺便面对面工作。她使本书变得更加个性化。

感谢斯克里布纳出版团队：我的编辑，卡拉·沃特森，谢谢你随时都能联系得上，对我温暖相待，还有一双温柔的手，灵巧地把控文字的清晰度和文章风格；感谢出版人楠·格雷汉出众的管理组织能力；感谢编辑助理艾美利·格林沃德，总为我们及时更新工作安排；佳亚·米塞利，谢谢你有趣而富有创意的封面设计；凯尔·卡贝，谢谢你吸引人的内页设计；还有玛丽·贝斯·康斯坦，谢谢你为文章作修编工作。

感谢我的经理人，苏珊·格鲁克（文学）和德比·格林（讲座），这两位女士的谈话风格，不论在什么情形下我都试着模仿，因为它总能带来特别的魔力：那就是将敏锐的商业头脑与让人轻松的“最佳好友模式”糅合在一起。

感谢珂拉·沃尔，身为我的助理已经超过十年了，你有着超棒的幽默感和理解能力，还有一双犀利的眼睛；感谢快手阿曼达·布克纳为我把访谈内容转录下来；感谢骑士书店（洛杉矶最老牌的独立书店！）的丽兹·纽士达和艾丽卡·卢特尔一直给作者和书籍加油；感谢洛杉矶公共图书馆皮奥皮科韩国城分馆里可爱的图书管理员们，这座图书馆是唯一能令我远离手机和电脑用纸笔写作的地方。

我衷心感激全国独立学习协会使“保健员办公室窗外的风景”研究计

划成真，也感谢所有学校保健员慷慨地分享她们对不断变化的学生和家长的看法，即使她们在为学生贴上止血贴的时候也会尽力说一些安慰的话。

要是我没有体验过优质的谈话，我怎么能写出一本关于说话之道的书呢？特别鸣谢我的丈夫，麦克·托尔金，他的声音——既深沉又能逗人笑，总能启发我——还有我已成年的女儿们——苏珊娜和艾玛，谢谢她们从她们最潮的生活体验中带来的潮语扩展了我的知识面。感谢我的同事们和朋友们：儿童和青少年精神疾病专家卡尔·曼尼克塔拉——35 年来不变的支持者——谢谢你分享我们行内的故事以及我们两家人不同阶段的经历；格雷·埃梅里医生，我长期以来的导师和引路人；还有罗丽·古德曼，一位有趣、睿智、友好的人，走得快也聊得欢。

我把这本书献给我的父母，写这篇致谢的时候他们已经 89 和 95 岁了。从我小时候开始，他们都教我通过说话之道培养品德。谢谢您，妈妈，谢谢您从我一开始发表意见就认真对待我的看法，谢谢您给我报名进戏剧学校，给我买木偶让我之后有机会去表演，也是您这样的支持，才让我之后有机会举办讲座，多次去往世界各地。这些都让我认识到保留和保护谈话的艺术是多么的重要，尤其是与那些自以为他们与众不同而难以与别人交流的人打交道时。还有，谢谢您对人类文化的表达中的隐晦之处保持宽容态度。

谢谢您，爸爸，谢谢您每天在上班的路上，同时也是送我上学的路上与我聊天，谢谢您记住我每个朋友的名字。尤其感谢您是一位讲故事高手。您可以从每件事物中看到其妙趣，还能把每件事当作素材：您在布莱顿海滩的成长经历，您在印度和缅甸的军旅岁月，您在纽约哈林区参加舞蹈比赛，还有在同一家出版社出版两本不同的杂志的试验。在我笔下的所有内容中，都能找到您的故事的影子。

附 录

男孩和女孩大脑发育和功能的相对差异，扩展版	
男孩	女孩
男性脑中的大脑下顶叶普遍更大，这个区域与空间和数学推理能力有关。男孩脑部负责语言的区域发育得比女孩们慢。男孩说话和聆听的时候使用的是左脑。	女孩在大脑的布洛卡区和威尼克区中拥有更多神经元，这两个区是产生和理解语言的语言中枢。女孩脑中连接大脑两个半球的神经组织——胼胝体较厚，更有利于她们的沟通。女孩说话和聆听的时候会使用两边的大脑。
男孩的三维立体推理能力较好（例如，想象物体在旋转时是什么样子的能力），也能更好地把情感和理智区分开。	女孩更多的是自动把情感和理智融合在一起。
男孩可以轻易就进入超级专注模式，但要他们从一个任务转到另一个时就比较不容易适应。	较厚的胼胝体令令女孩比男孩更善于处理多任务作业，因为她们可以同时运用两侧的大脑去处理刺激信息。
大脑中与空间记忆有关的部位，男孩比女孩早成熟 4 年。	大脑中与语言和精细运动技能相关的部分，女孩比男孩早成熟六年。
到 4 岁半的时候男孩所说的几乎所有语言都是能被理解的。平均而言，他们每天比女孩说的话都要少，语速也更慢。	到 3 岁的时候，女孩的几乎所有语言都是能被理解的。平均而言，她们每天说的话是男孩的两到三倍，语速是男孩的两倍。

续表

男孩和女孩大脑发育和功能的相对差异，扩展版	
男孩	**女孩**
阅读能力发展得比女孩慢。	阅读能力发展得比男孩早一年到18个月。
男孩的身体分泌更少的血清素，使他们更加容易冲动行事和躁动不安；他们也分泌更少的催产素和血管升压素，使他们对他人表现出的痛苦或难受的信号不那么敏感。	女孩的身体分泌更多的血清素，使她们更容易调节心情和控制感情表达；她们也分泌更多的催产素和血管升压素，使她们对他人表现出的痛苦或难受的信号能更快地作出反应。
要轻松听到别人说话，男孩需要说话人的声音比对女孩说话时高6到8个分贝。他们更能忍受身边环境中的背景噪音。	女性脑中创造聆听技能的神经连接更为发达。女孩能分辨更低分贝的声音，也比男孩更能区分语气中的细微差异。更高频的声音会让她们听得更清楚。她们更容易对身边环境中的背景噪音感到厌烦或被干扰。
男孩对于视觉提示的理解与女孩不同；更容易被动态的影像所吸引，在强光下的视觉比女孩更好。	女孩会被暖色调、不同的面容和质感吸引。出生后3个月，女婴的眼神接触和与人对望的几概率会增加400%；男孩对别人凝视的次数则不会增加。女孩比男孩更熟悉他人的面部表情和身体语言；在弱光下的视觉比男孩更好。
男性的自主神经系统（控制心率、血压和消化）使他们对压力或对抗的反应更兴奋。他们的感官更加敏锐，整个人也会感到振奋。	女性的自主神经系统使她们面对极端压力时，会僵在原地，伴随/或者感到难受、晕眩、恶心和恐惧。

续表

男孩和女孩大脑发育和功能的相对差异，扩展版	
男孩	女孩
男孩的雄性激素水平更高；但每个男孩的激素水平也不同。雄性激素促使男孩们通过侵略和试图控制来表达社交能量。	雌性激素和黄体激素的水平更高，后者是“增进感情”的激素。女孩利用她们的社交能力来和同辈及成人建立感情。她们也会经历更强烈和更加迅速的情绪波动。
男孩要花更多时间来消化情绪的刺激；他们的情感比女孩更脆弱，更难安抚。	女孩比男孩使用更多的感官来消化情绪，她们能更加有效地表达和处理情绪所导致的行为。她们拥有更加宽广的信息流（例如，阅读他人的面部表情的能力），导致女孩更容易隐藏自己的心事。
男孩不像女孩那样寻求那么多的眼神接触，当他们坐在聊天对象旁边，或者一起进行体育活动时，他们更善于用语言交流。	女孩会主动寻求和回应眼神接触、面对面的语言交流、点头和微笑。

注释

作者的话

[1] Russo, Francine, "Is There Something Unique About the Transgender Brain?" *Scientific American*, January 1, 2016. https://www.scientificamerican.com/article/is-there-something-unique-about-the-transgender-brain/.

第 1 章　宝宝在聆听你

[2] Catherine Saint-Georges et al., "Motherese in Interaction: At the Cross-Road of Emotion and Cognition? (A Systematic Review)," PLOS One 8, no. 10 (2013), http://www.ncbi.nlm.nih.gov/pmc/articles/PMC3800080/.

[3] Joanne Loewy et al., "The Effects of Music Therapy on Vital Signs, Feeding, and Sleep in Premature Infants," *Pediatrics* 131, no. 5 (May 2013), http://pediatrics.aap publications.org/content/early/2013/04/10/peds.2012-1367.abstract.

[4] Douglas Quenqua, "Mothers' Sounds Are Building Block for Babies' Brains," *New York Times*, February 23, 2014,https://well.blogs.nytimes.com /2015/02/23/mothers-sounds-are-building-block-for-babies-brains.

[5] "Frequently Asked Questions about Brain Development," *Zero to Three*.https://www.zero tothree.org/resources/series/frequently-asked-questions-about-brain-development.

[6] Margaret Talbot, "The Talking Cure," *New Yorker*, January 12, 2015, http://www.new yorker.com/magazine/2015/01/12/talking-cure.

[7] Nadya Pancsofar and Lynne Vernon-Feagans, "Fathers' Early Contributions to Children's Language Development in Families from Low-Income Rural Communities," *Early Childhood Research Quarterly 25*, no. 4 (October 2010), http://www.ncbi.nlm.nih.gov/pmc/articles/PMC2967789/.

[8] Renee Bevis, RN, "Why Kids Need to Learn to Eat (not just suck) and Hungry Babies Must Be Fed (even if their parents are afraid they'll get fat)," *Child Care Health Solutions* newsletter, January 2014.

[9] Jenny Radesky et al., "Patterns of Mobile Device Use by Caregivers and Children During Meals in Fast Food Restaurants," *Pediatrics* 113, no. 4 (April 2014), http://pediatrics.aappublications.org/content/pediatrics/133/4/e843.full.pdf.

[10] Leah Todd, "Parents Who Use Cell Phones on Playgrounds Feel Guilty, Study Finds," Phys.org, May 21, 2015, http://phys.org/news/2015-05-parents-cell phones-playgrounds-guilty .html.

[11] Susan Dominus, "Motherhood, Screened Off," *New York Times Magazine*, September 24, 2015, http://www.nytimes.com/2015/09/24/magazine/motherhood-screened-off.html.

[12] Susan Weinsehenk, "Why We're All Addicted to Texts, Twitter and Google," *Psychology Today*, September 11, 2012, https://www.psychologytoday.com/blog/brain-wise/201209/why-were-all-addicted-texts-twitter-and-google.

[13] Bill Davidow, "Exploiting the Neuroscience of Internet Addiction," *Atlantic*, July 18, 2012, http://www.theatlantic.com/health/archive/2012/07/exploiting-the-neuroscience-of-internet-addiction/259820/sh.

[14] Linda Stone, interview by James Fallows, "The Art of Staying Focused in a Distracting World," *Atlantic*, June 2013, http://www.theatlantic.com /magazine/archive/2013/06/the-art-of-paying-attention/309312/.

[15] Ari Brown, Donald L. Shifrin, and David L. Hill, "Beyond 'Turn It Off' : How to Advise Families on Media Use," *AAP News*, September 28, 2015,http:// www.aappublications.org/content/36/10/54.full.

[16] American Academy of Pediatrics, "American Academy of Pediatrics Announces New Recom-mendations for Children's Media Use," news release, October 21, 2016.

[17] Laura Clark, "Gadgets Blamed for 70 Per Cent Leap in Child Speech Problems in Just Six Years," *Daily Mail*, December 27, 2012.

[18] Nick Bilton, "The Child, the Tablet and the Developing Mind," *New York Times*, March 31, 2013, http://bits.blogs.nytimes.com/2013/03/31/disruptions-what-does-a-tablet-do-to-the-childs-mind/.

第 2 章　童年的圣地

[19] *Bruno Bettelheim, The Uses of Enchantment: The Meaning and Importance of Fairy Tales* (New York: Vintage, 1989).

第 3 章 最大的、最强的、最快的

[20] David Lancy, *The Anthropology of Childhood: Cherubs, Chattel, Changlings* (New York: Cambridge University Press, 2008).

[21] David Walsh, PhD, *Smart Parenting, Smarter Kids* (New York: Simon &Schuster, 2011).

[22] Virginia Bonomo, "Gender Matters in Elementary Education: Research–Based Strategies to Meet the Distinctive Learning Needs of Boys and Girls," *Educational Horizons* 88, no. 4 (Summer 2010), 257-64.

[23] Leonard Sax, "Sex Differences in Hearing: Implications for Best Practice in the Classroom," *Advances in Gender and Education* 2 (2010), 13-21. Full text online at www.mcread.org.

[24] 同上。

[25] Chart information compiled and adapted from: Walsh, *Smart Parenting, Smarter Kids*; Sax, "Sex Differences in Hearing" ; Bonomo, "Gender Matters in Elementary Education" ; and Michael Gurian, *Boys and Girls Learn Differently*!: *A Guide for Teachers and Parents* (San Francisco: Jossey–Bass, 2001).

[26] Gurian, *Boys and Girls Learn Differently!*

[27] 同上。

[28] Peter Gray, "The Decline of Play and the Rise of Psycho–pathology in Children and Adults," *American Journal of Play* 3, no. 4 (Spring 2011), http://www.journalofplay.org/issues/3/4/article/decline-play-and-rise-psychopathology-children-and-adolescents

[29] "10 Creepy Vintage Ads of Doctors Endorsing Cigarettes," *Ghost Diaries*, July 2015,http://theghostdiaries.com/10-creepy-vintage-ads-of-doctors-endorsing-cigarettes/.

[30] American Psychiatric Association, *Diagnostic and Statistical Manual of Mental Disorders* (Wash-ington, DC: American Psychiatric Association, 2013).

[31] Daphne Bavelier, "Brains on Video Games," *Nature Reviews Neuroscience* 12 (December 2011),http://www.nature.com/nrn/journal/v12/n12/full /nrn3135.html.

[32] Amanda Lenhart, "Teens, Technology and Friendships," Pew Research Center, August 6, 2015, http://www.pewinternet.org/2015/08/06/teens-technology-and-friendships/.

[33] Andrew K. Przybylski, PhD, "Electronic Gaming and Psychosocial Adjustment," *Pediatrics* 134, no. 3 (September 2014), http://pediatrics.aappublications.org/content/pediatrics/early /2014/07/29/peds.2013–4021.full.pdf.

第 4 章 敏感、多疑且善变的女孩

[34] B. J. Ellis et al., "A Longi-tudinal Study: Does Father Absence Place Daughters at Special Risk for Early Sexual Activity?," *Journal of Child Development* 74, no. 3 (May - June 2003), 801-821.

[35] Brian Wansink, Lara A. Latimer, and Lizzy Pope, "'Don't Eat So Much' : How Parent Comments Relate to Female Weight Satisfaction," *Eating and Weight Disorders*, June 6, 2016.

[36] Peggy Post and Cindy Post Senning, *Emily Post's The Gift of Good Manners: A Parent's Guide to Raising Respectful, Kind, Considerate Children* (New York: William Morrow, 2005).

第 5 章 令人头痛的话题

[37] Cory Silverberg and Fiona Smyth, *Sex Is a Funny Word: A Book about Bodies, Feelings, and YOU* (New York: Triangle Square, 2015).

[38] Betsy Brown Braun, *Just Tell Me What to Say: Sensible Tips and Scripts for Perplexed Parents* (New York: HarperCollins, 2008).

第 6 章 伪装起来的灵魂导师

[39] Agnieszka Tymula, "Adolescents' Risk-Taking Behavior Is Driven by Tolerance to Ambiguity," *Proceedings of the National Academy of Sciences of the United States of America* 109, no. 42 (October 16, 2012), http://www.pnas.org/content/109/42/17135.

[40] National Institute of Mental Health (NIMH), *The Teen Brain: Still Under Construction* (Bethesda, MD: 2011).

[41] Kate Lawrence, Ruth Campbell, and David Skuse, "Age, Gender and Puberty Influence the Development of Facial Emotion Recognition," *Frontiers in Psychology*, June 16, 2015,https://www.ncbi.nlm.nih.gov/pmc/articles/PMC4468868/.

[42] NIMH, *The Teen Brain: Still Under Construction.*

[43] Mary A. Carskadon, PhD, "Sleep and Teens—Biology and Behavior," National Sleep Foundation, Spring 2006, https://sleepfoundation.org/ask-the-expert/sleep-and-teens-biology-and-behavior.

[44] NIMH, *The Teen Brain.*

[45] Gary Stix, "Sleep Hits the Reset Button for Individual Neurons," *Scientific American*, March 22, 2013,https://blogs.scientificamerican.com/talking-back/sleep-hits-the-reset-

button-for-individual-neurons/.

[46] Camille Peri, "10 Things to Hate About Sleep Loss," *WebMD*, last modified February 13, 2014, http:// www.webmd.com/sleep-disorders/features/10-results-sleep-loss.

[47] Jaime Lowe, "How to Talk to a Stranger in Despair," *New York Times Magazine*, January 13, 2017, https://www.nytimes.com/2017/01/13/magazine/how-to-talk-to-a-stranger-in-despair.html.

第 8 章　远道而来的侄女

[48] Lucia Ciciolla and Suniya Luthar, "Why Mothers of Tweens—Not Babies—Are the Most Depressed," *Aeon*, April 4, 2016, https://aeon.co/ideas/why-mothers-of-tweens-not-babies-are-the-most-depressed.

[49] Ramin Mojtabai, Mark Olfson, and Beth Han, "National Trends in the Prev-alence and Treatment of Depression in Adolescents and Young Adults," *Pediatrics* 138, no. 6 (December 2016), http://pediatrics.aappublications.org/content/early/2016/11/10/peds.2016-1878.

[50] Association for Psychological Science, "Social Media 'Likes' Impact Teens' Brains and Behavior," news release, May 31, 2016,https://www.psychologicalscience.org/news/releases/social-media-likes-impact-teens-brains-and-behavior.html#.WKIXCYWR-Kz.

第 9 章　意见人士们

[51] "Massimo Bottura," *Chef 's Table*, season 1, episode 1, directed by David Gelb (Netflix, 2015).

第 10 章　受托人理事会

[52] "NCAA Recruiting Facts," National Collegiate Athletic Association, July 2016, https://www.ncaa.org/sites/default/files /Recruiting%20Fact%20Sheet%20WEB.pdf

附录

Chart information compiled and adapted from: Walsh, *Smart Parenting, Smarter Kids; Gurian, Boys and Girls Learn Differently!*; Sax, "Sex Differences in Hearing" ; and Bonomo, "Gender Matters in Elementary Education."

图书在版编目（CIP）数据

好父母的说话之道 /（美）温迪·莫戈尔 (Wendy Mogel) 著；庞岚晶译 .
—上海：上海社会科学院出版社，2020
书名原文：Voice Lessons for Parents：What to
Say, How to Say It, and When to Listen
ISBN 978-7-5520-2990-1

Ⅰ.①好… Ⅱ.①温… ②庞… Ⅲ.①家庭教育—语
言艺术 Ⅳ.① G78

中国版本图书馆 CIP 数据核字（2020）第 036602 号

好父母的说话之道

著　　者：（美）温迪·莫戈尔（Wendy Mogel）
译　　者：庞岚晶
责任编辑：周　霈
特约编辑：贺　天
插　　画：陈　继
封面设计：主语设计
出版发行：上海社会科学院出版社
　　　　　上海市顺昌路 622 号　　邮编 200025
　　　　　电话总机 021-63315947　销售热线 021-53063735
　　　　　http://www.sassp.cn　E-mail: sassp@sassp.cn
印　　刷：天津旭丰源印刷有限公司
开　　本：710 毫米 ×1000 毫米　1/16
印　　张：21.25
字　　数：280 千字
版　　次：2020 年 4 月第 1 版　2020 年 4 月第 1 次印刷

ISBN 978-7-5520-2990-1/G·904　　定价：48.80 元